SERGEJ O. PROKOFIEFF

DAS MYSTERIUM DER AUFERSTEHUNG IM LICHTE DER ANTHROPOSOPHIE

Das von Rudolf Steiner 1917 gemalte Antlitz des Menschheitsrepräsentanten aus dem Mittelmotiv der kleinen Kuppel des ersten Goetheanum

SERGEJ O. PROKOFIEFF

DAS MYSTERIUM DER AUFERSTEHUNG IM LICHTE DER ANTHROPOSOPHIE

VERLAG FREIES GEISTESLEBEN

Der vom Autor auf Deutsch verfasste Text wurde lektoriert von Ute Fischer.

ISBN 978-3-7725-1911-6

Der Abdruck der Wortlaute Rudolf Steiners
erfolgt mit freundlicher Genehmigung
der Rudolf Steiner Nachlassverwaltung Dornach/Schweiz

2. Auflage 2016

Verlag Freies Geistesleben
Landhausstraße 82, 70190 Stuttgart
Internet: www.geistesleben.com

Umschlaggestaltung: Thomas Neuerer
Umschlagmotiv: Drei Kreuze (Ostern),
Aquarell von Rudolf Steiner, April 1924
Druck: Druckhaus Nomos, Sinzheim
Printed in Germany

Inhalt

Einleitung

Der Inhalt dieses Buches möchte Zeugnis davon ablegen, zu welcher Verständnistiefe der Ereignisse der Zeitenwende man aufgrund der Geistesforschung Rudolf Steiners kommen kann. Um diese Ereignisse wirklich verstehen zu können, benötigt man die ganze Anthroposophie. Oder, anders ausgedrückt, nur durch die grundlegenden Resultate der Geistesforschung Rudolf Steiners ist ein solches Verständnis im Sinne der Bewusstseinsseele überhaupt möglich. Denn dadurch erhalten die Ereignisse der Zeitenwende die ihrem Wesen entsprechende kosmisch-menschheitliche Perspektive.

Selbstverständlich ist der Inhalt dieses Buches nur als ein Versuch gedacht, den Geheimnissen der Zeitenwende näherzukommen. Ein solcher Versuch muss heute unternommen werden, um die unerschöpfliche Fruchtbarkeit der Anthroposophie zu zeigen. Denn auch hundert Jahre nach ihrer Begründung sind ihre Quellen ebenso lebendig und inspirierend wie ursprünglich, was jeder erfahren kann, der sie mit einer entsprechenden meditativen Stimmung und der notwendigen Intensität in sich aufnimmt und mit den besten schöpferischen Kräften seiner Seele, diese damit befruchtend und belebend, zu verbinden sucht.

Mit ständig wachsendem Staunen und immer größerer Andacht wird man sich dann ihren Inhalten nähern. Denn nur diese Seelenkräfte sind heute imstande, dem Menschen einen der gegenwärtigen Zeit entsprechenden Weg zu der Christus-Wesenheit zu eröffnen, in der allein der Sinn des Lebens auf der Erde begründet ist.

Daher soll das vorliegende Buch die tiefste Dankbarkeit gegenüber Rudolf Steiner, dem Begründer der Anthroposophie, diesem großen christlichen Meister des Abendlandes, zum Ausdruck bringen.

Dornach, Pfingsttage 2008 *Sergej O. Prokofieff*

I.
Das Mysterium von Golgatha und die geistige Kommunion

Das Mysterium von Golgatha ist das zentrale Ereignis der Menschheitsentwicklung. Seinem Gedenken zu Ostern steht im Jahreslauf das Michael-Fest gegenüber. Geht es beim Osterfest um die Erinnerung an die Taten eines göttlichen Wesens auf der Erde, so wird das Michael-Fest einmal aus rein menschlicher Kraft entstehen. Seine zukünftige Begründung nennt Rudolf Steiner «eine höhere Anthroposophie» (GA 224, 23.5.1923).

Das Mysterium von Golgatha besteht aus zwei großen Schritten: dem Tod und der Auferstehung des Christus. Die Kräfte der Auferstehung sind Ihm seit Urbeginn immanent. Denn Er kommt aus dem Reich der ewigen Auferstehung und trägt deren Kräfte in sich. Aus einem völlig freien Entschluss entscheidet Er sich jedoch, das mit den Menschen zu teilen, was von Beginn an nicht zu Seinem Schicksal, sondern zu dem der Menschen gehört. Denn alle Menschen sind sterblich. Und mit diesem Tod will sich Christus freiwillig verbinden, um ihn für alle Menschen auf immer zu überwinden.

Um dieses zweifache Problem zu lösen, muss der physische Leib in seiner neuen, übersinnlichen Gestalt in die geistige Welt mitgenommen werden, um im Weiteren dort die Grundlage des menschlichen Ich-Bewusstseins zu bilden, das in der Auferstehung des Christus geschaffen wurde. Deshalb sagt Rudolf Steiner, dass wir «das Mysterium von Golgatha als etwas Reales» betrachten müssen, «als etwas, was in der Erdenentwicklung geschehen ist und geschehen musste; denn es ist ja wörtlich die Rettung des menschlichen Ich» (GA 131, 11.10.1911). Diese Rettung geschah durch die Erschaffung des Auferstehungsleibes, das heißt dadurch, dass Christus im Mysterium von Golgatha den Leib (oder im biblischen Wortgebrauch das «Fleisch») des Jesus von Nazareth *in das Wort* verwandelt hat, um in diesem zum Wort gewordenen Leib in der geistigen Welt leben zu können. Und seitdem kann jeder Mensch selbst aus seiner eigenen Freiheit den Zugang zu dieser Ich-rettenden Wirklichkeit der Auferstehung finden. Das geschieht in unserer Zeit auf dem Weg der neuen Michael-Offenbarung.

Für die beiden Feste – Ostern und Michaeli – gibt Rudolf Steiner wie ein Leitwort: «Osterfest: erst Tod, dann Auferstehung; Michael-Fest: erst Auferstehung der Seele, dann Tod» (GA 223, 1.10.1923). Die Auferstehung gehört zu dem Christus, der Tod ist untrennbar mit dem Schicksal der Menschen auf der Erde verbunden. Aber durch die Tat auf Golgatha kann der Mensch der Auferstehungskräfte des Christus teilhaftig werden und dadurch den Todeskräften begegnen, ohne dabei zu sterben. Das ist der moderne michaelische Weg zu Christus. Rudolf Steiner formuliert ihn folgendermaßen: «Sodass der Mensch durch die Auferstehung Christi die Kraft finden würde, in Christus zu sterben, das heißt, den auferstandenen Christus in seine Seele aufzunehmen während des Erdenlebens, damit er in ihm sterben könne, das heißt, nicht tot, sondern lebendig sterben kann» (ebd., 2.4.1923), das heißt, durch eine moderne Einweihung hindurchzugehen. Auch spricht er in dieser Beziehung von «jener Auferstehung, die der Mensch in seinem Innern selber feiert» (ebd., 1.10.1923), wodurch er sich die Möglichkeit erwirbt, den Todeskräften auf neue Weise zu begegnen, um seine Aufgaben inmitten der gegenwärtigen Zivilisation erfüllen zu können. Denn diese ist zunehmend von Todeskräften durchdrungen, die der Mensch nur mit dem Auferstehungsimpuls in der Seele besiegen kann. Ansonsten liefe er Gefahr, früher oder später von diesen Kräften überwältigt zu werden, was zur Folge hätte, dass auch die Erde das Ziel ihrer Entwicklung nicht erreichen würde. Damit das Letztere nicht eintrete, soll das zukünftige Michael-Fest richtungweisend sein.

Im Sinne des Michael-Gedankens liegt der Weg zur Begründung dieses Festes in einem wirklichen geisteswissenschaftlichen Verständnis des Mysteriums von Golgatha. Denn in einem bewussten Sich-Verbinden mit dem, was in seinem Mittelpunkt steht, dem Auferstehungsleib des Christus, liegt die wahre Errettung des Ich und somit des Menschenwesens überhaupt. Ohne eine solche Beziehung zum Auferstehungsleib unterliegt das Menschen-Ich einer zweifachen Vernichtungsgefahr: entweder ein Leben im Sinne einer starken Entfaltung des individuellen Ich, das keine Unsterblichkeit besitzt und mit dem Tode endgültig endet (westlicher Weg), oder aber das Erreichen der Unsterblichkeit auf Kosten des individuellen Ich, das sich beim Betreten der geistigen Welt, das heißt hier beim Eintritt ins Nirvana, wie ein Tropfen im Ozean in einer ständigen Ekstase auflöst (östlicher Weg).[1]

Rudolf Steiner spricht in dieser Beziehung von zwei großen Michael-Offenbarungen. Die erste findet sich im Prolog des Johannes-Evangeliums mit der zentralen Botschaft: «Und das Wort ist Fleisch geworden und hat unter uns gewohnt» (Joh 1,14; Übers. E. Bock). Die zweite Michael-Offenbarung, welche für unsere Zeit und darüber hinaus bis zum Ende der Erdenentwicklung gilt, ist so formuliert: «Und das Menschenfleisch muss wiederum durchgeistigt werden, damit es fähig werde, im Reiche des Wortes zu wohnen, um zu schauen die göttlichen Geheimnisse. Die Fleischwerdung des Wortes ist die erste Michael-Offenbarung, die Geistwerdung des Fleisches muss die zweite Michael-Offenbarung sein» (GA 194, 22.11.1919). Im Reich des Welten-Wortes kann aber nur ein Wesen leben, das in seiner Entwicklung selbst zum reinen Wort geworden ist. Und zu den «göttlichen Geheimnissen», die hier von den Menschen im Lichte der Geisterkenntnis geschaut werden können, gehört vor allem das Geheimnis des Auferstehungsleibes. Denn nur die bewusste Verbindung mit ihm führt heute zur Verwirklichung der zweiten Michael-Offenbarung.

Das muss im Zentrum eines zukünftigen Michael-Festes stehen. Denn die mit diesem verbundene Aufgabe liegt nach Rudolf Steiner in dem Verstehen des Mysteriums von Golgatha aus dem gegenwärtigen Michael-Impuls heraus. «Und das ist der große Unterschied in all den Lehren und all der Weisheit, welche seit dem Mysterium von Golgatha in die Evolution der Erde gekommen sind, dass durch das Kommen des Michael-Geistes auf die Erde [mit dem Beginn seiner gegenwärtigen Epoche], durch seine Inspiration die Menschheit allmählich anfangen konnte, alles das zu verstehen, was der Christus-Impuls, was das Mysterium von Golgatha bedeutet» (GA 152, 2.5.1913). Mit «Verstehen» ist hier nicht nur das Aneignen von neuem Wissen gemeint, sondern der Beginn des Weges, auf dem der Mensch auf freie und bewusste Art zum erkennenden Erleben der Wirklichkeit der Auferstehung gelangen kann. Den Weg dahin bereitet die innere Arbeit mit dem Grundsteinspruch.

Es gehört zu den größten Entdeckungen, die man im Bereich der Geisteswissenschaft Rudolf Steiners machen kann, dass der von ihm bei der Weihnachtstagung gegebene Grundsteinspruch das Wesen des Auferstehungsleibes ganz genau beschreibt und somit den Zugang zu dessen Wesen eröffnet. Dies zeigt vor allem der besondere «Rhythmus», in dem Rudolf Steiner diesen Spruch bei der Grundsteinlegung am 25. Dezember 1923 zum ersten Mal spricht. Zuerst verliest er die drei mikrokosmischen Abschnitte der drei ersten Teile, die das dreigliedrige Wesen des Menschen zum Ausdruck bringen. Danach kommt der vierte Teil, der auf die Vorbereitung der Zeitenwende durch die verschiedenen Mysterienströmungen und auf das Mysterium von Golgatha als das Aufleuchten der geistigen Christus-Sonne in der Erdenentwicklung hinweist. Daraufhin geht es um die Hauptfolge dieses Ereignisses: die Verbindung des Menschen mit der Geistigkeit des ganzen Weltenalls. Und jetzt liest Rudolf Steiner abermals die mikrokosmischen Abschnitte der drei ersten Teile vor, nun aber jeweils im Zusammenhang mit deren drei makrokosmischen Abschnitten. (Deshalb wurde dieser Rhythmus von mir an anderer Stelle bereits als der des Mysteriums von Golgatha bezeichnet, denn in ihm tritt dessen innerstes Wesen in Erscheinung.)[2]

Schauen wir von diesem Gesichtspunkt aus noch genauer auf den Grundsteinspruch selbst. Am 25. Dezember 1923 sagt Rudolf Steiner bei der Grundsteinlegung, dass die Entdeckung der Dreigliedrigkeit des physischen Leibes zu seinen wichtigsten geisteswissenschaftlichen Forschungsergebnissen gehöre. Über dreißig Jahre hatte seine diesbezügliche Forschung gedauert, bevor er 1917 in dem Zusatz zu seinem Buch *Von Seelenrätseln* (GA 21) zum ersten Mal in der Öffentlichkeit über die Ergebnisse sprechen konnte. (Siehe auch GA 28, Kap. V.) Diese Errungenschaft Rudolf Steiners kann man zweifellos eine epochale nennen, die nur mit den größten wissenschaftlichen Entdeckungen der letzten Jahrhunderte vergleichbar ist. Carl Unger schrieb diesbezüglich: «Es gilt hier eine Ehrenschuld an Rudolf Steiner abzutragen, denn er hat auf diesem Gebiet eine Entdeckung gemacht, die ebenso bedeutend ist wie die Entdeckung des Blutkreislaufs durch Harvey. Es ist die Entdeckung der Dreigliederung der menschlichen Wesenheit.»[3] Hierbei handelt es sich um die Tatsache, dass der menschliche Leib aus drei Systemen besteht: aus dem Kopf-, Nerven-, Sinnessystem, das hauptsächlich im Gehirn und in den Nerven lokalisiert ist; aus dem rhythmischen System, das zwar auch den ganzen Leib durchdringt, jedoch vor allem im Herzen und in der Lunge sein Zentrum hat; und aus dem Gliedmaßen-System, das sowohl die metabolischen Prozesse als auch die Muskeln und den Knochenbau des Menschen umfasst. Nur aufgrund dieser Entdeckung konnte der endgültige Schritt zur Inkarnation des anthroposophischen Impulses im physisch-sinnlichen Leben vollzogen werden.

Den spirituellen Ausgangspunkt der Anthroposophie müssen wir in dem Christus-Erlebnis Rudolf Steiners an der Jahrhundertwende sehen, das heißt in seinem durchchristeten Ich. Daraufhin wurden durch das Lesen Rudolf Steiners im Astrallicht[4] die Erkenntnisgrundlagen der Anthroposophie geschaffen. Er selbst hat später ihre Entwicklung in drei Jahrsiebten, beginnend 1902 mit der Begründung der Deutschen Sektion der Theosophischen Gesellschaft, beschrieben. So wurden im ersten Jahrsiebt vor allem die Forschungsergebnisse vorgetragen, die dann in dem Buch *Die Geheimwissenschaft im Umriss* schriftlich dargestellt wurden. Im zweiten Jahrsiebt, wo aus den Ätherkräften heraus gearbeitet wurde, ging es vor allem um drei Bereiche. Das waren die Erneuerung der Künste, die Entwicklung der anthroposophischen Christologie und das Verkünden des ätherischen Christus. Mit der Entdeckung der drei Systeme des physischen Leibes fand nun der Übergang zum dritten Jahrsiebt statt, in dem sich die Anthroposophie durch die Begründung verschiedener praktischer Initiativen in der physischen Welt bewähren sollte.[5]

Nun ist mit der oben dargestellten Entdeckung nicht nur das Urphänomen des menschlichen Leibes im Goetheschen Sinne beschrieben, womit der entscheidende Schritt zur wissenschaftlichen Erkenntnis von dessen Dreigliedrigkeit erfolgt war, sondern es wurde auch die Grundlage gelegt für das Verständnis des Mysteriums der Auferstehung. Denn in der Auferstehung hat Christus die ganze Geistigkeit der Welt mit den drei Systemen des Leibes des Jesus untrennbar verbunden.

In den drei makrokosmischen Abschnitten des Grundsteinspruches ist dieser Tatbestand zusammengefasst und auf die Geburt, den Tod und die Auferstehung des Christus Jesus im Sinne des dreifachen Rosenkreuzerspruches bezogen. Die Weltgeistigkeit, um die es hier geht, besteht im Sinne des Grundsteinspruches aus den Kräften der göttlichen Trinität, welche durch den neunfach gegliederten hierarchischen Kosmos hindurchwirkt und von den Elementargeistern als Folge der Verbindung des Christus mit der Erde wahrgenommen bzw. gehört wird.

Man kann auch sagen: Die drei mikrokosmischen Abschnitte der drei ersten Teile des Grundsteinspruches beschreiben das Leben des Jesus von Nazareth vor der Taufe im Jordan sowie die komplizierte Vorbereitung von dessen irdischer Leiblichkeit, worüber Rudolf Steiner vor allem in den Vorträgen über das Fünfte Evangelium spricht.[6] Diese Vorbereitung führte dazu, dass zum ersten Mal ein Menschenwesen auf der Erde entstand, das in Bezug auf seinen Leib «wahrhaft leben» kann «im Menschen-Welten-Wesen», in Bezug auf seine Seele «wahrhaft fühlen» kann «im Menschen-Seelen-Wirken» und in Bezug auf seinen Geist «wahrhaft denken» kann «in Menschen-Geistes-Gründen». Denn nur ein solcher Mensch, der eine vollkommene Harmonie von Leib, Seele und Geist in sich trug, konnte zum irdischen Träger der kosmischen Christus-Wesenheit werden.

Wenn die drei mikrokosmischen Abschnitte der drei ersten Teile des Grundsteinspruches somit auf die Erhöhung des Menschen hinweisen, bis zu der Stufe, auf welcher er ein wahrer Träger des Christus oder ein Christophorus werden kann, so deuten die makrokosmischen Abschnitte auf den großen Weg des Christus zur Erde hin: aus den für uns unvorstellbaren Höhen der göttlich-geistigen Trinität durch die Wesensordnungen aller neun Hierarchien, von den Seraphim bis zu den Engeln, um sich dort mit dem für Ihn vorbereiteten Leib des Jesus von Nazareth zu verbinden. Auf diese Weise kamen nun in den drei Jahren, die nach der Taufe im Jordan folgten – nachdem an dem Leib des Jesus während dreißig Jahren aus den besten irdischen Kräften gearbeitet worden war – die kosmischen Kräfte des Christus hinzu.

Diese verwandelten die drei Systeme des physischen Leibes, das Kopfsystem im ersten, das rhythmische System im zweiten, die Gliedmaßen im dritten Jahr, sodass sie dem darauf folgenden Auferstehungsprozess dienen konnten. Nun weist Rudolf Steiner darauf hin, dass vor allem die letzte Stufe eine ganz einmalige Bedeutung für die weitere Menschheitsentwicklung hat. Denn vor dem Leben des Christus Jesus auf der Erde war es keinem Eingeweihten möglich, die geistige Macht über das Knochensystem des Leibes zu erringen. (Siehe GA 112, 3.7.1909.) Erst nach dieser dreijährigen Vorbereitung konnte das Mysterium der Auferstehung geschehen, in dem nach dem Tode des Jesus die Verbindung der drei Systeme seines Leibes mit der höchsten Geistigkeit der Welt durch Christus vollzogen wurde.

Im Sinne des Grundsteinspruches kann man den dadurch entstandenen Auferstehungsleib folgendermaßen charakterisieren: *Der Auferstehungsleib ist der menschliche Leib, in dessen Kopfsystem die Kräfte des Heiligen Geistes durch die Vermittlung der dritten Hierarchie, der Archai, Archangeloi, Angeloi, wirken, in dessen rhythmischem System die Kräfte des Christus als des göttlichen Sohnes durch die Vermittlung der zweiten oder Sonnen-Hierarchie, der Kyriotetes, Dynamis, Exusiai, zur Entfaltung kommen und in dessen Gliedmaßensystem die Kräfte des Vaters durch die Vermittlung der höchsten, ersten Hierarchie, der Seraphim, Cherubim und Throne, tätig sind.*

Damit hat in der Entwicklung des Christentums Rudolf Steiner als Erster eine moderne, geisteswissenschaftliche Beschreibung des Wesens des Auferstehungsleibes und damit des Kerns des Mysteriums von Golgatha gegeben, wodurch das Wesen der Auferstehung den freien Erkenntniskräften des Menschen zugänglich wurde.

Die volle Tragweite dieses Ereignisses können wir aus der Tatsache ersehen, dass im 13. Jahrhundert Thomas von Aquino noch davon überzeugt war, dass der Mensch mit seinen Erkenntniskräften allein die Existenz Gottes, nicht jedoch das Geheimnis der Auferstehung ergründen könne. In der heutigen Epoche jedoch, wo die Entwicklung der Menschheit vor allem auf eine erkennende Beziehung zur Welt ausgerichtet ist, hängt die Zukunft des Christentums davon ab, ob der Zugang zu seinem Mittelpunkt, dem Mysterium von Golgatha, auch erkenntnismäßig erschlossen wird. Dies zu erreichen, war die wichtigste Erdenaufgabe Rudolf Steiners. Er selbst hat einmal angedeutet, warum gerade in unserer Zeit den Menschen diese Wahrheiten offenbar werden müssen. Den Grund dafür legt er in einem kurzen, jedoch sehr aussagekräftigen Satz dar, welcher die Situation des Christentums in der gegenwärtigen Menschheit von spiritueller Seite her charakterisiert: «*Ich* ist das Christentum geworden» (GA 109/111, 15.2.1909; *kursiv* Rudolf Steiner).

Wie prophetisch weist Christus in Seinen «Abschiedsreden» aus dem Johannes-Evangelium (14-17) auf diese neue Beziehung hin. Dort sagt Er zu Seinen Jüngern, nachdem Er sie auf das kommende Mysterium von Golgatha hingewiesen hat: «Ich kann euch nicht mehr Knechte nennen, denn der Knecht weiß nicht, was sein Herr tut. Ich nenne euch Freunde, weil ich euch alles habe *erkennen lassen*, was mir durch meinen Vater kundgeworden ist» (Joh 15,15; Übers. E. Bock). Damit wird für die Zukunft des Christentums auf die zentrale Bedeutung der Erkenntnis hingewiesen. Denn nur durch diese wird der Mensch von einem Knecht des Gesetzes zu einem Freund Gottes, des Christus, aufsteigen, um Sein bewusster Mitarbeiter zu werden, der aus Freiheit, weil aus voller Erkenntnis Seines Wesens und Seiner Taten für die ganze Zukunftsentwicklung der Erde und der Menschheit, handeln kann.[7]

In diesen Worten des Christus liegt die ganze Bestimmung der Anthroposophie in unserer Zeit verborgen. Denn sie ist der heutigen Menschheit gegeben, damit sie auf dem Weg der Erkenntnis zur bewussten Mitarbeit mit Christus kommen kann. So wirkt die Anthroposophie aus dem Quell des «Geistes der Wahrheit», den Christus in Seinen Abschiedsreden verkündet hat.[8] Denn Er wird kommen, um den Menschen das Verständnis des Mysteriums von Golgatha zu eröffnen und den Weg zu der Wirklichkeit der Auferstehung zu zeigen.

Hier ist die Tatsache von entscheidender Bedeutung, dass Rudolf

Steiner die Erkenntnisse des Auferstehungsleibes nicht als eine allgemeine Beschreibung, sondern in Form einer *Meditation* gegeben hat, das heißt als einen inneren Weg, auf dem die Wirklichkeit des Auferstehungsleibes, und damit das Wesen der Auferstehung selbst, von der Menschenseele als innere Erfahrung erlebt werden kann. Dadurch wurde der Weg zur Errettung des menschlichen Ich eröffnet und die Grundlage zu einem zukünftigen Michael-Fest gelegt, in dessen Zentrum die «Auferstehung, die der Mensch in seinem Innern selber feiert», stehen wird.

Was von Christus im Mysterium von Golgatha veranlagt wurde, kann von da an in das volle und klare Bewusstsein des Menschen treten, wodurch er schon auf der Erde an dem zu arbeiten vermag, was Rudolf Steiner als «Götterreligion» in der geistigen Welt bezeichnet. Diese besteht in den voll ausgebildeten geistigen *und* physischen Anlagen des Menschen, das heißt in der völligen Vergeistigung des physischen Leibes aus dem menschlichen Ich heraus. «Den Göttern schwebt als das Ziel ihrer Schöpfung das Menschenideal vor, und zwar jenes Menschenideal, welches wirklich sich nicht so auslebt, wie jetzt der physische Mensch ist, sondern so, wie höchstes menschliches Seelen-Geistesleben in den vollkommen ausgebildeten Anlagen dieses physischen Menschen sich ausleben könnte» (GA 153, 10.4.1914). Hier weist das «höchste menschliche Seelen-Geistesleben» auf die voll entwickelte Kraft des individuellen Ich und die «vollkommen ausgebildeten Anlagen» des «*physischen* Menschen», auf seinen vergeistigten physischen Leib hin. Beide sind jedoch die unmittelbare Folge des Mysteriums von Golgatha, in welchem dieses «Götterziel der Welten» (ebd.*) auf der Erde selbst* aufgrund der Erschaffung des Auferstehungsleibes durch den Christus verwirklicht wurde.

Darüber spricht Rudolf Steiner weiter: «So schwebt als Ziel, als höchstes Ideal, als die Götterreligion den Göttern ein Bild der Menschheit vor. Und wie am fernen Ufer des Götterseins schwebt für die Götter *der Tempel*, der als höchste künstlerische Götterleistung *das Abbild des göttlichen Seins im Menschenbilde hingestellt*» hat (ebd.). Nicht als ein «Abbild», sondern als das «göttliche Sein» selbst, hat sich das Welten-Ich des Christus in dem Menschenbild, dass heißt in dem Phantom oder der «wahren Gestalt» des physischen Leibes offenbart (GA 131, 10.10.1911). Deshalb weist Rudolf Steiner immer wieder darauf hin, dass das Mysterium von Golgatha nicht nur eine menschliche, sondern auch eine göttliche Angelegenheit, das heißt eine Angelegenheit der höheren Hierarchien, war: «Vor der ganzen Menschheit steht da das Initiationsprinzip in dem Mysterium von Golgatha, ein Ereignis, das zugleich sinnlich auf dem physischen Plane

... und übersinnlich ist, eine eigentliche Angelegenheit der Götter» (GA 143, 17.4.1912). Damit hat Christus mit seiner Auferstehung den Hierarchien gezeigt, dass von diesem Moment an das Ziel ihrer himmlischen Religion, dieses hohe Menschheitsideal, tatsächlich auf der Erde selbst erreichbar wurde und von da an von jedem Menschen eines guten Willens, der in Freiheit eine bewusste Beziehung zu dem Auferstehungsleib des Christus sucht, allmählich verwirklicht werden kann. Damit wurde allen Hierarchien eine große Hoffnung auf die Verwirklichung dieses Zieles der Menschheitsentwicklung auf der Erde gegeben.

Diesen Prozess beschreibt der Apostel Paulus in folgenden Worten: «Denn dies Verwesliche [der sterbliche Leib] muss anziehen die Unverweslichkeit [des Auferstehungsleibes], und dies Sterbliche muss anziehen die Unsterblichkeit» (1. Kor 15,53). Und an anderer Stelle konkretisiert Paulus diese Verwandlung des Leibes mit dem Hinweis, dass der Christus Jesus «unsern nichtigen Leib verklären[9] wird, dass er ähnlich werde seinem verklärten [auferstandenen] Leibe nach der Wirkung,[10] damit er kann auch alle Dinge sich untertänig machen» (Phil 3,21). Dabei spielt auch die Erkenntnis in diesem ganzen Prozess eine entscheidende Rolle. Paulus sagt dazu: «Ziehet den alten Menschen mit seinen Werken aus und ziehet den neuen an, der da erneuert wird zu der Erkenntnis nach dem Ebenbilde des, der ihn geschaffen hat» (Kol 3,9-10). Und Emil Bock übersetzt diesen letzten Satz so: «Dieser wächst mit seinem erneuerten Wesen *in die schauende Erkenntnis* nach dem Bild dessen, der ihn geschaffen hat.»

Aus dem Gesagten folgt, dass die Beziehung zu dem Auferstehungsleib nur durch die «schauende Erkenntnis» erreicht wird, die jedoch keine physisch-sinnliche, sondern eine *geistige* Erkenntnis ist. Darauf weist auch der dritte Teil des Grundsteinspruches hin. Wenn wir hier noch einmal daran erinnern, dass der Auferstehungsleib eben die Erfüllung der Götterreligion ist, das heißt zugleich die Verwirklichung der «ew'gen Götterziele», dann können wir auch den tieferen Sinn der Worte verstehen:

«Übe Geist-Erschauen
In Gedanken-Ruhe,
Wo die ew'gen Götterziele
Welten-Wesens-Licht
Dem eignen Ich
Zu freiem Wollen
Schenken»
(GA 260, 25.12.1923).

Hier wird darauf hingewiesen, wie das «Welten-Wesens-Licht» des Christus dem Menschen von den «ew'gen Götterzielen» gesendet wird, damit er eine bewusste Beziehung zu dem Auferstehungsleib finden kann, der dem individuellen («eignen») Ich die Freiheit des Willens nicht nur auf der Erde, sondern vor allem auch in der geistigen Welt garantiert. Dabei zeugt das «Geist-Erschauen» davon, dass der Auferstehungsleib selbst nur auf *rein geistige Art* (sinnlichkeitsfrei) geschaut werden kann; oder, mit anderen Worten, im Sinne des reinen, leibfreien Denkens, welches in der *Philosophie der Freiheit* beschrieben ist. Denn nichts, was noch irgendwie mit den Sinneswahrnehmungen verbunden ist, kann und *darf* sich der Wirklichkeit der Auferstehung (dem Auferstehungsleib) nähern.

Ebenso ist von besonderer Bedeutung, dass Rudolf Steiner diese «Götterreligion» oder «das *Götterziel* der Welten» (GA 153, 10.4.1914) als einen *geistigen Tempel* bezeichnet, den jeder Mensch sonst nur vor seiner Inkarnation als Ziel seiner Entwicklung auf der Erde in der übersinnlichen Welt schaut. Das Erreichen dieses Zieles ist für ihn jedoch nur durch die Verbindung mit dem Auferstehungsleib des Christus möglich. Darauf weist Er selbst in den Worten hin: «Brechet diesen Tempel, und am dritten Tage will ich ihn aufrichten.» Und der Evangelist bemerkt dazu: «Er aber redete von dem Tempel seines Leibes» (Joh 2,19 und 21). Und weil Christus seinen physischen Leib einen Tempel nennt, darf nach dem Mysterium von Golgatha der Apostel Paulus auch den Leib eines jeden Menschen als Tempel bezeichnen: «Oder wisset ihr nicht, dass euer Leib ein Tempel des heiligen Geistes ist, der in euch ist, welchen ihr habt von Gott, und seid nicht euer selbst?» (1. Kor 6,19). Denn nach der Auferstehung des Christus trägt jeder Mensch in sich die Möglichkeit der Verbindung mit Seinem Auferstehungsleib. Und mit dem Grundsteinspruch kann diese Verbindung voll bewusst hergestellt und durch sein Meditieren das innere Erbauen des geistigen Tempels im Menschen bis in den physischen Leib hinein erlebt werden.

*

An dieser Stelle muss auf den Unterschied zwischen dem, was Rudolf Steiner in dem Zyklus *Von Jesus zu Christus* als Phantom bezeichnet, und dem Auferstehungsleib hingewiesen werden, der hier im Sinne des Grundsteinspruches zu verstehen ist.[11] Über das Phantom sagt Rudolf Steiner in dem erwähnten Zyklus durchgängig, dass es die Wiederherstellung der durch den Sündenfall des Menschen korrumpierten ursprünglichen geistigen Form des physischen Leibes ist. Diese übersinnliche Form entstand noch auf dem alten Saturn durch das Opfer der Throne und wurde daraufhin von den verschiedenen Hierarchien in den Äonen der alten Sonne, des alten Mondes und seit dem Beginn der Erde weiterentwickelt. Daraus folgt, dass der Mensch durch die Wiederherstellung des Phantoms mit dem kosmischen Ursprung seiner Evolution bis zurück zum alten Saturn aufs Neue verbunden wurde und daher auch mit dem allerersten Ursprung seines Ich. Denn die wahre Beziehung des Ich zum physischen Leib und damit das Rätsel des Ich-Bewusstseins kann man nur erkennen, wenn man die Weltentwicklung bis zum alten Saturn zurückverfolgt. Denn «wer das Ich in seiner Welt kennenlernen will, der muss sich eine solche Welt vor Augen stellen können, wie die alte Saturnwelt war» (GA 132, 31.10.1911). Auf diese Weise dehnt sich die Wirklichkeit der Auferstehung bis zum alten Saturn aus oder bis zu dem, was in der Apokalypse das Alpha der Weltevolution genannt wird.

Nun kommt aber zu der Auferstehung noch der Zukunftsaspekt hinzu, der sich bis in den kommenden Vulkanzustand über die Entwicklungsstufen von Jupiter und Venus erstrecken wird, und als das Omega der Weltentwicklung bezeichnet wird. Die beiden Aspekte ergeben zusammengenommen die wirkliche Bedeutung des Wortes «Ich bin das Alpha und das Omega, der Anfang und das Ende» (Apok 1,8). Das heißt, das Mysterium von Golgatha als das Aufleuchten des höchsten «Ich-Bin»-Prinzips in der Erdenevolution umfasst die ganze Weltentwicklung, vom alten Saturn (Alpha) bis zum zukünftigen Vulkan (Omega).

In Bezug auf dieses Wort sagt Rudolf Steiner in einem späteren Vortrag, schon nach der Weihnachtstagung: «Mit dem ‹Ich bin das Alpha und das Omega› der Apokalypse des Johannes haben wir das bezeichnet, *was der Mensch sein wird am Ende der Vulkanzeit*. Am Ende der Vulkanentwickelung wird auch der Mensch sagen dürfen: Ich bin das Alpha und das Omega.» Im Zentrum dieser kosmischen Evolution aber steht das Mysterium von Golgatha. Und in diesem Sinne fährt Rudolf Steiner fort: «Schauen wir von dem aus, was wir uns vorgestellt haben als Anfang, Mitte und Ende der Menschheitsevolution, zu dem Mysterium von Golgatha. Wir haben jene Wesenheit, die in Jesus sich verkörperte durch das Mysterium von Golgatha ungefähr in der halben Weltenzeit [zwischen Saturn und Vulkan] der menschlichen Entwickelung auf dem Standort in der Weltevolution, auf dem der Mensch am Ende der Vulkanentwickelung sein wird. Wir haben da die Wesenheit als Gott, die der Mensch als Mensch am Ende der Vulkanentwickelung sein wird» (GA 346, 7.9.1924).[12] Hiermit ist nicht nur auf das *Phantom*, dessen Wesen bis zum alten Saturn zurückreicht, hingewiesen, sondern vor allem auf den *Auferstehungsleib*, der den zukünftigen Vulkanzustand repräsentiert. Es geht hier nicht um diesen Vulkanäon als solchen, sondern vor allem um sein «Ende», dass heißt um den Übergang zu den weiteren Stufen der Evolution, die sich heute noch jeglicher Charakterisierung in Worten der menschlichen Sprache entziehen, zu denen aber der Christus die Menschen weiterführen wird.[13]

Den Vulkanzustand selbst charakterisiert Rudolf Steiner in dem gleichen Vortrag so: «Indem der Mensch alles, was Welt ist, nach und nach aufnimmt und mit seinem ganzen Wesen vereint, bis er dereinst auf dem Vulkan den ganzen Umfang der Welt, dieses ganze große All, zu dem er gehört, mit sich vereinigt haben wird, da wird er derjenige sein, der er war im Beginn der Saturnentwickelung *und* die ganze Welt. Er wird sein Alpha und Omega, der Mensch, und in ihm alles vereinigt, was Welt ist» (*kursiv* Rudolf Steiner). Und dann fügt er hinzu, dass man im Vulkanzustand «die ganze *göttliche Welt* in sich schließt» (ebd.). Damit ist ausgedrückt, dass der Mensch auf dem Vulkan in sein eigenes Wesen, bis in die drei Systeme seines verwandelten physischen Leibes hinein, der auf dem alten Saturn veranlagt wurde, den ganzen Kosmos aufnehmen wird, aber auch und vor allem «die ganze göttliche Welt», das heißt die Welt aller neun Hierarchien und der durch sie wirkenden Kräfte der Heiligen Trinität. Damit berühren wir wieder den Inhalt des Grundsteinspruches, in dem das Wesen des Auferstehungsleibes zum Ausdruck gebracht ist.

Hier soll noch einmal sowohl auf den Unterschied als auch auf die Übereinstimmung von Phantom und Auferstehungsleib (je nach dem Gesichtspunkt, unter dem man sie betrachtet) hingewiesen werden, denn beide weisen auf die gleiche Wirklichkeit, wobei das Phantom auf ihren Vergangenheitsaspekt im alten Saturn und der Auferstehungsleib auf den Zukunftsaspekt, der sich bis zum kommenden Vulkan und sogar darüber hinaus erstreckt, deutet.[14]

Auch in dem Zyklus *Von Jesus zu Christus* weist Rudolf Steiner auf dieses Zukünftige hin: «Denn das Wichtige ist nicht, was der Christus Jesus gelehrt hat, sondern was er der Menschheit gegeben hat. Seine Auferstehung ist ein *Geborenwerden* eines neuen Gliedes der menschlichen Natur: eines unverweslichen Leibes» (GA 131, 11.10.1911). Somit ging es beim Mysterium von Golgatha nicht allein um die Wiederherstellung des Phantoms, sondern vor allem um die Schaffung oder Geburt von etwas ganz Neuem, das Rudolf Steiner hier als einen «unverweslichen Leib» bezeichnet. Über das Phantom sagt Rudolf Steiner in dieser Beziehung:

«Das, was eigentlich dem Menschen zugedacht war von den Beherrschern [Hierarchien] von [altem] Saturn, [alter] Sonne, [altem] Mond, das hat sich erhoben aus dem Grabe: das reine Phantom des physischen Leibes, mit allen Eigenschaften des physischen Leibes» (ebd.). Damit ist klar auf den Vergangenheitsaspekt des Phantoms hingewiesen. Dann weiter im gleichen Vortrag: «Was ihm [dem Menschen] dazumal [nach dem Sündenfall] genommen worden ist durch den luziferischen Einfluss, das kann ihm *wiedergegeben werden* dadurch, dass es vorhanden ist als auferstandener Leib des Christus» (ebd.). Auch aus diesen Worten folgt: etwas, das einmal in Ur-Vergangenheit in einer reinen Form existierte, ist den Menschen abhanden gekommen und wurde dann in seiner ursprünglichen Gestalt und Reinheit den Menschen durch die Taten des Christus «zurückgegeben» (GA 131, 10.10.1911).

Hingegen wird die Verbindung des Auferstehungsleibes mit der entferntesten Zukunft der Menschheit und der Erde, mit dem Vulkan und sogar demjenigen, was danach kommt, aus den folgenden Ergebnissen der Geistesforschung Rudolf Steiners offenbar. So beschreibt er den Übergang vom Vulkan zu dem nächsten Weltensystem (Kosmos) in folgenden Worten: «In der Vulkanentwickelung sind alle die Wesenheiten, die sozusagen aus kleinen Anfängen des Saturndaseins hervorgegangen sind, im höchsten Sinne vergeistigt, sie sind zusammen nicht nur Sonne, sondern Über-Sonne geworden. Der Vulkan ist mehr als Sonne und damit hat er erlangt die Reife zum Opfer, die Reife dazu, sich aufzulösen» (GA 110, 14.4.1909-II). Das Opfer, das vom Vulkan zur nächsten Stufe der Weltevolution führen wird, beschreibt Rudolf Steiner so: Zuerst nimmt die Sonne, die dann zur Stufe der «Über-Sonne» aufgestiegen ist, «ihre Planeten wieder auf [und] wird zum Vulkan. Und nun löst sich das Ganze auf, und es wird aus der Vulkankugel nachher eine Hohlkugel. ... Es wird also die [Über-] Sonne sich auflösen, ins Universum hinaus sich hinopfern, ausstrahlen ihre Wesenheit. ... Das heißt, wenn eine Sonne so weit ist, dass sie sich mit ihren Planeten wieder vereinigt hat, dann wird sie Umkreis, dann wird sie selber ein [neuer] Tierkreis», der selbst «ein neues Sonnensystem aus sich gebären und schaffen» kann. Denn die Wesenheiten, welche den neuen Tierkreis gebildet haben, sind nun «zum großen kosmischen Opferdienst aufgestiegen» (ebd.).

Für diese gewaltige Metamorphose, die einmal in der kosmischen Umstülpung vom Punkt zum Umkreis bestehen wird, wurde an der Zeitenwende die Grundlage als Keim für die Zukunft gelegt. Es geschah dadurch, dass in der Mitte des Erdenäons das Weltenwort selbst auf die

Erde kam («Und das Wort ward Fleisch», Joh 1,14). Aus dem unendlichen Umkreis Seiner weltenschaffenden Tätigkeit konzentrierte es sich auf einen Punkt, auf den Leib des Jesus von Nazareth. Rudolf Steiner sagt diesbezüglich in seinen Vorträgen über das Fünfte Evangelium: «Die makrokosmische Sonnenwesenheit [des Christus] formt sich nach der Gestalt des menschlichen Mikrokosmos, drängt sich und engt sich, presst sich immer mehr und mehr zusammen, sodass sie immer ähnlicher wird dem menschlichen Mikrokosmos. ... Die Christus-Wesenheit musste fühlen, wie Macht und Kraft des Gottes immer mehr und mehr entwich im Ähnlichwerden dem Leibe des Jesus von Nazareth. Aus dem Gotte wurde nach und nach ein Mensch» (GA 148, 3.10.1913). Des Weiteren sagt Rudolf Steiner in dem gleichen Vortrag: «Aus was heraus aber ist das Erdensein des Christus erwachsen? Es ist erwachsen aus dem tiefsten Leiden, aus einem Leiden, das hinausgeht über alle menschliche Vorstellungsfähigkeit vom Leiden.»

In Bezug auf die Leiden des Christus Jesus auf seinem Passionsweg weisen uns Rudolf Steiners Forschungen aus dem Gebiet des Fünften Evangeliums in eine ganz andere Richtung als die allgemein eingeschlagene. Nach diesem bestanden die größten Leiden des Christus nicht in denen des Menschen Jesus, wie sie jeder Mensch nachvollziehen kann, sondern in denjenigen, die jegliche Dimension alles Vorstellbaren weit übersteigen. Nach dem Fünften Evangelium war dieses ungeheure Leiden vor allem mit dem Menschwerden des kosmischen Christus-Geistes verbunden. Diesen Prozess beschreibt Rudolf Steiner als das unendliche «Zusammenpressen» oder «Zusammenziehen» Seines göttlichen Wesens bis in das völlige Einswerden mit dem Leib des Jesus von Nazareth, wobei Er zunehmend das Verschwinden Seiner göttlichen Macht erlebte.

Zu einem besseren Verständnis könnte man das folgende Bild zu Hilfe nehmen: Man stelle sich vor, wie die Sonne mit ihrer ganzen kosmischen Kraft, mit der sie das ganze Planetensystem zusammenhält, in den engen Raum eines demgegenüber winzigen menschlichen Leibes einziehen würde. Und doch ist dieses für unsere Einbildungskraft schier unvorstellbare Bild erst annäherungsweise stimmig. Denn in Christus war nicht nur die geistige Sonne «Fleisch geworden», sondern sogar ein Wesen, das die ganze Sonnen-Sphäre unendlich übersteigt.

Mit diesem Prozess ging jedoch ein anderer einher, der für den Christus der Quell von noch weit größerem Leiden wurde. Rudolf Steiner beschreibt diese Situation in folgenden Worten: «Sie dürfen sich nicht vorstellen, dass dieser Leib, in dem der Christus wohnte, sagen wir anderthalb Jahre nach der Johannestaufe im Jordan, so war wie ein anderer Leib, sondern so, dass eine gewöhnliche Menschenseele ihn sofort hätte von sich fallen fühlen, weil er nur zusammengehalten werden konnte von der mächtigen makrokosmischen Christus-Wesenheit. Es war ein fortwährendes, langsames, durch drei Jahre dauerndes Dahinsterben. Und an der Grenze des Auseinanderfallens war dieser Leib angekommen, als das Mysterium von Golgatha eintrat» (GA 130, 9.1.1912).

Somit geht aus dem Inhalt des Fünften Evangeliums hervor, dass Christus in Gethsemane nicht mit der Angst vor dem frei auf sich genommenen Schicksal kämpfte, auch nicht mit der Todesangst, die jeder Mensch vor einem Märtyrertod empfinden würde, sondern *mit dem Tod selbst*, das heißt, mit den ahrimanischen Gewalten in seinem Leibe, welche Ihn vorzeitig, noch bevor Er Seine Menschheitsaufgabe, die Wiederherstellung des Phantoms für alle Menschen, vollendet hatte, in die geistige Welt mitreißen wollten. Denn die Kräfte des wiederhergestellten Phantoms hatten zur Zeit der Passion die Materie des Leibes fast vollständig verlassen. Und jetzt musste Christus diese durch das Phantom nicht mehr gehaltene Materie Seines Leibes selbst aus eigener Kraft zusammenhalten. Nicht nur am Kreuz, sondern vielmehr an den auseinanderfallenden Leichnam Seines physischen Leibes gekreuzigt, musste Er dies in unvorstellbaren Schmerzen erleiden und bis zum letzten Wort am Kreuz: «Es ist vollbracht» (Joh 19,30) durchtragen.

Emil Bock berichtet diesbezüglich: «Was zu tragen und zu vollenden ist, erfordert auch von seiten der irdischen Hülle [des Jesus] noch so viel Kraft, dass dadurch die Gefahr des vorzeitigen Todes heraufzieht. Diesen Augenblick will die ahrimanische Macht, die auf der Lauer liegt, benützen. Lukas, der Arzt, beschreibt, was geschieht, mit exakten Worten. Es ist nur die Schuld der landläufigen Übersetzungen, dass die Szene trotzdem in falscher Vermenschlichung missverstanden worden ist. Wo es in der Luther-Bibel heißt: ‹Und es kam, dass er mit dem Tode rang, und er betete heftiger› (22,44), da lautet der Text wörtlich: ‹Als er in die Agonie kam.› Es tritt also im medizinisch-technischen Sinn bereits der Todeskampf ein. Wenn Lukas hinzufügt: ‹Es tropfte blutiger Schweiß von ihm auf die Erde›, so gibt er damit das exakte Symptom der Agonie an» (E. Bock, *Die drei Jahre*, Kapitel «Karfreitag», Stuttgart 1981).

Nicht die Vermenschlichung der wirklichen Leiden des Christus Jesus auf seinem Passionsweg, sondern ihre wahrhaftig übermenschliche Dimension möchten uns das Fünfte Evangelium und die Forschungen Rudolf Steiners verständlich machen.[15] Denn nur dadurch, dass Christus diesen unvorstellbaren Leidensweg bis zu Ende ging, konnte der Wiederherstellung des Phantoms am Kreuze auch die Auferstehung folgen, in der es von den Kräften des Auferstehungsleibes durchdrungen wurde.

Nur aus diesem übermenschlichen Leiden des Christus ist daraufhin nicht bloß eine menschliche, sondern die *kosmische* Liebe als der bis ans Ende aller Zeiten auf der Erde wirkende Christus-Impuls geboren worden. «Aus diesen Schmerzen herausgeboren ist die allwaltende kosmische Liebe» (GA 148, 3.10.1913), die dann am Pfingsttag die Seelen der Apostel befruchtete. Von da an wussten sie: «Der Tod des Jesus von Nazareth war die Geburt der *allwaltenden kosmischen Liebe* innerhalb der Erdensphäre» (ebd., 2.10.1913). So wurde auf dem Golgatha-Hügel aus dem übermenschlichen Leiden des Christus die kosmische Liebe geboren, die als immerwährendes Pfingstereignis mehr und mehr Menschen ergreifen wird, um ihnen die Geheimnisse der Zeitenwende verständlich zu machen.

Und so unendlich tief wie das Leiden des Christus auf seinem makrokosmischen Weg von der Peripherie zum Punkt war, so unendlich groß werden einmal die Freude und der Jubel der Menschheit sein, wenn sie am Ende der Vulkanzeit die umgekehrte Metamorphose, vom Punkt zum neuen Weltenumkreis, vollziehen wird. Dass diese Metamorphose am Ende des Vulkans überhaupt möglich sein wird, ist auf die Tat Christi auf Golgatha zurückzuführen. Denn nur dadurch, dass die Menschen von der Erde an beginnend und in den weiteren Äonen von Jupiter und Venus die bewusste Beziehung zu dem Opfer des Christus und dessen Folge, dem Auferstehungsleib, herstellen, werden sie auf dem Vulkan fähig sein, selbst zu dem beschriebenen «großen kosmischen Opferdienst» aufzusteigen. Dieser wird für sie die höchste Stufe der Entwicklung und der schöpferischen Kraft bedeuten, der aus der «kosmischen Liebe» heraus als eine neue Schöpfung entstehen wird, welche an der Zeitenwende aus der tiefsten «Ohnmacht des Gottes, der Mensch geworden war» (ebd.) hervorging.

Wie ein prophetischer Vorblick auf dasjenige, was dann am Ende der Vulkanzeit geschehen wird, steht die Himmelfahrt des Christus da. Nachdem Er im Mysterium von Golgatha durch den Welten-Nullpunkt gegangen war und daraufhin die kosmische Kraft der Auferstehung mit der ganzen Erdenentwicklung vereinigt hatte, «ward er aufgehoben gen Himmel» (was dies geisteswissenschaftlich bedeutet, wird weiter in diesem Kapitel erläutert) «und sitzet zur rechten Hand Gottes» (Mark 16,19).[16]

Damit ist auf den größten «Umkreis» hingewiesen, der den ganzen Kosmos umschließt und zugleich der Quell aller schöpferischen Kräfte im Weltenall ist. «Denn was derselbe [der Vater] thut, das thut gleich auch der Sohn» (Joh 5,19).

*

Zurückkommend auf das Geheimnis des Phantoms, kann man jetzt besser verstehen, warum man davon sprechen kann, dass es bereits *vor* dem Tod und der Auferstehung des Christus wiederhergestellt war. Rudolf Steiner sagt diesbezüglich: «So stellte sich denn heraus: Als der Christus Jesus gekreuzigt wurde ... als dieser Leib des Jesus von Nazareth ans Kreuz geschlagen wurde, da war in der Tat das Phantom völlig intakt, bestand als die geistleibliche, aber nur übersinnlich sichtbare Form. ... Es war so, wie ... nach dem Gesetz des Beharrungsvermögens gewisse materielle Teile noch zusammenhalten in der Form, die man ihnen gegeben hat und dann nach einiger Zeit zerfallen, sodass kaum von ihnen etwas sichtbar ist.[17] So war es mit den materiellen Teilen des Leibes des Christus Jesus. Als er vom Kreuze abgenommen wurde, waren sozusagen die Teile noch zusammenhaltend, aber sie waren in keiner Verbindung mit dem Phantom, weil das Phantom von ihnen völlig frei war.» (GA 131, 12.10.1911).[18] Das bedeutet, dass schon vor dem Tod des Christus Jesus und im Tod selbst die reine Form des physischen Leibes, wie sie auf dem alten Saturn war, als Folge Seines dreijährigen Lebens in dem Leib des Jesus wiederhergestellt worden war: Und zwar wurde im ersten Jahr vor allem der Teil des Phantoms, der dem Kopf-System des physischen Leibes zugrunde liegt, in seinem ursprünglichen, von den Gegenmächten unberührten Zustand, hergestellt; im zweiten Jahr geschah dies für das rhythmische System und im dritten für das der Gliedmaßen.

Dadurch konnten die Gegenmächte zu dieser übersinnlichen Form des physischen Leibes keinen Zugang mehr finden, weshalb sie die Grundlage dafür bilden konnte, alle geistigen Kräfte des Alls bis hin zur zukünftigen Vulkanstufe daraufhin in sich aufzunehmen und am Ostersonntag als Auferstehungsleib, der das Phantom in sich trägt, zu erscheinen. Deshalb konnte Rudolf Steiner immer wieder darauf hinweisen – obwohl er zuvor die Bemerkung gemacht hatte, dass das Phantom schon vor dem Tod am Kreuz voll hergestellt war –, dass dieses «Phantom ... aus dem Grabe von Golgatha auferstanden ist» (GA 131, 14.10.1911).[19]

Diese beiden Bestandteile des Auferstehungsleibes, die sich jeweils auf die Vergangenheit und Zukunft beziehen und dadurch Anfang und Ende der ganzen kosmischen Evolution vom alten Saturn bis zum Vulkan miteinander verbinden, können aus folgendem Gesichtspunkt noch besser verstanden werden. In dem Buch *Die Geheimwissenschaft im Umriss* beschreibt Rudolf Steiner, wie der Christus Jesus erst dann als Lehrer der Menschheit auftrat, als in Seiner Seele alles, was sonst Luzifer bei den Menschen verdeckt hatte, offenbar wurde. Dies geschah unmittelbar nach der Taufe im Jordan. Aus anderen Beschreibungen Rudolf Steiners wissen wir, dass Luzifer vor allem versucht, den Blick des Menschen auf die Vergangenheit zu verfinstern und zu entstellen. Und als Christus Jesus die ganze Vergangenheit der Erde, bis zum alten Saturn, Luzifer-frei überblicken konnte, begann Seine dreijährige Arbeit an der Wiederherstellung des Phantoms Seines physischen Leibes.

Als dann nach Seinem Kreuzestod die Macht Ahrimans, die immer bestrebt ist, die Zukunft der Evolution zu entstellen und den Menschen zu rauben, «in ihre Schranken» gewiesen war (GA 13, Seite 292f.), konnte in der darauf folgenden Auferstehung der eigentliche Auferstehungsleib als etwas völlig Neues geschaffen werden. Durch ihn kann sich nun der Mensch, der einen bewussten Zugang zu ihm findet, mit der ganzen zukünftigen Entwicklung der Erde verbinden, bis hin zum Vulkan, und, wie wir bereits sahen, sogar darüber hinaus.

Anhand der Grundsteinmeditation kann man sich diesen Weg bis zum Vulkan so vorstellen: Im Vollzug der Auferstehung durchdrang das Welten-Ich des Christus mit den Kräften des Heiligen Geistes, vermittelt durch die dritte Hierarchie, das Kopfsystem des Jesus. Damit wurde die Stufe des zukünftigen Jupiter vorbereitet. Durch das Erfüllen des rhythmischen Systems des Jesus mit den Kräften des Sohnes, vermittelt durch die zweite Hierarchie, wurde die Venusstufe angelegt.[20] Zuletzt erfolgte die Durchdringung des Stoffwechsel-Gliedmaßensystems mit den Kräften des Vaters durch die Vermittlung der ersten Hierarchie. Damit war die Stufe des Vulkan erreicht und die Grundlage für die gewaltige Metamorphose gelegt, welche oben beschrieben ist und vom Vulkan wie eine Brücke zum Erschaffen des neuen Kosmos führen wird.

*

Die Tatsache, dass das Phantom des physischen Leibes schon vor dem Kreuzestod des Christus im vollen Umfang wiederhergestellt worden war, wirft ein entscheidendes neues Licht auf Sein ganzes dreijähriges Leben in den leiblichen Hüllen des Jesus von Nazareth. Denn die Frage, auf welche Weise während dieser Zeit das Phantom wiederhergestellt wurde, hängt damit zusammen, was Christus tat, während Jesus auf der Erde schlief. In den Evangelien wird nur einmal auf den schlafenden Jesus hingewiesen, und das ist die Szene, als er sich während des Sturmes auf dem See Genezareth mit seinen Jüngern in einem Boot befindet.[21] Man darf mit Recht davon ausgehen, dass Jesus nach der Taufe im Jordan, wie alle anderen Menschen, weiterhin nicht nur des Essens, sondern auch des Schlafes bedurfte. Was aber tat Christus jeweils während Jesus schlief? Um das zu verstehen, muss hier daran erinnert werden, was sich bei jedem Menschen während des Schlafens vollzieht. Da bleiben der physische und ätherische Leib im Bett liegen, der Astralleib und das Ich hingegen treten aus diesen heraus und wirken unbewusst, durchdrungen von den Kräften der höheren Hierarchien, an den beiden verlassenen Wesensgliedern von außen. Dadurch können die während des Tages verbrauchten Kräfte des Ätherleibes sowie die zerstörten Teile des physischen Leibes wieder aufgebaut und erneuert werden.

Neben der aufbauenden Tätigkeit durch die Lebensprozesse in den verlassenen Hüllen, geschieht, für den schlafenden Menschen tief unbewusst, auch eine zweifache moralische Wirksamkeit, die sich unmittelbar in seinem Astralleib und Ich außerhalb des physischen Leibes entfaltet. Um die erste der beiden bewusst zu erleben, muss der Mensch die Stufe des Lebensgeistes erreicht haben. Dann offenbart sich ihm dasjenige, was Rudolf Steiner so beschreibt: «Würde der Mensch, indem er mit seinem astralischen Leibe da hinauslebt [in die geistige Welt während der Nacht], eindringen können in das Bewusstsein des Lebensgeistes, dann würde er sprechen können zu dem, was mit seinem astralischen Leib geschieht. ... Wer würde denn sprechen, wenn der Mensch plötzlich schlafend das Bewusstsein des Lebensgeistes erlangte? ... Es würde sprechen der astralische Leib des Menschen als Richter über das Gute und Böse im Menschen. Sodass man wirklich sagen muss: Schlafend wird der astralische Leib der Richter der Seele» (GA 208, 13.11.1921).

An dieser Stelle bleibt Rudolf Steiner aber nicht bei dem rein menschlichen Tatbestand stehen, sondern erweitert ihn auf etwas, das die ganze Menschheit betrifft: «Wenn der Gedanke aus der Inspiration hervorkommt, der sich ausdrückt in dem Satze: Der astralische Leib wird schlafend der Richter der Seele –, dann kann man finden, wie einem als adäquates Bild entgegentritt, was Michelangelo gemalt hat in der Sixtinischen Kapelle als ‹Weltgericht›» (ebd.). Aus diesen Worten geht die Antwort auf die Frage hervor, was Christus jede Nacht während Jesus schlief in dessen Astralleib außerhalb des physischen und ätherischen Leibes vollzog: Er hat die Welt gerichtet und damit dasjenige vorbereitet, was als das zukünftige «Weltgericht» einmal eintreten wird und was von Michelangelo in der Sixtinischen Kapelle wie prophetisch gemalt wurde.[22]

Der zweite moralische Prozess, der nun nicht mehr vom Astralleib, sondern vom Ich während des Schlafes ausgeführt wird, kann von einem Eingeweihten nur aus der Kraft des Geistesmenschen beobachtet werden. «Würde es [das Menschen-Ich] erwachen zum Bewusstsein des Geistesmenschen, dann würde ... das Ich mit dem Bewusstsein ausgestattet, das in dem zurückgebliebenen physischen Leib wirkt, das die Kräfte von oben nach unten sendet in dem zurückgebliebenen physischen Leib» (ebd.). Was ein Eingeweihter dann erleben würde, prägt Rudolf Steiner in den folgenden Satz: «Das Ich wird das Opfer seiner selbst, das Opfer des im Leibe wirkenden Geistes.» Der höchste Geist, der bis in die Materie des Leibes hineinwirkt, überwältigt die Kräfte des Ich, welches auf dieser Stufe seiner inneren Entwicklung noch nicht imstande ist, an diesem Prozess voll bewusst mitzuarbeiten und dadurch «Opfer seiner selbst», das heißt in diesem Fall, Opfer seiner Schwäche wird. Dadurch erlebt der Eingeweihte die wahre Beziehung des Ich zum physischen Leib, dessen Phantom noch nicht wiederhergestellt ist.

Was hier auf den Menschen bezogen ist, erweitert Rudolf Steiner in dem gleichen Vortrag auch auf das Christus-Leben auf der Erde, an dessen Ende das absolut intakte Phantom steht. «Und wiederum [zuerst wurde über das Bild von Michelangelo gesprochen], wenn wir hinblicken auf das, was uns als ein so ungeheuer ergreifendes Bild entgegentritt als das Bild des Gotteslammes, des Christus, jenes Christus, der sich verbindet mit dem menschlichen Ich, der dieses menschliche Ich durchdringt, dann wird in unserer Seele rege der Gedanke – gerade wenn wir auf das sich opfernde Lamm hinschauen – des Opfers, das das Ich wird, indem es in den Schlafzustand übergeht, und wir finden, wie treffend durch das Bild des Lammes diese Opfernatur des Menschen während des Schlafes ausgedrückt wird» (ebd.).

Hier geht es um das Ich des Menschen, das nun von dem Christus-Impuls durchdrungen ist. Für dieses ändert sich das beschriebene Erlebnis während des Schlafes. Der Mensch schaut nicht mehr sein Ich als «das Opfer seiner selbst», sondern so, dass «es [das Ich] im Schlafe das Opfer wird seines eigenen Selbstes» (ebd.). Dieser scheinbar kleine Unterschied in der Formulierung ist jedoch von entscheidender Bedeutung. Denn jetzt hat das Ich sein höheres Wesen gefunden und kann bewusst den Prozess der Wiederherstellung des Phantoms des eigenen physischen Leibes aus der Christus-Kraft in sich beginnen. Dadurch wird dem Menschen das Geheimnis dessen offenbart, was diesem mikrokosmischen Prozess in ihm selbst im Makrokosmos entspricht, nämlich wie Christus während der drei Jahres Seines Erdenlebens an der Wiederherstellung des Phantoms im Leibe des Jesus von Nazareth gearbeitet hat.

Mit dem Bild des Lammes in den zitierten Worten Rudolf Steiners ist hier auf das Zeugnis Johannes des Täufers hingewiesen, der nach der Taufe im Jordan von Christus kündete: «Siehe, das ist Gottes Lamm, welches der Welt Sünde trägt» (Joh 1,29). Mit der «Sünde der Welt» sind vor allem die Folgen des ursprünglichen Sündenfalls gemeint, welche am stärksten in der Zerstörung des Phantoms hervorgetreten sind. Dieses zerstörte Phantom trägt seitdem jeder Erdenmensch (auch Jesus von Nazareth) in sich. So bedeutet das Wort: Durch sein Opfer der Menschheit Sünde auf sich zu nehmen, für den Christus selbst nichts anderes, als in Jesus das degenerierte Phantom auf sich zu nehmen und zu verwandeln. Und das ist die geistige Tätigkeit, welche beim Schlafen des Jesus an dessen physischem Leib in allen Nächten während der drei Jahre ausgeführt wird: die Wiederherstellung des Phantoms.

Zusammenfassend kann man sagen: Während der Schlafesruhe des Jesus hat Christus die Menschheit aus Seinem Astralleib gerichtet und durch die Kraft Seines Ich, indem er den physischen Leib zugleich verwandelte, gerettet. Das Gesagte macht verständlich, in welchem Sinne das Gericht des Christus über die Menschheit gemeint ist. Es wird nicht in einer Verurteilung, geschweige denn Verdammnis des Menschen bestehen, sondern in dem Herstellen des gereinigten Phantoms des physischen Leibes eines jeden Menschen, damit dieser im Spiegel des Phantoms, in dem die physischen und moralischen Kräfte eine untrennbare Einheit bilden, sehen kann, wie weit er selbst noch von diesem großen moralischen Ideal entfernt ist. Deshalb nennt Rudolf Steiner Christus das «große menschliche Erdenvorbild» (GA 13, Seite 395).

*

Auf das Hauptthema dieses Kapitels zurückkommend, darf eine wichtige Eigenschaft, die Wundmale des Phantoms betreffend, nicht unerwähnt bleiben. Denn nach Rudolf Steiner sind die Wunden des Gekreuzigten nicht im Phantom, sondern in Seinem «verdichteten Ätherleib» zurückgeblieben.[23] Denn der Ätherleib ist auch der Erinnerungsleib. (Jedoch ist in diesem Fall die Erinnerung selbst «wesenhaft».) Die sogenannten Wundmale im Phantom waren hingegen von ganz anderer Natur und Bedeutung. Über deren Herkunft berichtet Rudolf Steiner: «Und wer versteht, was Menschheit und Menschtum ist, was das Erden-Ich ist, was das Verhältnis des Erden-Ich *zur Menschenform* des Leibes, zur *Form* des Menschen-Leibes ist, der ... kann fragen: Wie müsste dieser Leib sein, wenn alle Ichheit in ihn einrücken würde? – [er würde] ihn anschauen ... mit fünf Wunden» (GA 139, 21.9.1912). So sollte die Leiblichkeit, in die das Welten-Ich des Christus eingezogen war, «mit fünf Wunden angeschaut werden, mit fünf Wunden, die notwendig sind wegen des Hinausragens der Christus-Wesenheit, das heißt des Voll-Ich des Menschen, über die *Form* der Leiblichkeit» (ebd.). Damit zeugen die fünf Zeichen auf dem Phantom nicht von den Wundmalen, die dem physischen Leib des Jesus am Kreuz zugefügt wurden, sondern von dem vollkommenen Sieg des Christus-Ich über die «Form der Leiblichkeit», das heißt über die in Verfall geratenen Kräfte des Phantoms. (Dass in den beiden angeführten Zitaten konsequent von der *Form* des Leibes gesprochen wird, weist nicht auf dessen Materie, sondern auf das Phantom hin.) Daher sind die fünf Zeichen des Phantoms von Beginn an keine Wunden, sondern die Tore, durch welche die Kräfte des Christus in die Welt strahlen.

In dieser Beziehung ist es besonders wichtig, zwischen den sichtbar blutenden Wundmalen des Leibes am Kreuze und den nur übersinnlich wahrnehmbaren Zeichen an dem Leib des auferstandenen Christus zu unterscheiden. Denn die Ersteren gehören noch zu der alten Welt, die nach dem Auferstehungsgeschehen endgültig der Vergangenheit angehört. Die Zeichen in dem Phantom werden hingegen zu dem Ursprung einer ganz neuen Welt, die in der Auferstehung des Christus ihren Anfang nahm. In dem Menschen, der in der Zukunft die Kräfte des Phantoms in sich aufnehmen wird, werden diese fünf Zeichen zu neuen übersinnlichen Organen werden, mit denen er in immerwährender Verbindung mit Christus die geistige Welt wahrnehmen wird.

In einem meditativen Spruch Rudolf Steiners, verfasst um die Jahreswende 1912/1913, hat er auf diese fünf Kräfte hingewiesen.

«Es offenbart die Weltenseele sich
Am Kreuze des Weltenleibes.
Sie lebet fünfstrahlig leuchtend
Durch Weisheit, Liebe, Willenskraft
Durch Allsinn und durch Ichsinn
Und findet so
Den Geist der Welt in sich.»

Diese Worte beziehen sich zuerst auf das Bild, das Plato im *Timaios* aus dem alten Mysterienwissen übermittelt hat. Darin ist auf prophetische Weise dasjenige enthalten, was im Mysterium von Golgatha zu einer mystischen Tatsache der Weltgeschichte werden sollte. Rudolf Steiner schreibt diesbezüglich: «Plato erzählt ja das makrokosmische: Gott hat auf den Weltenleib in *Kreuzesform* die Weltseele gespannt. Diese Weltseele ist der Logos. Soll der Logos Fleisch werden, so muss er im Fleisches-Dasein den kosmischen Weltprozess wiederholen. Er muss ans Kreuz geschlagen werden und auferstehen» (GA 8, Kap. «Christentum und heidnische Weisheit»; kursiv Rudolf Steiner).

Mit Hilfe dieses Spruchs können wir uns die Ausstrahlung der moralischen Kräfte aus dem Christus-Ich durch die fünf Tore des Auferstehungsleibes folgendermaßen vorstellen: Die Liebe strahlt durch das Tor des Herzens; durch die beiden oberen Tore strahlen Willenskraft und Weisheit; und durch die beiden unteren leuchten die Kräfte, welche das Wesen des Ich und der Welt gleichzeitig erfassen und durchdringen.

Nun muss zum besseren Verständnis der komplizierten Wirklichkeit der Auferstehung hier noch einmal kurz auf etwas hingedeutet werden, das an anderer Stelle bereits ausführlich charakterisiert wurde.[24] Nachdem Rudolf Steiner im Oktober 1911 in dem Zyklus *Von Jesus zu Christus* so stark auf die Auferstehung *im Leibe* hingewiesen hatte, kam er nur zweieinhalb Monate später, im Januar 1912 in München, abermals auf das Mysterium der Auferstehung zu sprechen, um nun jedoch durchgängig nicht mehr von der Auferstehung im physischen Leibe, sondern von derjenigen im Ätherleib zu sprechen. In diesem Vortrag wird eindeutig davon gesprochen, dass die Apostel nach der Auferstehung den «bis zur physischen Sichtbarkeit sich verdichtenden Ätherleib» (GA 130, 9.1.1912) sahen. «Sodass der auferstandene Christus umhüllt war mit einem bis zur physischen Sichtbarkeit verdichteten Ätherleib» (ebd.).[25] Oder, mit anderen Worten, der Auferstehungsleib trug diesen verdichteten Ätherleib als seine äußere Hülle. Nur in diesem Vortrag beschreibt Rudolf Steiner auf Grundlage seiner Geistesforschung das Ereignis mit dem ungläubigen Thomas, der verlangte, seine Finger in die Wunden des Auferstandenen zu legen. In dieser Beziehung gibt Rudolf Steiner den entscheidenden Hinweis. *Die Wunden im Leibe des Christus sind nicht im Phantom, sondern nur in dem verdichteten Ätherleib geblieben.*[26]

Rudolf Steiner weist darauf in folgenden kraftvollen Worten hin, als ob er damit einen wesentlichen Irrtum korrigieren wollte: «Aber es könnte jemand sagen: Thomas wurde von dem Auferstandenen, der den Jüngern erschien, aufgefordert, mit seinen Händen in die Wundmale zu greifen. Da müsste man voraussetzen, dass diese noch dagewesen wären, dass Christus mit demselben Leib, der sich in Staub aufgelöst hat, zu den Jüngern gekommen wäre. Nein!» (GA 130, 9.1.1912). Denn was Thomas als die Wunden erlebte, bezog sich nicht auf das Phantom des physischen Leibes des Auferstandenen, sondern auf den «verdichteten Ätherleib». So berührte Thomas in Wirklichkeit die Verdichtungen am *Ätherleib* des Auferstandenen (die ätherischen «Narben», wie Rudolf Steiner sie nennt), die an den Stellen der leiblichen Wunden entstanden waren. Das Phantom selbst war davon völlig frei.

Auch erwähnt Rudolf Steiner in dem gleichen Vortrag, dass in der Emmaus-Szene (Luk 24,30-31) der auferstandene Christus vor den Jüngern gegessen habe, aber nicht auf physisch-sinnliche, sondern auf rein ätherische Weise. «Wir finden sie [die Emmaus-Szene] im Evangelium so geschildert, dass nicht eine gewöhnliche Nahrungsaufnahme stattfindet, sondern eine Auflösung des Genossenen unmittelbar durch den Ätherleib, durch die Kräfte des Christus, *ohne Mitwirkung des physischen Leibes*».[27] Direkt durch den Ätherleib geschah diese Nahrungsaufnahme, *nicht* durch das Phantom, das auch in diesem Fall von jeglicher irdischen Materie unberührt blieb. Man kann auch sagen, dass für den Auferstandenen jede Nahrungsaufnahme zur reinen Transsubstantiation wurde, so wie Er dies urbildlich beim letzten Abendmahl für die Apostel vollzogen hatte.[28]

Damit weist Rudolf Steiner auf die wichtige Tatsache hin, dass der Mensch auch in Zukunft, wenn die Vergeistigung seines Leibes durch die Verbindung mit dem Auferstehungsleib weiter fortgeschritten sein wird, die Nahrungsaufnahme nicht aufgeben, sondern sie im Gegenteil auf eine höhere, ätherische Ebene erheben wird, sodass der Prozess der Vergeistigung der Erde weiter fortschreiten kann.[29] Damit löst sich der scheinbare Widerspruch, dass Rudolf Steiner, nachdem er darauf hingewiesen hatte, dass das Phantom keine Nahrung benötigt und erträgt (siehe GA 131, 12.10.1911), dennoch die Tatsache bestätigte, dass der Auferstandene vor seinen Jüngern gegessen habe. Denn damit wollte Er hinweisen auf die weitere Bedeutung der menschlichen Nahrung, wenn auch in dieser verwandelten (ätherisierten) Form.

Wenn wir auf den zuvor besprochenen Zusammenhang zurückkommen, so darf man auch bei den dort ausgeführten Beschreibungen Rudolf Steiners nicht sogleich einen Widerspruch vermuten, sondern muss sich genügend Zeit nehmen, um bei einer gründlichen Beschäftigung mit den entsprechenden Aussagen festzustellen, dass es sich hierbei (wie auch bei dem Phantom und dem Auferstehungsleib) um verschiedene Aspekte eines höchst komplizierten Prozesses handelt, der kaum in menschliche Worte gefasst werden kann.

So weist Rudolf Steiner auch später darauf hin, dass im Mysterium von Golgatha nicht nur der *physische Leib*, sondern auch der *Ätherleib* des Menschen objektiv gerettet wurde. «Durch das Mysterium von Golgatha ist zunächst für das Physisch-Ätherische der Menschheit alles geschehen», denn «für den physischen *und* den ätherischen Leib ist das Ereignis von Golgatha allmenschlich vollzogen» (GA 224, 7.5.1923).[30]

Um das Wesen dieser Rettung besser zu verstehen, muss man noch Folgendes berücksichtigen. Wie die an sich übersinnliche Form des physischen Leibes nur durch ihr Erfülltsein mit der Materie für die Sinne wahrnehmbar wird, so tritt auch der Ätherleib des Menschen durch die Flüssigkeiten des menschlichen Leibes in die äußere Erscheinung. Dies wird vor allem durch die Tatsache belegt, dass alle Flüssigkeiten im Menschen in ständiger Bewegung sind. Und die rhythmische Bewegung ist das wichtigste Kennzeichen des Ätherleibes. Daraus folgt, dass dieser sich vor allem durch das Blut manifestiert, weil es von allen Flüssigkeiten im menschlichen Organismus am stärksten dem rhythmischen Element unterliegt.[31]

Nachdem wir diese Beziehung hergestellt haben, können wir auf neue Weise das Geheimnis der Ereignisse am Karfreitag verstehen. Denn damals hat nicht nur der Mensch, sondern die ganze Erde als lebendiges Wesen die *kosmische Kommunion* empfangen, und zwar im wörtlichen Sinne. Zuerst nahm die Erde selbst das Blut des Gekreuzigten in sich auf[32] und damit auch die Kräfte Seines Ätherleibes. Solange das Blut aus den Wunden floss, das heißt bis zum Schluss in Bewegung blieb, war der Ätherleib damit verbunden. Danach empfing die Erde auch den Leib des Gekreuzigten. Wie Rudolf Steiner im Fünften Evangelium mitteilt, wurde der Leib nach dem Tode des Christus Jesus vom Kreuz genommen und in das Grab gelegt.[33] Durch ein Erdbeben entstand daraufhin ein Spalt in der Erde, in den der Leib aufgenommen wurde. (Siehe GA 148, 2.10.1913.) Damit war die Materie des Jesus-Leibes mit der Erde vereint.[34]

Dass es hier nicht um das Phantom, sondern nur um die Materie, welche ihn zuvor erfüllte, ging, folgt aus der Mitteilung Rudolf Steiners, «dass nach drei Jahren der ganze Leib des Jesus von Nazareth etwas war, das an der Grenze schon stand Leichnam zu sein und nur eben zusammengehalten wurde von der Macht der makrokosmischen Christus-Wesenheit» (GA 130, 9.1.1912). Der Zustand eines Leichnams besteht eben darin, dass er von dem Phantom verlassen und deshalb im Prozess des Zerfalls begriffen ist. Diese Trennung des Phantoms von der es ursprünglich durchdringenden Materie war aber absolut notwendig für seine Wiederherstellung in der ursprünglichen Reinheit durch die Christus-Kraft. Dies geschah noch vor dem Tod am Kreuz. (Siehe die Worte Rudolf Steiners auf Seite 25.) Aus diesem Grund hätte sich kein Menschen-Ich in einem solchen Leib nur einen einzigen Augenblick aufhalten können. Denn «eine gewöhnliche Menschenseele hätte ihn sofort von sich fallen fühlen» (ebd.). Mit anderen Worten, ein solcher Mensch würde sofort sterben. «An der Grenze des Auseinanderfallens war dieser Leib angekommen, als das Mysterium von Golgatha eintrat» (ebd.). Nachdem Joseph von Arimathia und Nikodemus den Leib – *bereits ohne Phantom* – mit besonderen «Spezereien» (ebd.) gesalbt und in das Grab gesenkt hatten, «da brauchte es nur ein ganz Weniges, dass *dieser Leib zu Staub zerfiel im Grabe*. Das, was ins Grab gelegt worden war, das zerfiel zu Staub» (ebd.). Dann «spaltete sich [durch ein Erdbeben] die Erde, der Staub des Leichnams fiel hinein und *verband sich mit der ganzen Substanz der Erde*» (ebd.).[34a] Damit ist ausgesagt, dass nicht der Leib, sondern nur seine Materie (ohne das Phantom) in dem Zustand feinsten Staubs (eigentlich schon als ganz vergeistigte Materie, die aus so gut wie nichts Materiellem mehr bestand) von der Erde aufgenommen wurde und sich dadurch mit deren «ganzer Substanz» verband. Als die «neuesten okkulten Forschungen» bezeichnet Rudolf Steiner diese von ihm gefundenen geistigen Tatsachen (ebd.).

So wurde dadurch, dass die Erde die Materie des Jesus-Leibes in sich aufgenommen hatte, die Grundlage für dasjenige gelegt, was Rudolf Steiner wie folgt beschreibt: «Dann erst erkennen wir die Wahrheit, wenn wir in jedem Atom [der Erdenmaterie] sehen einen Teil des Christus-Geistes, der seit jener Zeit [dem Mysterium von Golgatha] darinnen ist. ... Bis ins Atom hinein besteht die Erde aus Leben, seit sie der Christus durchdrungen hat» (GA 112, 7.7.1909). Deshalb wird in der Zukunft die wahre Wissenschaft immer mehr betonen: «Die Materie ist aufgebaut in dem

Sinne, wie der *Christus* [nach dem Mysterium von Golgatha] sie nach und nach angeordnet hat!» (GA 15, Kap. III; kursiv Rudolf Steiner).

Wie sich die Materie des Leibes mit der ganzen Erde verband, so auch das Blut des Gekreuzigten. Von dessen Substanz berichtet Rudolf Steiner: «Und indem es [das Blut] ausfloss [aus den Wunden] und hineinströmte in die Erde, ist unserer Erde eine Substanz gegeben worden, die, indem sie sich mit der Erde verband, ein Ereignis war, das ein bedeutendstes ist für alle Folgezeiten der Erde, und das auch nur einmal auftreten konnte. Was geschah mit diesem Blut in den folgenden Zeiten? ... Dieses Blut machte im Verlaufe der Erdenevolution einen Ätherisierungsprozess durch. ... *Der Ätherleib der Erde ist durchsetzt von dem, was aus dem Blute geworden ist, das auf Golgatha geflossen ist*» (GA 130, 1.10.1911). Diese «Ätherisation» des Christus-Blutes innerhalb der Erde wurde nur dadurch möglich, dass die Kräfte des Ätherleibes des Christus Jesus mit ihm auch weiterhin verbunden blieben. Deshalb spricht Rudolf Steiner auch von dem «neuen Ätherleib», in den sich Christus nach seiner Auferstehung gekleidet hat (GA 130, 9.1.1912).

Somit besteht die *kosmische Kommunion*, welche die Erde am Karfreitag empfangen hat, aus zwei Teilen: Den materiellen Bestandteilen des Leibes, welche die ganze Substanz der Erde durchdrangen und dem ätherisierten Blut, das den Ätherleib der Erde durchsetzte.

Nun taucht an dieser Stelle die Frage auf: Warum hatte die Erde diese zweifache Kommunion mit Blut und Leib überhaupt nötig? Die Antwort liegt in der Tatsache begründet, dass zur Zeitenwende hin die Verbindung der Erde mit den geistigen Kräften des Kosmos immer mehr zurückgegangen war. Dies war unabdingbar, damit die Grundlage der menschlichen Freiheit veranlagt werden konnte. Denn hätten die Menschen diese Kräfte weiterhin so direkt überall in der Natur wahrgenommen, wie dies zum Beispiel noch auf der alten Atlantis der Fall war, so könnten sie niemals freie Wesen werden. Deshalb musste die Erde sich von den geistigen Kräften des Kosmos, denjenigen der sieben Planeten und der zwölf Tierkreisrichtungen, trennen. Somit war sie von den Kräften ihres Ursprungs geschieden und hätte, sofern nicht ein Weiteres geschehen wäre, ihrem allmählichen Tod entgegengehen müssen. Dieser Todesprozess der Erde sollte jedoch an der Zeitenwende eine Umkehrung erfahren. Es mussten neue Kräfte in die Erde einfließen, die deren erneute Verbindung mit der geistigen Welt der Planeten und des Tierkreises gewährleisteten. Und genau das vollzog sich durch die kosmische Kommunion auf ganz besondere Weise am Karfreitag.

Um diesen Prozess noch besser zu verstehen, müssen wir uns erneut der absoluten Einmaligkeit des dreijährigen Lebens des Christus im Leibe des Jesus zuwenden. Denn der grundsätzliche Unterschied Seines Lebens zu dem Erdenleben aller anderen Menschen bestand in Folgendem: die Sternenkonstellation, die sich bei einem gewöhnlichen Menschen im Geburtsmoment zeigt, prägt sich ihm ein und bleibt während des ganzen Lebens unverändert wirksam. Bei dem Christus Jesus hingegen verwandelte sich die Wirkung der Sternkonstellation in jedem Augenblick, sodass er immer mit dem ganzen Kosmos im Einklang stand.

Von geistiger Seite betrachtet bedeutet dies das Folgende: Jeder auf der Erde sich inkarnierende Mensch (auch Jesus von Nazareth) bildet in seinem vorgeburtlichen Dasein zunächst den geistigen Keim seines späteren physischen Leibes aus den zwölffachen Kräften des Zodiak – und danach den Keim seines Ätherleibes aus den siebenfachen Kräften der Planeten. Deshalb ist der physische Leib zwölffach gegliedert (vom Widder im oberen Teil des Kopfes bis zu den Fischen in den Füßen) und behält, ähnlich wie die Fixsterne am Himmel, seine feste Gestaltung im Raume bei. Im Gegensatz dazu ist der Ätherleib in einer permanenten rhythmischen Veränderung begriffen, die ihren Ursprung in den Bewegungen der sieben Planeten hat und deshalb als der siebenfach gegliederte Zeitenleib des Menschen bezeichnet werden kann.

Kommt der Mensch nun mit der Geburt zur Erde, so wird ihm während des Inkarnationsprozesses die Konstellation der Fixsterne und der Planeten, wie sie sich in diesem Augenblick zeigt, bis in die feinsten Ausgestaltungen seines Gehirns eingeprägt und bleibt als eine Erinnerung an sein kosmisches Dasein während des ganzen Lebens unverändert mit ihm verbunden. Das ist es, was das Wesen des menschlichen Horoskops ausmacht. «Und wenn man das Gehirn eines Menschen fotografierte in dem Moment, in dem er geboren wird, und dann auch den Himmelsraum fotografierte, der genau über dem Geburtsort dieses Menschen liegt, so zeigte dieses Bild ganz dasselbe wie das menschliche Gehirn. Wie in diesem gewisse Teile angeordnet sind, so in dem Himmelsbilde die Sterne» (GA 15, Kap. III).

Dasjenige, was dann bei einem gewöhnlichen Menschen bis zu seinem Tode unverändert bleibt, war bei dem Christus Jesus während der drei Jahre seines Erdenlebens einer dauernden Wandlung unterworfen. Dadurch entstand die einmalige Situation, welche Rudolf Steiner in folgenden Worten charakterisiert: «Immer stand der Christus unter dem Einfluss des ganzen Kosmos, er machte keinen Schritt, ohne dass die kosmischen

Kräfte in ihn hereinwirkten. Was hier bei dem Jesus von Nazareth sich abspielte, *war ein fortwährendes Verwirklichen des Horoskops*; denn in jedem Moment geschah das, was sonst nur bei der Geburt des Menschen geschieht. ... Was da als ein Wesen auf der Erde wandelte, das sah allerdings wie ein anderer Mensch aus. Die wirksamen Kräfte darinnen aber waren die kosmischen Kräfte, die von Sonne und Sternen kamen; sie dirigierten den Leib» (ebd.). – «Der ganze *Geist des Kosmos*» oder die «Gesamtwesenheit der Welt, mit welcher die Erde zusammenhängt» (ebd.) wirkte an diesem einmaligen Erdenleben mit.

Auf diese Weise war während des dreijährigen Lebens des Christus Jesus auf der Erde in seinem physischen und ätherischen Leib ständig «der Geist des ganzen Kosmos» (ebd.) tätig, oder, mit anderen Worten, die geistigen Kräfte der Fixsterne (vor allem des Zodiak) und die geistigen Kräfte der Planeten. Das heißt, die Beziehung zu dem geistigen Kosmos, welche bei allen anderen Menschen nach ihrer Erdengeburt abbricht, blieb bei dem Christus Jesus von der Taufe im Jordan bis zum Mysterium von Golgatha ununterbrochen weiterbestehen, um am Karfreitag im Vollzug der kosmischen Kommunion in die Erde überzugehen. Dadurch erreichte die Erde eine neue Verbindung mit dem ganzen geistigen Kosmos und zugleich mit ihrer eigenen kosmischen Zukunft. Rudolf Steiner beschreibt diesen Prozess so: «Was bei einem anderen Menschen mit der Geburt in das irdische Dasein einfließt [und dann aufhört], das floss in den Christus Jesus in *jedem Augenblick* [seines Erdenlebens] ein. Und als das Mysterium von Golgatha sich vollzog, ging das, was aus dem Kosmos eingestrahlt war, in die geistige Substanz der Erde über» (ebd.; kursiv Rudolf Steiner).

In früheren Vorträgen stellt Rudolf Steiner diesen Prozess mehrfach in einer gewaltigen Imagination dar, die auf dessen kosmische Dimension hinweist. Hätte ein mit hellseherischen Kräften begabtes Wesen die Aura der Erde von ihrer Urvergangenheit bis zur Zeitenwende geschaut, so würde es festgestellt haben, dass diese mit der Zeit immer dunkler und dunkler wurde. Diese Verdunklung war eben das Zeichen ihrer Trennung von den kosmischen Kräften ihres Ursprungs. Dann aber kam der Augenblick, in dem sich die ganze Erdenaura plötzlich völlig veränderte. Ihre Verdunklung verschwand, und sie wurde von einem neuen Licht und wunderbaren Farben erfüllt. Der Keim einer neuen Sonne leuchtete wie ein Stern in ihr auf. Und dann weist Rudolf Steiner darauf hin, in welchem Augenblick diese Veränderung der Erdenaura genau geschah. Es war der Moment, als das Blut aus den Wunden des Erlösers in die Erde floss,[35] womit ihre große kosmische Kommunion begann.

Besonders eindrücklich schildert Rudolf Steiner das Aufleuchten dieses neuen Sterns in dem Vortrag vom 1. April 1918. Nachdem er die Farben der Erdenaura als bläulich-violettlich leuchtende Osterde und die rötlich-gelblich glimmernde Westerde beschrieben hat, schließt er diese Imagination mit folgenden Worten ab: «Geistig, vom Weltenall aus betrachtet, war das Ereignis von Golgatha das Aufleuchten eines Goldsternes in der blauen Erdenaura der Osthälfte der Erde» (GA 181).

*

Diese kosmische Kommunion fand ihren direkten Ausdruck auch innerhalb der neuen Mysterien. So findet man sie in dem, was Rudolf Steiner den anthroposophischen Zuhörern in seinem letzten Vortrag, den er im ersten Goetheanum halten konnte, als er die mantrische Formel der kosmischen Kommunion der Menschheit übergab. Denn nur wenige Stunden nach Abschluss dieses Vortrags wurde der Bau ein Opfer der Flammen. Genaugenommen war der Brand bereits vor dem Vortrag Rudolf Steiners von verbrecherischer Hand gelegt. Da die Flammen sich jedoch zunächst zwischen den doppelten Wänden des Baues ausbreiteten, sodass der Rauch sich durch mehrere Stunden nur in den Zwischenräumen der Wände und der beiden Kuppeln verteilte, wurde die Brandstiftung nicht sogleich entdeckt. Erst als der Rauch alle diese Räume erfüllt hatte, begann er nach außen zu dringen, wodurch der Brand erst entdeckt werden konnte. Daraufhin wurde Rudolf Steiner von seinem Haus, der Villa Hansi, zur Brandstätte gerufen. – Aus dem Ablauf des Geschehens kann man entnehmen, dass in der Zeit, als Rudolf Steiner seinen Vortrag mit den Worten der kosmischen Kommunion abschloss, der Bau auf der ganzen Peripherie innerhalb der Zwischenwände schon völlig in Flammen stand. Damit wurde, wie im letzten Augenblick, weltgeschichtlich dasjenige vollzogen, was bis dahin noch nicht hatte geschehen können. Denn obwohl der Bau zu dieser Zeit fast vollendet war, zögerte Rudolf Steiner dessen Eröffnung doch immer wieder hinaus.[36] Später, nach dem Brand, betonte er eindeutig, dass keine der neun größeren Veranstaltungen, die in dem Bau stattgefunden hatten, als die eigentliche (esoterische) Eröffnung des Gebäudes betrachtet werden konnte.[37]

Und nun geschah mit dem Brand die Einweihung des Baues auf eine ganz besondere Weise. Vom Feuer umgeben stand Rudolf Steiner als der Hohepriester inmitten des kosmischen Kultus da und sprach im großen Saal des ersten Goetheanum die Worte der kosmischen Kommunion, in denen «der ganze Geist des Kosmos» mitwirkte. Er sprach sie im Großen Saal des ersten Goetheanum, das kurz darauf mit all seinen vom Feuermeer verzehrten Formen im Ätherkosmos empfangen wurde. Auf diese Weise vollzog Rudolf Steiner für den Bau dasjenige, was er am Ende seines Vortrags als den «kosmischen Kultus» bezeichnete, der in diesem Augenblick zu der *neuen Taufe* wurde, die Johannes der Täufer noch prophetisch als die Taufe des Christus mit Feuer und Geist verkündet hatte. (Siehe Luk 3,16.)[38]

Mit den folgenden Worten führte Rudolf Steiner die mantrische Formel der kosmischen Kommunion ein: «Hingegeben an das Allwalten des ihn [den Menschen] umgebenden Weltendaseins, des kosmischen Daseins, kann er erleben dasjenige, was durch ihn ausgeführt wird in dem großen Tempel des Kosmos als Transsubstantiation, indem er opfernd drinnensteht in rein geistiger Art» (GA 219, 31.12.1922).[39] Beim Aussprechen dieser Worte stand Rudolf Steiner inmitten des brennenden Goetheanum selbst als «opferndes Wesen» und verrichtete im Sinne des höchsten Opferdienstes einen Kultus im Tempel des Kosmos. Dieser Vorgang wurde von den weiteren Worten begleitet: «Die Welt wird zum Tempel, die Welt wird zum Gotteshaus. Der erkennende Mensch, sich aufraffend im Fühlen und Wollen, er wird zum opfernden Wesen. Das Grundverhältnis des Menschen zur Welt steigt auf vom Erkennen zum Weltenkultus, zum *kosmischen Kultus*». Und diesen Kultus verbindet Rudolf Steiner dann mit dem, was die eigentliche Mission der Anthroposophie ist: «Dass all dasjenige, was unser Verhältnis zur Welt ist, zunächst sich als kosmischer Kultus erkennt im Menschen, das ist der erste Anfang dessen, was geschehen muss, wenn Anthroposophie ihre Mission in der Welt vollziehen soll.»

Die ganze Darstellung des kosmischen Kultus kulminierte dann in den mantrischen Worten der kosmischen Kommunion, die von Rudolf Steiner am Ende des Vortrags feierlich gesprochen wurden:

«Es nahet mir im Erdenwirken,
In Stoffes Abbild mir gegeben,
Der Sterne Himmelswesen:
Ich seh' im Wollen sie sich liebend wandeln.

Es dringen in mich im Wasserleben,
In Stoffes Kraftgewalt mich bildend,
Der Sterne Himmelstaten:
Ich seh' im Fühlen sie sich weise wandeln.»

Heinz Müller beschreibt in seinen Erinnerungen den Abschluss dieses Vortrags, den er selbst miterleben durfte, in folgenden Worten: «Die Feierlichkeit, die Eindringlichkeit seiner Sprache steigerte sich in Laufe des Vortrags. Man hatte das Gefühl: Hier zelebriert ein großer Eingeweihter den Kultus der Zukunft, den kosmischen Kultus der Menschheit. Nachdem er die Sprüche noch einmal gesprochen hatte, trat er in größter Bescheidenheit vom Podium zur Seite, und so war es auch selbstverständlich, dass niemand applaudierte, was bei anderen Vorträgen durchaus üblich war. Die beiden Sprüche standen noch in seiner schönen Handschrift auf den beiden Tafeln geschrieben als wir, die Alten und die Jungen, tief ergriffen in die sternklare Silvesternacht hinausgingen.»[40]

In seinen Anweisungen zum Umgang mit diesen Sprüchen betont Rudolf Steiner besonders den von ihm inaugurierten Schulungsweg, der durch die Stufen von Imagination, Inspiration und Intuition führt. Denn erst jetzt offenbart er das große Geheimnis und die letzte Bestimmung dieses Weges, der den heutigen Menschen zur wahren Erkenntnis der geistigen Welt führen möchte: «So ist spirituelle Erkenntnis eine wirkliche Kommunion, der Beginn eines der Menschheit der Gegenwart gemäßen kosmischen Kultus» (GA 219, 31.12.1922). Damit ist der Mensch berufen, im Vollzug der kosmischen Kommunion durch die festen Bestandteile seiner Nahrung eine neue Verbindung zu der Welt der Fixsterne und durch die flüssigen Bestandteile eine neue Verbindung mit den geistigen Kräften der Planeten zu erreichen. Beide werden durch die Liebe im Wollen und durch die Weisheit im Fühlen auf dem Wege der übersinnlichen Erkenntnis transsubstantiiert und dadurch zur Grundlage der zukünftigen Vergeistigung des Erdenplaneten. Dass dies überhaupt möglich wird, ist die Folge der großen kosmischen Kommunion der Erde am Karfreitag. Denn nur dadurch sind in den festen Nahrungsbestandteilen die geistigen Kräfte der Fixsterne und in den flüssigen die geistigen Kräfte der Planeten überhaupt enthalten.

Ein Jahr später wies Rudolf Steiner darauf hin, dass sein letzter Vortrag im ersten Goetheanum im vollen Einklang mit den Formen des Baues stand. (Siehe GA 233, 31.12.1923.) Damit deutete er auf das Geheimnis einer inneren Beziehung zwischen der mantrischen Formel der kosmischen Kommunion und dem innersten Wesen des ersten Goetheanum hin. Diese Beziehung ist keineswegs eine bloß symbolische, denn der Bau war tatsächlich nach dem Prinzip der geistigen Kommunion errichtet. So offenbarte sich in dem Raum der größeren Kuppel das Prinzip der siebenfachen planetarischen Evolution und in dem Raum der kleineren das zwölffache Prinzip der Sternenwelt (des Zodiak). Auf diese Weise war in dem Doppelkuppelbau «der ganze Geist des Kosmos» (GA 15, Kap. III) zur Offenbarung gebracht. Und in dem großen Antlitz im roten Fenster war der Mensch als der Zelebrierende im großen Tempel des Kosmos dargestellt.[41]

In Anknüpfung an diesen Baugedanken des ersten Goetheanum durfte Rudolf Steiner nun die entsprechenden mantrischen Worte im letzten Vortrag inmitten des Raumes, der bereits unsichtbar von Flammen umgeben war, aussprechen. Damit enthüllte er die eigentliche Bestimmung dieses Baues als ein Abbild des «großen Tempels des Kosmos», in dem nach dessen Weihe und esoterischer Eröffnung der «kosmische Kultus» als die eigentliche Mission der Anthroposophie hätte zelebriert werden sollen. Mit anderen Worten: Der Bau in seiner Gänze sollte den modernen Menschen zur wahren kosmischen Kommunion führen. Davon zeugte Rudolf Steiner selbst ein Jahr später im Rückblick auf den Brand: «Damit war eigentlich gerade *an jenem Abend* unmittelbar angeknüpft an dasjenige, dem ja unser Goetheanum-Bau durch seine ganze Wesenheit gewidmet sein sollte» (GA 233, 31.12.1923).

Hätte das erste Goetheanum fertiggestellt werden können, so wäre die Kulmination der kosmischen Kommunion durch die innere Verbindung des Besuchers mit der Gestalt des Menschheitsrepräsentanten in der kleinen Kuppel geschehen. Diese erhabene Gestalt wäre wie die geistige Sonne, umgeben von zwölf Sternen, dem Menschen vom Osten her (das heißt aus der geistigen Welt) entgegengekommen. Rudolf Steiner weist darauf in folgenden Worten hin: «In Ephesus die Götterstatue; hier im Goetheanum die Menschenstatue, die Statue des Menschheits-Repräsentanten, des Christus-Jesus, in dem wir gedachten, *uns mit ihm identifizierend,* in aller Demut so in der Erkenntnis aufzugehen, wie einstmals in ihrer Art ... die Schüler von Ephesus in der Diana von Ephesus aufgingen» (GA 233, 31.12.1923). Zu einem solchen «Sich-Identifizieren» mit dem höchsten Menschheits-Ideal, welches auch das Ideal der kosmischen Kommunion ist, sollte das erste Goetheanum die Menschen der Gegenwart führen. Mit anderen Worten: Es ging darin um das Erleben des geistigen Kosmos, in dem die Begegnung mit Christus im eigenen Ich möglich wird.

Jetzt wurde diese Weihe des Goetheanum als die Taufe mit Feuer und Geist von der geistigen Welt mit dem Wesen der *kosmischen Kommunion* zusammen entgegengenommen, um daraufhin in verwandelter Form aus den Weiten des Kosmos als der Weg der *geistigen Kommunion* von Rudolf Steiner wieder empfangen und bei der Weihnachtstagung in das Zentrum der neuen Mysterien gestellt zu werden.

Auf diese gewaltige Metamorphose wies Rudolf Steiner am Ende der Ostertagung 1924 hin: «Was mehr oder weniger Erdensache vorher war, erarbeitet, gegründet wurde als Erdensache, das ist mit den Flammen hinausgetragen in die Weltenweiten. Wir dürfen, gerade weil uns dieses Unglück getroffen hat, in dem Erkennen der Folgen dieses Unglückes sagen: Nunmehr verstehen wir es, dass wir nicht bloß eine Erdensache vertreten dürfen, sondern eine Sache der weiten ätherischen Welt, in der der Geist lebt. Denn es ist die Sache vom Goetheanum eine Sache des weiten Äthers, in dem geisterfüllte Weisheit der Welt lebt. Es ist hinausgetragen worden, und *wir dürfen uns von den Goetheanum-Impulsen aus dem Kosmos hereinkommend durchdringen*» (GA 233a, 22.4.1924). Aber mit den Formen des Baues war auch die mantrische Formel der kosmischen Kommunion in die Ätherweiten des Kosmos hinausgetragen worden, um daraufhin von Rudolf Steiner als die mantrische Grundlage für die geistige Kommunion von dorther wieder empfangen zu werden.

Von der Grundsteinmeditation, welche die meditative Verbindung zu dem Auferstehungsleib darstellt und damit den ersten Bestandteil der geistigen Kommunion bildet, wurde weiter oben (siehe Seite 16) schon gesprochen. Wie aber steht es mit deren zweitem Teil, der Kommunion mit dem Blut, beziehungsweise mit den Kräften des auferstandenen Ätherleibes? Auch auf diese Frage finden wir in dem Vollzug der Begründung der neuen Mysterien an der Weihnachtstagung eine klare und erschöpfende Antwort. Wie bereits erwähnt, gehört dem Ätherleib unabdingbar das Wesen des Rhythmus an, dessen Ursprung in den Bewegungen der sieben Planeten liegt, weshalb er auch eine siebenfache Struktur hat. Berücksichtigen wir dies, so werden wir verstehen, warum Rudolf Steiner bei der Weihnachtstagung den Mitgliedern nicht nur die Grundsteinmeditation als geistige Grundlage der neubegründeten Anthroposophischen Gesellschaft gab, sondern auch ihre *sieben Rhythmen,* welche die weiteren Tage der Versammlung esoterisch erfüllten. Denn diese Rhythmen bilden die Brücke zum Erleben des Ätherleibes des Auferstandenen. Auf diese Weise ist in der Grundsteinmeditation und ihren sieben Rhythmen ein vollgültiger Weg der geistigen Kommunion als Fortsetzung und Metamorphose des Wesens der kosmischen Kommunion gegeben, nachdem diese aus den Weiten des Ätherkosmos von Rudolf Steiner in dieser verwandelten Form empfangen worden war.

Daher kann man sagen: Wie an Karfreitag[42] das Blut und der Leib des Christus Jesus von der Erde aufgenommen wurden, um dann am Ostermorgen als der Auferstehungsleib und der bis zur irdischen Sichtbarkeit verdichtete Ätherleib des Auferstandenen zu erscheinen, so gingen in den neuen Mysterien die mantrischen Worte der kosmischen Kommunion in die Weiten des Kosmos hinaus und kamen durch die freie schöpferische Tat eines Menschen als der Weg zur vollgültigen geistigen Kommunion zurück. So spiegelt sich der Makrokosmos im Mikrokosmos und die göttliche Tat in der Menschentat, in der Tat Rudolf Steiners. Der Unterschied liegt jedoch darin, dass an der Zeitenwende zwischen den Geschehnissen am Karfreitag und der Auferstehung am Ostersonntag der Weg des Christus am Karsamstag in die Tiefen der Erde führte.[43] Im Vollzug dieser kosmisch irdischen Handlung hingegen stiegen die Impulse mit den Flammen des Baues in die kosmischen Weiten auf, um, von dorther zurückkommend, an der Weihnachtstagung die Grundlage der neuen Mysterien zu bilden.

Bereits in dem Zyklus *Von Jesus zu Christus* wies Rudolf Steiner ganz klar auf die zukünftige Bedeutung der geistigen Kommunion hin: «Und dazu soll die Anthroposophie[44] wirken: im Geiste selber etwas Konkretes, etwas Reales zu erfassen. Dadurch, dass ... durch Meditation, Konzentration und alles, was wir lernen als die Erkenntnisse höherer Welten, die Menschen reif werden, ... sich in ihrem Innern zu durchdringen mit dem Element des Geistes, dadurch werden sie die Kommunion im Geiste[45] erleben» (GA 131, 13.10.1911). Damit vollzog Rudolf Steiner einen entscheidenden Schritt in der Weiterentwicklung des Christentums auf der Erde: er schuf den Übergang von der sakramentalen zur rein geistigen Kommunion. Worauf der große christliche Esoteriker des 12. Jahrhunderts, Joachim von Fiore (1130-1202), der von drei welthistorischen Epochen lehrte, der des Vaters, der des Sohnes und der des Geistes, zunächst nur wie prophetisch hinweisen konnte, nämlich auf den kommenden Übergang von der zweiten zur dritten Epoche, das vollzog Rudolf Steiner mit der Begründung der geistigen Kommunion tatsächlich auf der Erde. Denn damit war die Grundlage für die beginnende Epoche des Geistes gelegt, in der eine neue, rein geistige Beziehung zur Christus-Wesenheit möglich wird. Rudolf Steiner sagt in dieser Beziehung: «Und ebenso, wie alles sich entwickelt vom Physischen zum Geistigen hinauf unter dem christlichen Einfluss, so müssen sich zuerst unter dem Christus-Einfluss heranentwickeln die Dinge, die zuerst da waren als eine Brücke: vom Physischen zum Geistigen muss sich das Abendmahl entwickeln, um hinzuführen zur wirklichen Vereinigung mit dem Christus» (GA 112, 7.7.1909).

Diese innere Vereinigung mit Christus ist dann auf dem Wege zu erreichen, der von dem Wesen der kosmischen Kommunion zu der geistigen

Kommunion, wie sie bei der Weihnachtstagung begründet wurde, führt. Denn die Erstere hat als Ziel die Vergeistigung der Erde und die Zweite diejenige des Menschen. Beide vollziehen sich aus dessen freier und selbstständiger innerer Arbeit. Damit wird die Verwirklichung des «höchsten Ideals menschlicher Entwickelung» möglich, «welches für den Menschen denkbar ist: *die Vergeistigung*, welche der Mensch durch seine eigene Arbeit erlangt» (GA 13, Seite 413).

Vergleicht man in dieser Beziehung die Worte der kosmischen und der geistigen Kommunion, so entdeckt man einen gewaltigen Schritt, der sich dadurch vollzog, dass die mantrische Substanz inzwischen in die Höhen des Kosmos aufgestiegen war. Denn in den Formeln der kosmischen Kommunion sind die geistigen Kräfte der Planeten und der Fixsterne nur im Allgemeinen angesprochen, wohingegen es sich in der geistigen Kommunion um die realen geistigen Wesenheiten handelt, welche *hinter* diesen kosmischen Kräften wirken. Und das sind die neun Hierarchien, die in der Grundsteinmeditation und ihren Rhythmen mit ihren Namen genannt sind und deren Tätigkeit hinter allen Planetensphären und dem ganzen Sternenkosmos steht.

Was Rudolf Steiner in den neuen Mysterien als den modernen Weg zur geistigen Kommunion und damit zur vollen Wirklichkeit der Auferstehung allen Menschen eines guten Willens gegeben hat, war schon Jahrhunderte zuvor in den engsten Kreisen und streng geheim gehaltenen Schulen des esoterischen Christentums vorbereitet worden. In seinen zwei Hauptströmungen wurden die beiden Elemente der geistigen Kommunion zunächst getrennt entfaltet. So stand im Zentrum der Grals-Mysterien vor allem die Kommunion mit dem Blut des Auferstandenen bzw. mit den Kräften Seines verwandelten Ätherleibes, aus dem die Gralsritter bei ihren kultischen Verrichtungen die Lebenskräfte für ihre vielfältigen Aufgaben innerhalb der Menschheit schöpften.[46]

Auf ähnliche Weise arbeiteten später die Rosenkreuzer vor allem an dem zweiten Teil der geistigen Kommunion. In dem, was sie die Arbeit an dem Stein der Weisen nannten, suchten sie eine bewusste Beziehung zu den Kräften des Auferstehungsleibes, mit denen sie ihre eigene Wesenheit bis in die feineren Gefüge hinein zu verändern suchten. Mit der Verwandlung der Kohle in den für das Licht durchlässigen Diamanten kann man diese Arbeit vergleichen. Deshalb gehören die Rosenkreuzersprüche untrennbar zu dem Wesen der Grundsteinmeditation.

Was durch Jahrhunderte getrennt vor sich gegangen war, das konnte durch Rudolf Steiner in den neuen Mysterien zum ersten Mal vereinigt und daraufhin aus den engen Kreisen der esoterischen Bruderschaften in die volle Öffentlichkeit hinausgetragen werden. Um das zu ermöglichen, musste jedoch durch den Brand des ersten Goetheanum, die größte Tragödie der anthroposophischen Bewegung, die kosmisch-tellurische Metamorphose seines Wesens erfolgen, wie dies oben beschrieben wurde. Damit ging es durch eine Art Tod und Auferstehung, um so die Begründung der neuen Mysterien auf der Erde *in dieser Form* überhaupt möglich zu machen.

*

Zum Abschluss soll noch der auffallende Zusammenhang dieser Ereignisse innerhalb der anthroposophischen Bewegung mit den Geschehnissen an der Zeitenwende erwähnt werden. So mussten die Apostel nach dem Tode des Christus Jesus in den stillen Stunden des Karsamstags durch die furchtbar niederschmetternde Stimmung hindurchgehen, in der ihnen die ganze Zukunft wie in dichten Wolken verhüllt und in bedrückender Unsicherheit erschien. Etwas wie ein Echo dieser Stimmung können wir auch unter den Anthroposophen am 1. Januar 1923, am Morgen nach dem Brand des Goetheanum in Dornach, finden.

Hier sollen zwei Bilder aus dieser Zeit dargestellt werden. Wie bekannt, wollte Rudolf Steiner am darauffolgenden Tag keinen der geplanten Vorträge und keine der angekündigten Aufführungen absagen. So erinnerte er ein Jahr später an diesen Tag: «Da wir, selbst als die Flammen draußen brannten, uns hier nicht stören ließen in der Fortsetzung der Arbeit» (GA 233, 1.1.1924). Nun war unter anderem für den 1. Januar die Aufführung des Dreikönigsspiels vorgesehen. Was dabei zu Beginn geschah, beschreibt Assja Turgenieff in folgenden Worten: «‹Ehrsame, wohlweise ...›, bis dahin kam der Engel im ‹Dreikönigsspiel› in seiner Begrüßungsrede, dann versagte ihm die Stimme. Vergebens versuchte er es noch einmal, und dann weinte er still, an seinen Stab gelehnt, bis er die Kraft fand, weiterzusprechen».[47] In der überfüllten Schreinerei, die, von der Brandnacht noch mit Wasser überschüttet, in einem verwüsteten Zustand war, warteten alle in totaler Stille längere Zeit, bis die Schauspielerin sich endlich gefasst hatte, und die Aufführung weitergehen konnte. In der ersten Reihe saß Rudolf Steiner und schaute schweigend auf den weinenden Engel, der vielleicht wie ein Abbild dessen war, was in diesem Augenblick nicht nur die Menschen, sondern auch die Engel in der geistigen Welt fühlten. Eine wirkliche Karsamstagsstimmung herrschte über dem Ganzen.

Das zweite Bild knüpft an die Ereignisse der Zeitenwende von anderer Seite an. Aus seinen Geistesforschungen im Gebiet des Fünften Evangeliums berichtet Rudolf Steiner, wie zur Zeit des Sterbens des Christus Jesus am Kreuz eine «Wolkenverfinsterung» den ganzen Himmel bedeckte, sodass es um den Golgathahügel für eine kurze Zeit so dunkel wie in der Nacht war.[48] Auch um Dornach herum änderten sich nach dem Brand des Goetheanum durch die dadurch entstandene gewaltige Hitze die Witterungsverhältnisse für einige Tage. Ein dichter Nebel umhüllte den ganzen Hügel, sodass man denken konnte, der Bau stünde noch vollständig da.

Margarita Woloschin, die aus Russland kommend wegen eines Einreiseproblems erst am 2. Januar in Dornach eintraf, beschreibt ihren damaligen Eindruck: «Ich ging direkt zum Bau. Der Nebel verhüllte ihn. Ich trat ganz nahe an das Beton-Untergeschoss heran und sah, dass die aus Holz geschnitzte Eingangstüre ganz unversehrt war. Also war alles in Ordnung! Dann versuchte ich mit dem Blick durch den Nebel zum zweiten Geschoss durchzudringen, aber ich konnte nichts sehen. Ich ging um den Bau herum. Die hölzernen Gebäude daneben waren intakt, aber jetzt – von Osten – sah man deutlich durch den Nebel: da oben waren keine Kuppeln und keine Wände, da war nichts.»[49]

Und wie die Stimmung der Apostel an der Zeitenwende nach der ersten Begegnung mit dem Auferstandenen sich änderte und in Freude und Jubel umschlug, so ähnlich vollzog es sich ein Jahr nach dem Brand auch mit der Stimmung bei der Weihnachtstagung, die man nur mit den Worten der Apokalypse beschreiben kann: «Siehe, Ich mache alles neu» (21,5). Bereits in seinem Eröffnungsvortrag am 24. Dezember sprach Rudolf Steiner davon, was er von den Mitgliedern vor allem für *diese* Tagung erwartete: «Vor allen Dingen Stimmung und Stimmung und wieder Stimmung» (GA 260, 24.12.1923). Diese besondere Stimmung charakterisiert er im Weiteren als einen Neubeginn, den Aufbau der mit Freude erfüllten Zukunftsrichtung, das Hinwenden zu neuen Menschheitsperspektiven und das erhebende Gefühl der Mitarbeit an den Weltenzielen – eine wahre Osterstimmung!

Hinter all diesem stand aber die bereits erwähnte Metamorphose des ersten Goetheanum, dessen Brand Rudolf Steiner einmal als einen Tod bezeichnete. («Das Goetheanum ist vorher hinweggestorben».[50]) Nach diesem erfolgte ein Jahr später die Auferstehung des Goetheanum-Geistes und dessen Erscheinen in der Erdensphäre bei der Weihnachtstagung. Seitdem wirkt er unter den Menschen als der Geist der neuen Mysterien, der die ganze anthroposophische Bewegung als dasjenige, was Rudolf Steiner den «neuen esoterischen Zug» nannte, durchdringt.

Darauf weist Rudolf Steiner auch am Ende der Ostertagung 1924 hin: «Dann, wenn wir das vermögen, dann empfinden wir in alledem, was in Anthroposophie lebt, ein wichtiges Glied darinnen. Und dieses eine wichtige Glied darinnen, das ist die anthroposophische Osterstimmung, jene anthroposophische Osterstimmung, die da niemals der Überzeugung sein kann, dass der Geist stirbt, sondern dass, wenn er stirbt durch die Welt [gemeint ist der Geist des Goetheanum], er immer aufersteht. Und an den aus ewigen Gründen immer wieder auferstandenen Geist muss sich Anthroposophie halten» (GA 233a, 22.4.1924).

Diese Worte, die den Vortrag abschließen, der an die Aufführung der Grundsteinmeditation in Eurythmie anschloss, geben wie im Rückblick die eigentliche Stimmung der Weihnachtstagung wieder, welche berufen ist, eine Grundlage der neuen christlichen Mysterien zu bilden. Deshalb können wir sagen: Wie der Makrokosmos immer wieder sein Abbild im Mikrokosmos findet, so erfahren auch die großen Ereignisse der Zeitenwende ihre Widerspiegelung in der Geschichte der anthroposophischen Bewegung. Was vor fast 2000 Jahren das ganze Dasein der Erde und der Menschheit veränderte, das wiederholte sich in der noch kleinen Gemeinschaft von Anthroposophen auf der Ebene ihres Bewusstseins. Damit ist auf den wesentlichen Grundzug der neuen Mysterien hingewiesen, nämlich auf die Aufgabe, die Ereignisse der Zeitenwende im Lichte Michaels in das menschliche Bewusstsein zu heben, um dann auf dem Wege der geistigen Kommunion dieses Bewusstsein so zu beleben, dass es die Wirklichkeit der Auferstehung in sich aufnehmen kann.

* * *

Zum Inhalt dieses Kapitels gehört noch eine Frage, die dem Autor in diesem Kontext öfter gestellt wurde: Worin besteht eigentlich der Unterschied zwischen dem Erschaffen dessen, was die Rosenkreuzer den *Stein der Weisen* (der Weisheit) nannten, den sie als ihr höchstes Ziel betrachteten, und dem *Stein der Liebe*, den Rudolf Steiner bei der Weihnachtstagung in der an die Erde angrenzenden geistigen Welt erschuf? Eine Antwort auf diese Frage lässt sich nur auf der Grundlage des oben gemachten Unterschieds zwischen dem Phantom und dem Auferstehungsleib finden.

F. W. Zeylmans van Emmichoven hat seinerzeit, wohl als Erster, in seinem Buch *Der Grundstein* auf den gewaltigen Entwicklungsschritt innerhalb des esoterischen Christentums hingewiesen, der durch den Übergang von dem Stein der Weisen zu dem Stein der Liebe vollzogen worden war. (Kapitel «Vom Stein der Weisen zum Liebesstein».[51]) In einer kurzen Ausführung soll hier die Begründung dafür dargestellt werden.

Unter der inneren Arbeit am Stein der Weisen verstanden die Rosenkreuzer das Anziehen der Kräfte des Phantoms des Auferstandenen, zuerst in ihrer Seele, im Astralleib (imaginative Stufe), dann im Ätherleib (inspirative Stufe) und zum Schluss im physischen Leib selbst, jedoch auf streng geistige Weise (intuitive Stufe).[52] So beschreibt Rudolf Steiner die vierte Stufe der rosenkreuzerischen Einweihung, die in der modernen Einweihung heute der Stufe der Intuition entspricht, in folgenden Worten: «Der Stein der Weisen ist zugleich das Edelste, was der Mensch sich erringen kann, was der Mensch aus seinem [physischen] Organismus machen kann, um zu höherer Entwickelung zu kommen» (GA 97, 16.2.1907). Und das Wesen des Steines charakterisiert Rudolf Steiner so: «Diesem Ideal geht der Mensch entgegen, seinen Leib aufzubauen aus Kohlenstoff – die gewöhnliche Kohle, das ist der Stein der Weisen. Nicht schwarze Kohle wird es sein, sondern durchsichtig wasserheller Kohlenstoff, wenn des Menschen Leib sternhaft geworden ist. Es sind das nicht nur chemische Vorgänge, sondern es sind hohe Ideale. Das macht der Rosenkreuzer gradweise durch, und später wird die ganze Menschheit dazu aufsteigen» (ebd.).

Mit dieser inneren Arbeit suchten die Rosenkreuzer den bewussten Anschluss an das Phantom des Christus (bzw. an die Phantomseite des Auferstehungsleibes) zu finden, um dadurch zu der ursprünglich rein geistigen Form des menschlichen Leibes zu gelangen, damit dieser dem paradiesischen Zustand des Menschen wieder entsprach.

Der erste Mensch, der diese Stufe vollumfänglich erreichte, war Christian Rosenkreutz in seiner Einweihung im 13. Jahrhundert, von der Rudolf Steiner Folgendes berichtet: «Nach einigen Tagen wurde der Körper dieses Dreizehnten ganz durchsichtig, und er war wie tot durch Tage hindurch» (GA 130, 27.9.1911). Und nachdem seine Seele in der geistigen Welt dem Christus begegnet und unmittelbar von ihm durchdrungen war, kam sie in den physischen Leib zurück und ergriff ihn so, «dass diese Belebung des ganz durchsichtigen Körpers mit nichts verglichen werden kann» (ebd.). Bedenkt man nun, dass Rudolf Steiner bei dem Phantom vor allem die Qualität der Durchsichtigkeit hervorhebt, dann wird man das Wesen des Geschehens richtig erfassen.[53] Auch erwähnt er, dass die echten rosenkreuzerischen Alchemisten aus diesem Wissen über das Phantom arbeiteten. (Siehe GA 131, 12.10.1911). Denn das Ziel ihrer Einweihung bestand eben darin, «ein Anziehungsband» zu schaffen zwischen dem Menschen und dem auf dem Golgatha-Hügel wiederhergestellten Phantom. (Siehe GA 131, 14.10.1911.)

In den neuen Mysterien muss aber auch der zweite und zukünftige Aspekt der Auferstehung hinzukommen. Oder anders ausgedrückt, der Weg zum Alpha der Weltentwicklung muss durch den Weg zum Omega ergänzt werden, damit die *volle* Wirklichkeit der Auferstehung vor die Menschheit hintreten kann: vom alten Saturn (Phantom) bis zum kommenden Vulkan (Auferstehungsleib).

Heute leben wir in einer Zeit, in der den Menschen aus den Inspirationen Michaels, der als Arché bereits auf der Stufe steht, welche die Menschheit erst auf dem Vulkan erreichen wird, das volle Geheimnis des Auferstehungsleibes offenbar werden kann. Das wurde von Rudolf Steiner nicht nur theoretisch, sondern auch praktisch vollzogen und geschah durch die Begründung eines allen Menschen zugänglichen Weges, der zur Vereinigung mit den Kräften des Auferstehungsleibes führt.

Deshalb fügte Rudolf Steiner in den mantrischen Spruch, mit dem er die «Letzte Ansprache» abschloss, die Worte über «des Geistesmenschen Weltenzeit» ein (GA 238, 28.9.1924). Denn heute hat *diese* Weltenzeit tatsächlich begonnen, in welcher der Mensch eine bewusste Beziehung zu dem Auferstehungsleib suchen und auch finden kann.

Durch das Erschaffen des Steins der Liebe an der Weihnachtstagung wurde die Grundlage für diese Beziehung gegeben. Durch das Einpflanzen des Liebesgrundsteins in den Boden des eigenen Herzens kann jeder Mensch eine bewusste Beziehung zu ihm aufbauen und durch die meditative Arbeit an dem Grundsteinspruch auch den Weg betreten, der ihn zur vollen Wirklichkeit des Auferstehungsgeschehens führt.

Hier sollen noch einige zusätzliche Ausführungen zum Inhalt des vorherigen Kapitels folgen. Zuerst ein kurzer Hinweis darauf, wie der Autor zu dessen Inhalten kam. Die Anregung dazu fand sich im Apokalypse-Zyklus für die Priester der Christengemeinschaft in Rudolf Steiners Ausführungen darüber, dass zwei Weltbereiche tief miteinander verbunden sind: das Wesen der Transsubstantiation und das Wesen des Karma.[54] In diesem Zyklus, der ein Dreivierteljahr nach der Weihnachtstagung gehalten wurde, kommt Rudolf Steiner gleich zu Beginn des ersten Vortrags auf die Weihnachtstagung und ihren Mittelpunkt, die Grundsteinmeditation, zu sprechen. Er sagt zu den in Dornach versammelten Priestern: «Wir werden diesmal, wo Sie wiederum versammelt sind an diesem Orte, in demjenigen Licht und derjenigen Wärme, die uns aus der Geisteswelt entgegengekommen sind durch die Weihnachtstagung, gewissermaßen als geistige Gegenleistung für die irdischen Verluste, die durch die Flammen bereitet worden sind [der Brand des Goetheanum], wichtige Fragen zu besprechen haben» (ebd., 5.9.1924).

Diese Worte, in denen von dem aus der Geistwelt kommenden Licht und der von ihr ausgehenden Wärme die Rede ist, weisen auch auf den vierten Teil des Grundsteinspruches hin, wo diese Qualitäten direkt angesprochen und allen Anthroposophen zur meditativen Übung gegeben sind. Während der Grundsteinlegung selbst sagt Rudolf Steiner diesbezüglich: «Und wir können am besten erkraften jene Seelenwärme und jenes Seelenlicht, die wir brauchen, wenn wir sie beleben mit jener Wärme und mit jenem Lichte, das in der Zeiten-Wende erstrahlet hat als das Christus-Licht in der Welten-Finsternis» (GA 260, 25.12.1923).

Daraus folgt, dass dieser Apokalypse-Zyklus, der die Kulmination der esoterischen Unterweisungen der Priester der Christengemeinschaft bildet, ganz aus der Substanz der Weihnachtstagung bzw. aus dem Quell der neuen Mysterien gegeben wurde. Und wenn man dort liest, dass das Wirken des Karma und das Wesen der Transsubstantiation eng miteinander verbunden sind, so entsteht daraus die Aufgabe, diese Beziehung dadurch zu ergründen, dass man innerhalb der neuen Mysterien, zu denen die großen Karma-Offenbarungen in den 82 Karmavorträgen des Jahres 1924 gehören, auch das andere dazugehörige Element findet – die Transsubstantiation, welche das Hauptgeheimnis jeder wahren Kommunion bildet. Denn nur auf dieser Grundlage kann das Wesen der geistigen Kommunion, die das Kernstück der neuen Mysterien bildet, richtig verstanden werden. Diese Forschungsaufgabe, die zuerst den Priestern der Christengemeinschaft von Rudolf Steiner gestellt wurde, aber für alle Anthroposophen von entscheidender Bedeutung ist, führte nach Jahren des sich damit Beschäftigens zu den Resultaten, die oben dargestellt sind.

*

Es darf noch auf eine weitere Angabe Rudolf Steiners hingewiesen werden, die hier von Bedeutung ist. Wie bekannt, spricht er in vielen Vorträgen über das Erscheinen des Christus im Ätherischen, welches in den dreißiger Jahren des 20. Jahrhunderts begonnen hat. Zugleich erwähnt er, dass am Ende des 20. Jahrhunderts der Christus sein neues Amt als Herr des Karma übernehmen wird,[55] welches sich bis zum Erdenende erstreckt. Auch bringt Rudolf Steiner diese beiden Ereignisse oftmals in einen noch engeren Zusammenhang, sodass daraus die Frage nach der Art ihrer Verbindung entsteht.

Diese lässt sich beantworten, wenn man bedenkt, dass dem gegenwärtigen Erscheinen des Christus im Ätherleibe auf dem Astralplan, das ungefähr 3000 Jahre andauert, Seine nächste Offenbarung im Astralleib auf dem unteren Devachan folgen wird. Danach ereignet sich eine noch höhere Offenbarung, in welcher Er sein Ich-Wesen den Menschen auf dem oberen Devachan zugänglich machen wird. (Siehe GA 130, 4.11.1911.) Aus anderen Mitteilungen Rudolf Steiners kann man entnehmen, dass diese Offenbarungsreihe erst dann zu einem gewissen Abschluss kommt, wenn Christus aus der noch höheren Buddhi-Sphäre den Menschen als Sonnen-Wort oder als geistige Sonne erscheint, welche die ganze Erdenentwicklung, von Anfang bis Ende, umschließt und leitet. Der Anblick des Christus auf dieser Höhe ist heute nur einem Eingeweihten vom Range eines Bodhisattva zugänglich.[56] Am Ende der Erdenentwicklung werden alle Menschen diese Offenbarung des Christus schauen können. In der gegenwärtigen Zeit ist diese Stufe nur solchen Menschen, die in ihrem letzten Erdenleben den modernen Einweihungsweg betreten haben, während der Weltenmitternacht in ihrem nachtodlichen Dasein zugänglich. Denn dort treffen sich in den Höhen des Kosmos die beiden Wirkensströme des Christus: die sich fortsetzende, aufsteigende Reihe Seiner Offenbarungen und Seine Tätigkeit als Herr des Karma. Zugleich begegnen sich in dieser kosmischen Sphäre auch das Karmawirken des Christus und die Kräfte, welche die geistige Kommunion mit Seinem Auferstehungsleib bewirken.

*

Nach meinen verschiedenen Vorträgen zu dieser Thematik wurde ich auch immer wieder gefragt, wie die Beziehung der geistigen zur kosmischen Kommunion einerseits und zu der sakramentalen Kommunion der Christengemeinschaft andererseits sei bzw. worin der Unterschied liege. Man kann diesbezüglich vor allem von drei Kriterien ausgehen.

1. Bei der kosmischen und der sakramentalen Kommunion handelt es sich jeweils um die Verwandlung von Erdensubstanzen durch geistige Kräfte, die dem Menschen von außen zukommen. Bei der geistigen Kommunion geht es hingegen von Anfang an in einem inneren Prozess um die Verwandlung des menschlichen Leibes (um die Ausbildung des Geistesmenschen). Dafür werden in den neuen Mysterien keine äußeren Substanzen benutzt.
2. Die geistige Kommunion hat als ihr letztes Ziel die Verwandlung der Menschheit in die zehnte Hierarchie. Sie wird auch nach der Vergeistigung der Erde bzw. der Verbindung mit der Sonne am Ende ihrer Entwicklung wirksam bleiben. Die kosmische und die sakramentale Kommunion werden dann ihre Aufgabe erfüllt haben, da sie auf die Verwandlung irdischer Substanzen angewiesen sind, die zu jener Zeit nicht mehr existieren werden.
3. Die sakramentale Kommunion ist nicht allein mit dem Ostergeschehen verbunden, sondern auch mit dem Abendmahl am Gründonnerstag, das heißt mit dem Ereignis, das dem Mysterium von Golgatha voranging. Man kann auch sagen: Der Weg der sakramentalen Kommunion zur Wirklichkeit der Auferstehung führt durch die Geschehnisse des Abendmahls und steht bis heute in dem geistigen Strom seiner berechtigten Fortführung. Deshalb ist das Wort «Dieses tut zu meinem Angedenken»[57] in der Menschenweihehandlung voll gültig.

Auch bei der kosmischen Kommunion ist eine Beziehung zu den Ereignissen, die der Auferstehung vorangingen, unverkennbar. Ihr Ursprung liegt am Golgatha-Hügel in den Geschehnissen des Karfreitags, durch welche hindurch ihr weiterer Weg zur Wirklichkeit der Auferstehung führt.

Die geistige Kommunion hingegen hat keine direkte Beziehung zu den Ereignissen am Gründonnerstag oder Karfreitag. Sie bezieht sich unmittelbar auf das Geschehen am Ostersonntag und ist dadurch einzig und allein mit dem Wesen der Auferstehung verbunden.

*

Im Weiteren soll noch darauf hingewiesen werden, wie das Motiv der Kommunion das ganze Leben und Werk Rudolf Steiners durchzieht. Als erst 26-jähriger schreibt er im zweiten Band der *Einleitungen zu Goethes naturwissenschaftlichen Schriften* aus seinem innersten Erleben nieder: «*Das Gewahrwerden der Idee in der Wirklichkeit ist die wahre Kommunion des Menschen*» (GA 1, Kap. VI «Goethes Erkenntnis-Art»; kursiv Rudolf Steiner). Mit diesem epochalen Satz ist das Wesen der Kommunion für alle Zeit mit der wahren, modernen Erkenntnis verbunden. Denn in den zitierten Worten haben wir den Beginn des Weges, auf dem für das verwandelte Denken die Ideenwelt zur Wahrnehmungswelt wird. Da in diesem Falle das Denken selbst und die von ihm wahrgenommene Ideenwelt von gleicher «Substanz» sind, ähnelt diese Form des Erkennens einer wirklichen Kommunion. Und das Weiterverfolgen dieses Weges in der geistigen Welt führte Rudolf Steiner bereits an der Jahrhundertwende zu der übersinnlichen Begegnung mit Christus in dem «geistigen Gestanden-Haben vor dem Mysterium von Golgatha in innerster ernstester *Erkenntnis*-Feier» (GA 28, Kap. XXVI).

In dem Buch *Die Geheimwissenschaft im Umriss* beschreibt Rudolf Steiner, wie der Geistesschüler die Stufe der modernen Einweihung erreichen kann, auf welcher die Begegnung mit Christus in der Intuition erfolgt und dadurch – weil die Intuition bis zur Erkenntnis der physisch-sinnlichen Welt führt – die ganze kosmisch-irdische Bedeutung des Mysteriums von Golgatha für die Erdenentwicklung erfährt (GA 13, Seite 394ff.). Von dieser Stufe an führt jede übersinnliche Erkenntnis einen solchen Geistesschüler zur Wesensverbindung mit dem zu erkennenden Objekt oder zur wahren *geistigen Kommunion*. Dadurch entsteht in ihm eine ganz neue übersinnliche Fähigkeit, die wir bei Rudolf Steiner vorbildlich entwickelt finden.[58] So war es ihm bei voller Aufrechterhaltung seines

Ich-Bewusstseins möglich, ständig alle Sphären der geistigen Welt, bis zu den höchsten, und von dorther auch die irdischen Ereignisse der Zeitenwende selbstständig zu erforschen.

In dem zuletzt angeführten Zitat weist das Wort «Erkenntnis» auf die Folgerichtigkeit von Rudolf Steiners innerem Weg hin, der von der gedanklichen Kommunion durch das geistige Miterleben des Mysteriums von Golgatha zur geistigen Kommunion führte und damit von seinem sogenannten philosophischen Frühwerk zur Anthroposophie. Zugleich deuten die zuletzt zitierten Worte auf den Quell hin, aus dem Rudolf Steiner seine geistige Vollmacht und schöpferische Potenz empfing, auch die anderen Formen der Kommunion auf der Erde zu erneuern, ja sogar neu zu begründen. Das sind die sakramentale Kommunion der Christengemeinschaft, die in diesem Buch bereits beschriebene kosmische Kommunion, dann die Kommunion in der «Opferfeier» der Waldorfschule, die als Kommunion durch das Wort eine einmalige Erscheinung in der ganzen bisherigen Geschichte des Christentums ist. Denn die «Opferfeier» schließt ihrem Wesen nach unmittelbar an die «Abschiedsreden» des Christus aus dem Johannes-Evangelium (14-16) und an das «Hohepriesterliche Gebet» (17) an, in denen die Kommunion mit dem Wort zum ersten Mal durch den inkarnierten Logos selbst veranlagt wurde. Und zum Schluss, wie die Krönung des Ganzen, haben wir die geistige Kommunion als Mittelpunkt der neuen Mysterien.[59]

So kann man insgesamt von fünf verschiedenen Arten der Kommunion sprechen. Die erste erreichte Rudolf Steiner schon in seiner Jugend. Sie bildete auch die Grundlage, auf der er in seiner Einweihung um die Jahrhundertwende die *geistige Kommunion* selbst erlebte. Sie bestand in der Aufnahme des Christus-Ich in das Ich eines Menschen. Dadurch wurde Rudolf Steiner zum Träger des Christus-Bewusstseins, aus dem er die ganze Anthroposophie entwickeln konnte. Erst am Ende seines Lebens, bei der Weihnachtstagung, eröffnete er auch seinen Schülern den inneren Weg dazu.

Zu Beginn der Zwanzigerjahre begründete Rudolf Steiner aus dem Quell der geistigen Kommunion die drei weiteren Formen: die sakramentale, die kosmische und die Kommunion durch das Wort. Daraufhin, als Kulmination der ganzen Entwicklung, stellte er bei der Begründung der neuen Mysterien an der Weihnachtstagung das Prinzip der geistigen Kommunion in deren Zentrum. Von da an steht der Weg zu ihr für alle Menschen offen.

Das Ganze lässt sich auf die folgende Weise zusammenfassen:

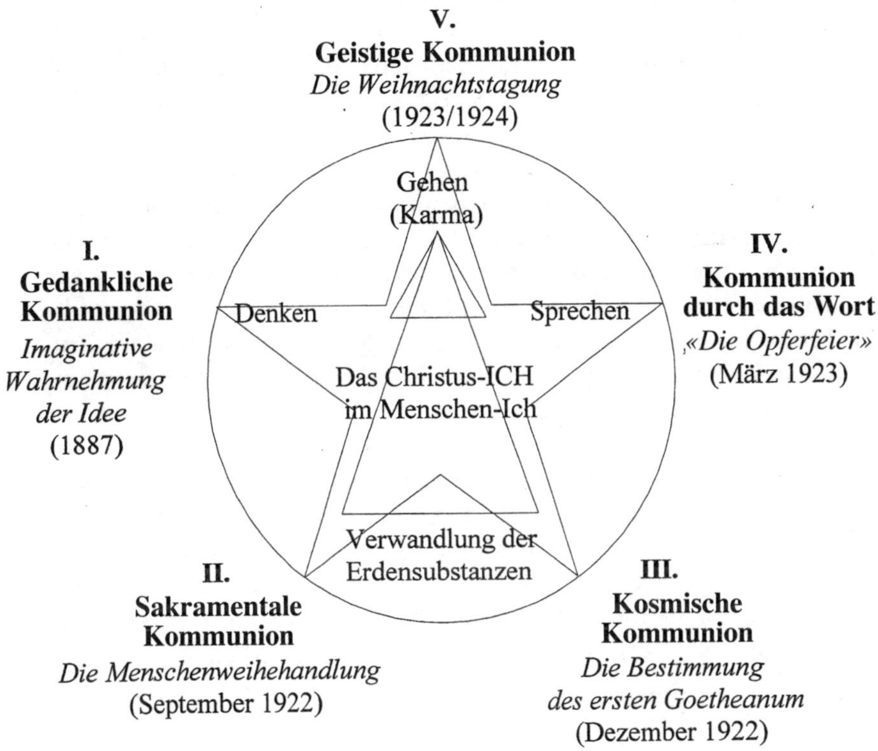

V.
Geistige Kommunion
Die Weihnachtstagung
(1923/1924)
I.
Gedankliche Kommunion
Imaginative Wahrnehmung der Idee
(1887)
IV.
Kommunion durch das Wort
«Die Opferfeier»
(März 1923)
Gehen
(Karma)
Denken
Sprechen
Das Christus-ICH
im Menschen-Ich
Verwandlung der
Erdensubstanzen
II.
Sakramentale Kommunion
Die Menschenweihehandlung
(September 1922)
III.
Kosmische Kommunion
Die Bestimmung des ersten Goetheanum
(Dezember 1922)

Ihrem Wesen nach ist die geistige Kommunion von Anfang an auch mit der Erkenntnis des Karma untrennbar verbunden,[60] das jeder Mensch in den Tiefen seines Willens oder, physiologisch gesehen, in den geistigen Kräften seines Gliedmaßensystems trägt (Gehen). In der Zeichnung verbindet das kleine Dreieck das Gehen mit den beiden anderen Grundfähigkeiten des Menschen: Sprechen und Denken, die mit der gedanklichen Kommunion und derjenigen durch das Wort verbunden sind. Diese drei Fähigkeiten, Gehen, Sprechen und Denken, sind unmittelbar mit dem Wirken des Christus im Menschen verbunden. (Siehe GA 15, Kap. I.) Deshalb sagt Rudolf Steiner, dass der wahre Sakramentalismus zuerst das ganze Leben des Menschen ergreifen muss, beginnend mit den Gebieten der Erziehung und der Erkenntnis, die beide allmählich zum echten «Gottesdienst» werden müssen (GA 172, 27.11.1916). Davon ausgehend muss der Mensch dann lernen, «bei allen Verrichtungen [des Lebens] einen Gottesdienst [zu] erfüllen, Sakramentalismus in alles [zu] bringen» (ebd.). Denn «nach dieser Richtung muss die Verchristlichung der Menschen gehen» (ebd.).

Daraus ergibt sich die Notwendigkeit der beiden anderen Arten der Kommunion, in welchen die Erdensubstanzen unmittelbar verwandelt werden. So zeigt in dem Schema das große Dreieck das Entstehen der Begründung bzw. Erneuerung der kosmischen und sakramentalen Kommunion aus dem Erleben der geistigen Kommunion heraus. Vor diesem Hintergrund konnte Rudolf Steiner den Priestern der Christengemeinschaft im September 1924 sagen, dass die Bewegung für religiöse Erneuerung «zum Träger eines wesentlichen Teils der neuen Mysterien» werden kann (GA 346, 7.9.1924).

Zusammenfassend kann man noch folgende Beziehung der vier Arten der Kommunion zu den Ereignissen der Zeitenwende feststellen: Die *sakramentale Kommunion* hat ihren Ursprung im Abendmahl am Gründonnerstag, wie es in den drei synoptischen Evangelien beschrieben ist. Die *kosmische Kommunion* geht zurück auf die Ereignisse an Karfreitag (die Aufnahme des Blutes und des Leibes durch den Erdenplaneten). Die *Kommunion durch das Wort* in der «Opferfeier» ist ihrem inneren Wesen nach mit den «Abschiedsreden» aus dem Johannes-Evangelium verbunden (14-16). Beim Abendmahl erlebte nur Johannes diese Reden des Christus vollbewusst mit und nahm die darin enthaltene Kommunion durch den Logos so stark in sich auf, dass er sogar die vorangegangene Kommunion mit Brot und Wein in seinem Bericht des Abendmahls überhaupt nicht erwähnt.

Selbstverständlich erhielten alle drei erwähnten Formen der Kommunion ihre volle Kraft und Bedeutung erst nach dem Ostermorgen aus dem Quell der Auferstehung des Christus. Jedoch suchen sie alle den Zugang zu diesem zentralen Mysterium durch die Einbeziehung auch derjenigen Ereignisse, die noch vor der Auferstehung stattfanden. Nur die *geistige Kommunion* knüpft unmittelbar und ursprünglich an das innerste Wesen der Auferstehung selbst an.

Die *gedankliche Kommunion* hingegen, mit welcher der junge Rudolf Steiner seinen Weg zum Miterleben des Mysteriums von Golgatha in der Intuition an der Jahrhundertwende (zu dem «geistige[n] Gestanden-Haben vor dem Mysterium von Golgatha») begonnen hatte, hat kein Vorbild und keinen Ursprung in den Ereignissen der Zeitenwende und ist eine freie, *rein menschliche Leistung* Rudolf Steiners, die ihm später jedoch den Zugang zu allen anderen Formen der Kommunion eröffnete. Nur durch diese einmalige Leistung aus eigener Kraft wurde er zum größten Erneuerer des Christentums in unserer Zeit.

II.
Ostern, Himmelfahrt und Pfingsten im Lichte der Anthroposophie

Unter den großen christlichen Festen, von deren geistiger Bedeutung Rudolf Steiner aus dem Quell seiner Geistesforschung vielfach gesprochen hat, nimmt das Ereignis der Himmelfahrt eine besondere Stellung ein. Auch wenn er im Vergleich zu anderen Festen verhältnismäßig wenig darüber gesagt hat, so offenbaren diese wenigen Äußerungen doch einen tiefen Zusammenhang mit der Entwicklung der Anthroposophie auf der Erde.

Im Zentrum der anthroposophischen Christologie, zugleich ihre Kulmination bildend, stehen die Mitteilungen Rudolf Steiners aus dem Gebiet des Fünften Evangeliums. Dieses kündet von den Ereignissen der Zeitenwende nicht aus Dokumenten, die von menschlicher Hand auf Papier, sondern in den höheren Welten mit unauslöschbaren Buchstaben des Geistes in der ewigen Akasha-Chronik aufgezeichnet sind. Im dritten Vortrag zu diesem Thema in Kristiania (GA 148) wird in einem ganz besonderen Zusammenhang auch das Himmelfahrts-Geschehen erwähnt. Zunächst vergleicht Rudolf Steiner die wichtigsten Stationen des Erdenlebens des Christus mit dem Zyklus einer menschlichen Verkörperung und stellt die folgende Gesetzmäßigkeit fest: Bei dem einmaligen Leben des Christus auf der Erde entspricht dessen Verbindung mit dem Jesus bei der Taufe im Jordan einer Empfängnis im gewöhnlichen Menschenleben. Das bestätigt auch der Urtext des Lukas-Evangeliums, in dem steht, dass bei der Taufe des Jesus eine Stimme aus dem Himmel ertönte: «Dies ist mein vielgeliebter Sohn, heute habe ich ihn gezeuget» (Luk 3,22; zitiert nach GA 114, 21.9.1909). Die weiteren drei Jahre der Anwesenheit des Christus im physischen Leibe des Jesus sind mit dem embryonalen Zustand eines sich inkarnierenden Menschen vergleichbar. Dann erfolgt im Mysterium von Golgatha, mit dem diese Zeit abgeschlossen wurde, die eigentliche Geburt des Christus in der Erdensphäre. «Das Mysterium von Golgatha selber müssen wir verstehen als die irdische Geburt, also den Tod des Jesus als die irdische Geburt des Christus» (GA 148, 3.10.1913). Erst nach der Auferstehung beginnt für Ihn das eigentliche Erdenleben, welches insgesamt nur vierzig Tage dauert. Davon wird in der Apostelgeschichte gesagt, dass der Christus in dieser Zeit mit den elf Jüngern zusammen war, um ihnen die Geheimnisse des Himmelreichs zu offenbaren (Apg 1,3). Danach erwähnt Rudolf Steiner die Himmelfahrt als dasjenige Ereignis, welches bei einem gewöhnlichen Menschen dem Tod mit dem darauf folgenden Aufstieg in die geistige Welt entspricht. Für den Christus bedeutet dies aber keinesfalls ein Abschiednehmen von der Erdensphäre, sondern gerade das Gegenteil: Anstatt in die Höhen der geistigen Welt aufzusteigen, holt Er die Kräfte des Geisterlandes in den Erdenbereich herunter, eine einmalige Tat, die zehn Tage später, an Pfingsten, auch in das Bewusstsein der Apostel aufgenommen werden konnte. Das ganze Geschehen stellt Rudolf Steiner in folgenden Worten dar: «Vom Pfingstereignisse an erlebte die Christus-Wesenheit dasjenige, was für sie dasselbe bedeutete wie für den Menschen der Übergang ins Geisterland: das Aufgehen in die Erdensphäre. Und anstatt in ein Devachan, anstatt in ein geistiges Gebiet zu kommen, wie der Mensch nach dem Tode, brachte die Christus-Wesenheit das Opfer, ihren Himmel gleichsam auf der Erde aufzuschlagen, auf der Erde zu suchen» (GA 148, 3.10.1913).

Auch wenn Rudolf Steiner in dieser Beschreibung die Himmelfahrt nicht ausdrücklich erwähnt, so geht doch aus dem ganzen Zusammenhang eindeutig hervor, dass von dem Christus das große Opfer, das Devachan auf die Erde herunterzubringen, in den zehn Tagen zwischen Himmelfahrt und Pfingsten vollbracht wurde. Denn kurz zuvor sagt er: «Und das Weiterleben des Christus in der Erdensphäre *seit Himmelfahrt* oder seit dem Pfingstereignis müssen wir vergleichen mit dem, was die Menschenseele durchlebt, wenn sie im sogenannten Devachan, im Geisterlande ist» (ebd.).

Nun hat selbstverständlich ein solch komplizierter Prozess verschiedene Aspekte. Einen davon zeigt uns Rudolf Steiner in einem viel späteren Vortrag anhand des nachtodlichen Schicksals des menschlichen Ätherleibes (GA 224, 7.5.1923). Weil dieser bei jedem Menschen vor seiner Inkarnation vornehmlich aus den Ätherkräften der Sonne gebildet wird, behält er auch während des Erdenlebens die ständige Tendenz, sich mit seiner himmlischen Heimat, das heißt mit der weltumfassenden

Sonnensphäre, die vor dem Mysterium von Golgatha der kosmische Wohnplatz des Christus-Wesens war, zu verbinden. Jedoch kann der Ätherleib des Menschen dieser ihm innewohnenden Tendenz erst nach dem Tod vollumfänglich folgen. Dies geschieht während der ersten drei Tage nach dem Ablegen des physischen Leibes, wenn der Ätherleib sich immer weiter vergrößert, bis er sich endlich völlig auflöst, bzw. sich mit der Sonnensphäre verbindet. (Siehe ebd.) Dadurch kommt es auch zu der Vereinigung des Ätherleibes mit den Kräften desjenigen Geistesreiches, zu dem die Sonne das große Eingangstor bildet und wo sein Inhalt der Akasha-Chronik eingeprägt wird.

Im Weiteren macht Rudolf Steiner darauf aufmerksam, dass durch die Verhärtung der physischen Leiber – die besonders zur Zeitenwende hin stark zugenommen hatte – die reale Gefahr bestand, dass die Ätherleiber immer weniger mit den Menschen sich verbinden und aufgrund der Anziehungskraft der Sonnensphäre ganz von ihnen zurückziehen würden, was mit der Zeit das Leben der Menschen auf der Erde beendet hätte.

Um dieser Gefahr vorzubeugen und dadurch die ganze Menschheit zu retten, verband sich Christus mit dieser sonnenwärts strebenden Tendenz der menschlichen Ätherleiber. Da diese auf der Erde jedoch nicht ohne die Verbindung mit den Sonnenkräften existieren können, hat Christus ihnen, damit sie für die Dauer des Menschenlebens an die Erde gebunden bleiben, die ganze Fülle Seiner Sonnen-Substanz schon auf der Erde einverleibt. Seit dieser Zeit steht dem Ätherleib eines jeden Menschen schon auf der Erde dasjenige in vollem Umfang zur Verfügung, was er zuvor nur durch seine Verbindung mit der Sonne nach dem Tode oder durch die Einweihung in den alten Mysterien erhalten konnte.

Diese Rettungstat des Christus schauten die Apostel in dem gewaltigen Ereignis der Himmelfahrt. Darin offenbarte sich ihnen zugleich die wichtigste Folge dessen, was bereits als das Herunterbringen der Kräfte des Devachan aus dem Sonnenbereich zur Erde durch den Christus beschrieben wurde. Denn von da an war das eigentliche Ziel, zu dem der Ätherleib des Menschen zuvor hingestrebt hatte, nicht mehr im Sonnenbereich, sondern direkt auf der Erde bzw. in ihrem neuen geistigen Mittelpunkt, in Christus selbst, zu finden. Weil der Christus jetzt nicht mehr mit der Sonne, sondern mit der Erde verbunden war, fand die beschriebene Umkehr statt. Rudolf Steiner stellt das Geschehen mit folgenden Worten dar: «Der ätherische Leib des Menschen strebt zu Christus hin, indem er sonnenwärts strebt. Und nun stellen Sie sich das Bild des Himmelfahrtstages vor: der Christus erhebt sich vor den Seelenaugen seiner Jünger nach oben. Das heißt, es wird den Seelenaugen [der Jünger] vorgezaubert, wie das Ätherische des Menschen, das aufwärts strebt, sich mit der Kraft, mit dem Impuls des Christus vereinigt, wie also der Mensch zur Zeit des Mysteriums von Golgatha vor der Gefahr stand, seinen ätherischen Leib wolkenwärts, gegen die Sonne hin ziehen zu sehen, wie aber der Christus das, was da sonnenwärts strebt, zusammenhält» (ebd.). Nachdem im Mysterium von Golgatha der physische Leib des Menschen gerettet worden war, erfuhr nun auch sein Ätherleib eine Rettung, indem für diesen eine ganz neue Verbindung mit dem Erdenbereich entstand.

Um die Bedeutung dessen, was damit gesagt ist, besser zu verstehen, muss man sich kurz vergegenwärtigen, was auf der Erde geschehen wäre, wenn diese Opfertat des Christus nicht stattgefunden hätte. Die Beziehung des Ätherleibes des Menschen zur Sonne war in allen alten Mysterien wohlbekannt und wurde immer wieder als Brücke zur geistigen Welt benutzt. Rudolf Steiner beschreibt an vielen Stellen, wie die Kulmination der alten Einweihung in einem dreitägigen todähnlichen Schlaf bestand. In diesem wurde nicht nur die Verbindung von Astralleib und Ich zum physischen Leib gelockert, wie es auch im Schlaf geschieht, sondern – und darin lag das Gefährliche solcher Einweihungen – auch diejenige zwischen dem physischen Leib und dem Ätherleib. Um diese Beziehung nicht ganz abreißen zu lassen, was zum unmittelbaren Tod des Einzuweihenden geführt hätte, mussten in den Mysterien zwölf Hierophanten um ihn versammelt sein. Denn nur unter der ständigen Kontrolle der Zwölf konnte der Ätherleib des Dreizehnten für eine kurze Zeit ungehindert seiner Tendenz zur Sonne folgen. Mit dieser Tendenz des Ätherleibes verbunden, konnten auch der Astralleib und das Ich des Menschen in der geistigen Welt außerhalb des physischen Leibes den Eintritt in die Sonnensphäre – oder das allumfassende kosmische Reich des Christus – finden. Und auf dem Weg zurück konnten dann mit Hilfe der zwölf Hierophanten die Erfahrungen, welche in der Sonnensphäre von dem Astralleib und dem Ich gesammelt worden waren, dem Ätherleib eingeprägt werden, was zur Folge hatte, dass sich der Mensch nach seiner Erweckung an die übersinnlichen Erlebnisse in der kosmischen Sonnensphäre erinnern und den anderen Menschen davon berichten konnte.

In den Vorträgen über das Fünfte Evangelium, unmittelbar nach der Stelle, wo Rudolf Steiner die Himmelfahrt erwähnt, beschreibt er die sieben Stufen der alten persischen Einweihung. Ihren sechsten Grad, den des Sonnenhelden, charakterisiert er in folgenden Worten: «Der Sonnenheld lebte also für diese Zeit seiner Einweihung mit dem ganzen Sonnensystem zusammen. Die Sonne ist sein Wohnplatz, wie der gewöhnliche Mensch auf der Erde als auf seinem Planeten lebt. ... Entrückt auf die Sonne musste der Sonnenheld während der Einweihung sein. Das konnte man in den alten Mysterien nur außerhalb des Leibes erreichen» (GA 148, 3.10.1913). Auf diese Weise konnte in den alten Mysterien der Sonnenheld in das kosmische Sonnenreich des Christus aufsteigen, um von dort die Impulse zu holen, welche die ganze Menschheit in einer bestimmten Epoche für ihre weitere Entwicklung brauchte. Den «Wagen» zu dieser geistigen Sonnenfahrt bildete aber die oben beschriebene Tendenz des Ätherleibes.[61]

Auch in späteren Zeiten, wenn auch auf immer problematischere Weise, wurde diese Eigenschaft des Ätherleibes noch in verschiedenen östlichen Praktiken benutzt. Der Mensch verließ seinen Leib, der für diese Zeit wie in einen Trancezustand versetzt war, und erlebte in höchster Ekstase die Auflösung seines Ätherleibes in der Sonnensphäre, was jedoch nur auf Kosten des individuellen Ich-Bewusstseins geschah. Auf dem Yoga-Pfad heißt diese höchste Ekstase «Nirvakalpasamadhi», im Buddhismus ist es das Aufsteigen in den Zustand des Nirvana. In beiden Fällen wurde dann die letzte individuelle Empfindung in das Bild gekleidet, dass sich die Individualität des Menschen wie ein Tropfen im unendlichen Ozean des Weltenlichtes auflöst. Im Gegensatz zu den alten Mysterien konnten aber solche Yogis aus derartigen Zuständen keine konkreten Erinnerungen mit zurückbringen. Diese reichten nur für die unteren Sphären der geistigen Welt, die man noch bis zu dem beschriebenen Moment der Ich-Auflösung erleben konnte. Daraus wird ersichtlich, dass ein Mensch, der die seit der Himmelfahrt in seinem Ätherleib anwesenden Sonnenkräfte des Christus nicht bewusst aufsucht, dazu verurteilt ist, nach dem Heraustreten aus dem Leib der kosmischen Tendenz seines Ätherleibes wie zwangsläufig zu folgen und dabei sein individuelles Ich in zunehmendem Maße zu verlieren. Deshalb ist, wie wir noch sehen werden, aus den geistigen Erfahrungen der östlichen Initiation keinesfalls die wahre menschliche Freiheit zu begründen.

Hingegen bedeutet das Bewusstwerden der Anwesenheit der Christus-Kräfte im Ätherleib bzw. ihr Heraufheben in das volle Ich-Bewusstsein das wahre Pfingsterlebnis des modernen Menschen, das ihm nicht nur auf der Erde, sondern auch in der geistigen Welt die wirkliche Freiheit verbürgt. Mehr noch, es birgt in sich die Möglichkeit, schon auf der Erde im physischen Leibe dasjenige zu erfahren, was in den alten Mysterien der Einzuweihende nur außerhalb des Leibes in der hohen Sonnensphäre erlebte.

So berichtet Rudolf Steiner von den Aposteln, dass sie nach dem Pfingstereignis denjenigen Bewusstseinszustand erlangt hatten, der in den alten Mysterien erst auf der sechsten Stufe der Einweihung erreicht wurde. «Und die Apostel waren in gewisser Weise solche Seelen geworden, die in sich trugen jenen Inhalt, den die alten Sonnenhelden in ihren Seelen gehabt haben. Die geistige Kraft der Sonne hatte sich ausgegossen über die Seelen dieser Menschen und wirkte fortan weiter in der Menschheitsevolution» (ebd.).

Das Gesagte wirft ein völlig neues Licht auf die ganze Menschheitsentwicklung, vor allem vom Gesichtspunkt der Polarität zwischen Ost und West. Im ersten Kapitel wurde bereits darauf hingewiesen, dass von diesen beiden Seiten je eine entscheidende Frage erhoben werden könnte. Wenn im Osten der Wert des Ich einmal erkannt würde, dann lautete sie so: Wie erreicht man die Unsterblichkeit in der geistigen Welt, ohne dabei in der Ekstase sein individuelles Ich zu verlieren? Und die mögliche Frage im Westen wäre dann diese: Wie kann man für das erreichte individuelle Ich-Bewusstsein die Unsterblichkeit erringen, die ihm allein den vollen Sinn gibt?[62] Im Lichte des Dargestellten kann man diese zweifache Forderung noch wie folgt charakterisieren. Die östliche Menschheit lebt immer noch, wie die gesamte Menschheit in früheren Zeiten, in der Überzeugung, dass alles Spirituelle und moralisch Gültige nicht von der Erde, sondern von der Sonne kommt. (Auch im Westen war in alten Zeiten Platon davon überzeugt, dass das höchste Gute von der Sonne stammt.) Beim Zurückverfolgen solcher moralischer Impulse bis zu ihrem kosmischen Ursprung, findet man, dass sich das individuelle Ich des Menschen gänzlich auflöst. Man wird zwar zum König, weiß aber eigentlich nichts davon. Das bewusste König-Sein, bei dem sich der Mensch als Krönung der ganzen Schöpfung versteht, verwirklicht sich im Westen hingegen durch die volle Entwicklung des individuellen Ich. Dieses Ich bleibt jedoch im gewöhnlichen Bewusstsein von den kosmischen Sonnenkräften getrennt und wird damit sterblich. Der Mensch kann dann das Kostbarste, was er auf der Erde errungen hat, (vor allem nach dem Tod) nicht in die geistige Welt mitnehmen. So ist dieses von ihm erbaute Königreich, auf das man im Westen so stolz ist, allein auf Sand gebaut.

Diese Frage in Bezug auf den physischen Leib – und damit auch das individuelle Ich betreffend – fand durch die Auferstehung des Christus in dem Mysterium von Golgatha ihre Lösung, wie es im vorigen Kapitel beschrieben wurde. Hier muss diesen beiden Fragen nun vom Gesichtspunkt des Ätherleibes des Menschen nachgegangen werden. Dabei ergibt sich vor allem für die Geistentwicklung des Abendlandes etwas ganz Entscheidendes. Denn was geschieht, wenn der westliche Mensch zur Entwicklung seiner Individualität, das heißt seines Ich, strebt und dabei nicht an die infolge der Himmelfahrt in seinem Ätherleib anwesenden Christus-Kräfte anknüpft? Das Ich-Bewusstsein, welches im Erdenmenschen vor allem im Denken verankert ist, sieht sich dann vor zwei Möglichkeiten gestellt: Entweder verbindet es sich mit dem Ätherleib ohne den Christus und wird vom Samadhi (Ekstase) ergriffen, in dem jedes Denken aufhört und das Ich sich im Sonnenbereich vollständig auflöst, oder es nimmt angesichts dieser Gefahr von den eigenen Ätherkräften Abstand und verlegt, um das Ich-Bewusstsein und sein Hauptinstrument, das Denken, unbedingt beizubehalten, die Tätigkeit des Ätherleibes voll und ganz in den physischen Leib hinein, das heißt, der Mensch beschränkt sich auf das Denken mit dem sterblichen Gehirn.

Wie weit dieses ausschließliche Gehirndenken den Menschen jedoch nur zu führen vermag, zeigt Rudolf Steiner am Beispiel des großen Philosophen Georg Wilhelm Friedrich Hegel. Dieser erreichte zwar auf dem Gebiet des Denkens das Höchstmögliche, konnte jedoch so gut wie nichts aus seinem kühnen philosophischen System in das nachtodliche Dasein mitnehmen. «Das ist der Hegelsche Gedanke! Er ist reiner Gedanke, aber nur ein Gedanke, wie er gefasst werden kann mit dem Werkzeug des physischen Leibes [mit dem Gehirn], der aber abstirbt mit dem Tode. Hegel hat das Tiefste gedacht, was gedacht werden kann im Erdenleben, was aber in seiner Konfiguration mit dem Tode abstirbt. Und Hegels Tragik besteht darinnen: er hat nicht bemerkt, dass er den Geist in der Logik, in der Natur, im Seelenleben erfasst, aber nur denjenigen Geist, der in der Form des Gedankens existiert, der aber nicht mitgeht, wenn wir durch den Tod gehen» (GA 161, 10.1.1915). Auch mit den beiden größten Zeitgenossen Hegels war dies der Fall: vollumfänglich mit Fichte und etwas weniger mit Schelling. Dieser wandte sich um die Mitte seines Lebens den Schriften Jakob Böhmes zu und vollzog damit den Schritt von der rein gedanklichen Philosophie zu einer Art mystisch-theosophischer Weltanschauung.

Den Vortrag, in dem die zitierten Worte über Hegel stehen, beendete Rudolf Steiner mit dem Hinweis auf den ein Jahr zuvor verstorbenen Dichter und Anthroposophen Christian Morgenstern, von dem er sagte, dass in diesem Menschen eine Seele lebte, «welche im tiefsten Innern sich eins weiß mit unserer Anthroposophie, nicht bloß als mit etwas, was uns Erkenntnis über dieses oder jenes gibt, sondern als etwas, was uns belebt» (ebd.). Wie wir sogleich sehen werden, ist die Erwähnung Christian

Morgensterns an dieser Stelle von besonderer Bedeutung. Zunächst müssen wir aber unseren zuvor begonnenen Gedankengang noch etwas weiter verfolgen.

Das beschriebene Dilemma zwischen dem ekstatischen Auflösen des Denkens in den kosmischen Kräften des Ätherleibes einerseits und seiner totalen Fesselung an das physische Gehirn andererseits kann einzig und allein durch das bewusste Anknüpfen des Menschen an die Christus-Kräfte in seinem eigenen Ätherleib gelöst werden, welche dort seit der Himmelfahrt anwesend sind. Spätestens an dieser Stelle spürt man, dass das hier angedeutete Problem als das vielleicht wichtigste in der ganzen neuzeitlichen Menschheitsentwicklung, soweit sich diese auf dem unerschütterlichen Fundament des Denkens vollzieht, dem Wesen und der ganzen Komposition der Skulpturgruppe des Menschheitsrepräsentanten zwischen den Gegenmächten Luzifer und Ahriman genau entspricht bzw. dort in geistig-künstlerischer Form dargestellt ist.[63]

Auf der Ebene des Denkens und damit innerhalb der ganzen Ich-Entwicklung der Menschheit[64] ist dieses Dilemma auf urbildliche Art im Frühwerk Rudolf Steiners gelöst. Man kann diese Lösung vor allem in seinen Büchern *Wahrheit und Wissenschaft* als einem Vorspiel zur *Philosophie der Freiheit* und in der *Philosophie der Freiheit* selbst finden. Das reine Denken wird besonders in letzterem Buch ausführlich behandelt. Wenn der Leser dieses nun konsequent praktiziert, dann verlagert es sich vollumfänglich aus dem Gehirn in den Ätherleib des Menschen und wird dort durch die Himmelfahrtskräfte des Christus vor einem ekstatischen Auflösen im Ätherkosmos bewahrt. Damit ist der Mensch in der Lage, außerhalb seines physischen Leibes (des Gehirns) zu denken, ohne sein Ich-Bewusstsein dabei zu verlieren.

Aus dem Gesagten folgt, dass, wenn auch das Geheimnis der Himmelfahrt in den genannten Büchern nirgendwo direkt angesprochen ist, sie doch von Rudolf Steiner vor allem deshalb verfasst werden konnten, weil er selbst in seinem leibfreien Denken, aus dem sie geschrieben wurden, voll und ganz von der Himmelfahrtskraft des Christus durchdrungen war.

Als einen anderen Weg, der jedoch zum gleichen Ziel führt, bezeichnet Rudolf Steiner das Studium der geisteswissenschaftlichen Inhalte, wodurch der Mensch ebenfalls die Stufe des reinen bzw. sinnlichkeits- oder leibfreien Denkens erreichen kann. Deshalb betont er immer wieder, dass das Studium der Geisteswissenschaft die erste und unabdingbare Stufe der modernen Einweihung sei.[65]

Ein besonderes Beispiel hierfür aus dem nächsten Schülerumkreis

Rudolf Steiners ist Christian Morgenstern, der, weniger durch seine Beschäftigung mit dem Frühwerk als vor allem durch das intensivste Studium der Anthroposophie selbst, tatsächlich auf die Höhe des sinnlichkeitsfreien Denkens aufsteigen konnte und sich damit ein lebendiges Denken im Bereich des übersinnlichen Wissens erwarb. Hinzu kam, dass er durch seine, man kann sagen, einmalige Verbindung zu den Tiefen der anthroposophischen Christologie die Himmelfahrtskräfte des Christus in seinem Ätherleib außerordentlich verstärken konnte. «Aufgegangen war ihm selbst dasjenige, was als der Gipfelpunkt unseres anthroposophischen Forschens uns erscheint, aus seiner zarten, innigen und doch so starken Seele sprechend: das Durchdrungensein mit dem Christus.»[66] Und an einer anderen Stelle: «Er hat sie [die anthroposophische Lehre] mit der Christus-Wesenheit zugleich aufgenommen. Der Christus, wie er in unserer Bewegung lebt, ist in seine Seele zugleich übergegangen» (GA 155, 17.7.1914). Dadurch wurde auch die von ihm empfangene Geisterkenntnis ganz besonders stark und lebendig in seiner Seele. So betont Rudolf Steiner in dem oben angeführten Zitat wohl nicht ohne Grund, dass Christian Morgenstern die Anthroposophie nicht bloß als eine Erkenntnis, sondern als eine Belebungskraft in sich trug, das heißt, in seiner Beschäftigung mit ihr bis zu den Lebenskräften seines Ätherleibes vordringen konnte. Und so war er imstande, auf der Brücke der gesteigerten Himmelfahrtskräfte, welche er im Ätherleib trug, sein ganzes individualisiertes, durchlebtes und durchfühltes anthroposophisches Wissen nach dem Tode unversehrt in die geistige Welt mitzunehmen.[67] «Mit einem durch Geisteswissenschaft erleuchteten, durchgeistigten Bewusstsein» trat er in die geistige Welt hinein.[68]

Wie bereits erwähnt, stand die anthroposophische Erkenntnis der Christus-Wesenheit im Zentrum des ganzen Seelenlebens von Christian Morgenstern. Deshalb wusste er wie kaum ein anderer der esoterischen Schüler Rudolf Steiners, dass die Antwort auf die Frage, was der Mensch in Wirklichkeit sei, im Mysterium von Golgatha welthistorisch gegeben war. «‹Christus gibt mir mein Menschenwesen›, das wird als Grundgefühl die Seele durchwehen und durchwellen» (GA 26, Seiten 110–111). Diese Worte Rudolf Steiners, geschrieben zehn Jahre nach dem Tod von Christian Morgenstern, können wie ein Leitmotiv für dessen ganzes inneres Leben empfunden werden. Als einen Schlüssel für sein umfassendes Verständnis der geistigen Welt nahm er nach dem Tod dieses Erlebnis mit dorthin. Mit diesem Schlüssel und der ganzen Fülle der anthroposophischen Erkenntnisse über den geistigen Ursprung des Menschen ausgerüstet, die er auf der Erde in sein lebendiges Denken aufgenommen hatte und auch in seinem nachtodlichen Dasein weiter in sich trug, begegnete Christian Morgenstern schon bald nach dem Tod im Geisterland solchen Individualitäten wie Fichte, Schelling und Hegel. Ihnen, die in der geistigen Welt (wohl aus den beschriebenen Gründen) jegliche Orientierung verloren hatten, offenbarte Christian Morgenstern dasjenige, was sie drüben vor allem brauchten. «Wie ein heller Stern»[69] brachte er ihnen die lang ersehnte Antwort «auf die große bedeutungsvolle Frage: ‹Was *ist* der Mensch, der lebendige Mensch im Geisterlande?›» (ebd., kursiv Rudolf Steiner).

Denn diese großen Individualitäten waren trotz all ihrer philosophischen Errungenschaften auf der Erde nicht imstande, das Wesen des Menschen aus eigener Kraft zu erkennen, um ihren weiteren Weg im Geisterland allein zu finden. Erst jetzt, durch die Begegnung mit der Entelechie Christian Morgensterns, die ganz von der im lebendigen Denken erfassten Anthroposophie durchdrungen war, konnten vor allem «Hegel und Fichte», jedoch nicht durch abstrakte Erkenntnis, sondern allein durch das Erscheinen dieser Individualität selbst, sich sagen: «Wir haben auf Erden zu ergründen versucht das, was der Erde Geheimnisse erklärt. Aber in all dem Umfange desjenigen, was wir an Begriffen aus dem Erdenverstand heraus, aus den tiefen Schächten der Erdenerkenntnis Gewisses herausholten, war nicht die Frage beantwortet, die hier vor uns sich hinstellt: Was ist der Mensch? Was ist der Mensch in Wahrheit im ganzen kosmischen Zusammenhang? Da tritt herauf und erklärt es uns *durch das, was er ist*, durch das, was er uns bringt, durch das, was er auf Erden schon für den Himmel vorbereitet hat, ein Mensch, ein Menschenstern!» (ebd.). Für die Erde haben Fichte, Schelling und Hegel ihre stolzen philosophischen Gebäude aus dem zum höchsten Gipfel entwickelten Erdenverstand errichtet. Für den Himmel, jedoch noch auf der Erde lebend, hatte Christian Morgenstern in seinem Ätherverstand die Weisheiten der Anthroposophie mit seiner Seele verbunden und durchlebt. Damit konnte er diesen großen Geistern des 19. Jahrhunderts neue Perspektiven eröffnen und ihnen in ihrem nachtodlichen Leben die weiteren Wege weisen.

Wie bereits erwähnt, war ihm dies nur dadurch möglich, dass er mit seinem ganzen Wesen ein lebendiger Zeuge für die kosmisch-irdische Wirksamkeit der Himmelfahrtskräfte in der geistigen Welt geworden war. Durch diese konnte er seine umfassenden Erkenntnisse der Anthroposophie voll bewusst in der Seele tragen, ohne dabei in einem ekstatischen Zustand sein Ich zu verlieren. Nicht bloß das Wissen vom Menschen konnte er den Seelen im Geisterland vorführen, sondern es war dieses Wissen selbst, das sein ganzes Wesen erfüllte und von ihm ausgehend in die geistige Welt strahlte. In folgenden Worten teilt Rudolf Steiner mit, was zu dem «Tiefsten» gehörte, das er selbst in der geistigen Welt erleben durfte: «Wahrhaftig, gut vorbereitet war diese Seele, um hineinzutragen in die geistigen Welten, was sie in so vollen Zügen hier in der irdischen Welt [als Anthroposophie] aufnehmen konnte. Und so erscheint dann auch Christian Morgensterns *Geistleib* mir so, dass eingewoben ist seinem geistigen Kleid jetzt nach dem Tode dasjenige, was an kosmischen Wahrheiten und Geheimnissen aus unserer geistigen Bewegung von ihm hier auf Erden aufgenommen worden ist. Das ist jetzt wie sein Leib, und es gehört zu dem Tiefsten, was ich erleben durfte in den geistigen Welten: dasjenige, was ich mich bemüht habe in dieser Erdeninkarnation zu finden in den geistigen Welten, *ausgebreitet zu sehen über dem Felde der höheren Welten* wie in einem künstlerischen Gemälde, verwoben es zu sehen in Christian Morgensterns geistigem Kleide».[70] «Ausgebreitet zu sehen» – die Anthroposophie selbst – «über dem Felde der höheren Welten», – das war die Folge der Verbindung des Ätherleibes von Christian Morgenstern mit den Himmelfahrtskräften des Christus.[71]

Von dem durchchristeten «Bewusstsein seines Menschentums» voll erfüllt, konnte Christian Morgenstern nach seinem Tod dieses auch vielen anderen Wesen, allein durch sein Erscheinen vor ihnen, unmittelbar vermitteln. Daher treffen die Worte, die Rudolf Steiner später, am Vorabend der Weihnachtstagung, sprach, auf keinen anderen Anthroposophen so zu wie auf Christian Morgenstern, das «Vorbild» des «besten Anthroposophen» (ebd.): «Im Grunde genommen soll ja Anthroposophie nichts anderes sein als jene Sophia, das heißt jener Bewusstseinsinhalt, jenes innerlich Erlebte in der menschlichen Seelenverfassung, die den Menschen zum vollen Menschen macht. Nicht ‹Weisheit vom Menschen› ist die richtige Interpretation des Wortes Anthroposophie, sondern ‹Bewusstsein seines Menschentums›» (GA 257, 13.2.1923).

Durch diese fast einmalige Verbindung von Christian Morgenstern mit den Himmelfahrtskräften des Christus, war allein sein Eintreten in die nachtodliche Welt «ein Ereignis für diese geistigen Welten». Mehr noch, es machte sogar «Epoche in diesen geistigen Welten» (ebd.).[72] Und wie durch die Himmelfahrt die Folgen des Mysteriums von Golgatha der ganzen geistigen Welt gezeigt wurden, so zeigte Christian Morgenstern nach seinem Tode unzähligen Menschenseelen, was es bedeutet, die Kräfte des Mysteriums von Golgatha durch die Geisteswissenschaft in sich aufzunehmen, um dadurch dasjenige zu vollziehen, was Rudolf Steiner als Fazit alles dessen, was er über das nachtodliche Leben Christian Morgensterns gesagt hatte, so zusammenfasste: «Christian Morgenstern ist für uns der Sieg des Lebens über den Tod» (ebd.).

Was Christian Morgenstern auf diese Weise allein durch die Anthroposophie erhalten konnte, das hatte Rudolf Steiner bereits in seinem Frühwerk aus dem Quell des Himmelfahrts-Mysteriums geschöpft. Nur an einer einzigen Stelle seines Gesamtwerks wies er in wenigen Worten darauf hin, und zwar als er erwähnte, dass der Ursprung des Moralischen, welches in vorchristlichen Zeiten von allen Eingeweihten auf der Sonne gesucht wurde, jetzt, nach den Ereignissen der Zeitenwende, als Quell der moralischen Intuitionen auf der Erde zu finden war, sodass seitdem jeder Mensch sie aus sich selbst schöpfen konnte. Von den alten Eingeweihten sagte Rudolf Steiner: «Sie stellten sich die Sonne zunächst als Geistwesen vor» (GA 202, 18.12.1920). Dieses Geistwesen war Christus selbst vor seinem Heruntersteigen von der Sonne zur Erde. Und dann fährt er fort: «Dieses Geistwesen, das dachten sich die Initiierten als den Quell alles Moralischen» (ebd.). Und jetzt kommt der entscheidende Satz: «Dasjenige also, wovon ich in meiner ‹Philosophie der Freiheit› sagte, dass die moralischen Intuitionen aus *diesem* Quell herausgenommen werden, sie werden [jetzt] innerhalb der Erde herausgenommen; von den Menschen erglänzen sie, von dem, was in den Menschen als moralische Begeisterung leben kann» (ebd.).

Damit ist auf das Wichtigste hingedeutet: Was früher als Ansporn zum Moralischen von der Sonne kam, kann heute innerhalb der Erde gefunden werden, und zwar im Menschen selbst, von wo es als moralische Intuitionen für den ganzen Kosmos erglänzt. Der Grund dafür, dass der Ursprung alles Moralischen nicht mehr auf der Sonne, sondern im Menschen selbst als Quellort seiner moralischen Intuitionen gefunden werden kann, *ist die Himmelfahrt des Christus.* Das ist der Tatsache zu verdanken, dass Er sein Devachan, sein großes kosmisches Sonnenreich auf die Erde heruntergebracht und mit den Tiefen des menschlichen Ätherleibes verbunden hat. Und weil sich dies als «mystische Tatsache» der Weltgeschichte einmal ereignet hatte und Rudolf Steiner diese Kräfte in seinem eigenen Ätherleib entdeckte, konnte er daraus seine *Philosophie der Freiheit* schreiben. Das geschah von zwei Seiten her: Im ersten Teil des Buches wurde das Wesen des reinen Denkens begründet, welches im Ätherleib wurzelt und dafür sorgt, dass der Mensch sein Ich-Bewusstsein außerhalb des Leibes nicht in der Ekstase verdunkelt; und im zweiten Teil desselben wurde der neue

Quell der moralischen Intuitionen eröffnet, die *im Menschen* aus den Sonnenkräften zu freien Handlungen führen.[73]

Noch weitere Besonderheiten der *Philosophie der Freiheit* werden daraus verständlich. Dass die freien Taten des Menschen nur «aus der Liebe zu dem Objekt» (GA 4, Kap. IX) ausgeführt werden können, weist ebenfalls auf das Wesen des Ätherleibes, der im Menschen vor allem die Kräfte der Liebe trägt. «Denn die Liebekraft ist eine Lebenskraft, die etwas, was noch tiefer in unserem Wesen ruht, entfacht und wach und lebendig erhält ... Denn der Ätherleib ist zugleich der Liebeleib» (GA 130, 2.12.1911). Und wenn Rudolf Steiner in einer der Ergänzungen zur zweiten Auflage seines Buches 1918 hinzufügt, dass das Untertauchen des Denkens in die Welterscheinungen «mit einer in der Denkbetätigung selbst dahinfließenden Kraft, welche Kraft der Liebe in geistiger Art ist», geschieht (Kap. VIII), so ist damit ein leibfreies, ätherisches Denken, das im menschlichen Ätherleib als Liebeleib vollzogen wird, gemeint.[74]

Schauen wir von dem eingenommenen Gesichtspunkt nicht nur auf die *Philosophie der Freiheit*, sondern auf das ganze Frühwerk Rudolf Steiners und bedenken dabei, dass ihm das Grundkonzept seiner «Freiheitsphilosophie» schon im Jahre 1881 vorschwebte,[75] so können wir auf eine neue, vertiefte Weise den ganzen Entwicklungsweg des jungen Rudolf Steiner begreifen.

In seinem «Märchen vom Quellenwunder» aus dem zweiten Mysteriendrama (GA 14) lässt Rudolf Steiner einige seiner Kindheitserlebnisse in künstlerischer Form aufleuchten. In poetischen Bildern ist dort etwas aus seinem inneren Leben in Pottschach mitgeteilt, was mit dem Erwachen seiner hellseherischen Fähigkeiten verbunden ist, durch die er die Elementarwelt der Natur wahrnehmen konnte. Im Märchen selbst wird diese übersinnliche Gabe dezidiert als eine Mondengabe bezeichnet. Die drei Mondenfrauen, die dem Knaben am Wasserfall in einer Mondnacht erscheinen, übergeben ihm eine Schale, welche sie zuvor mit Mondenlicht gefüllt hatten. Diese Gabe ist vor allem deshalb von mondenhaftem Charakter, weil sie aus früheren Inkarnationen des Knaben stammt und nicht durch seine bewussten Anstrengungen in diesem Leben errungen wurde. Nachdem er sie jedoch ohne sein Zutun wie durch eine Schicksalsgnade im gegenwärtigen Leben erneut erhalten hat, liegt es von nun an ganz in seiner Freiheit, ihren Mondencharakter, der aus der Vergangenheit herrührt, aus eigener Ich-Kraft in das Sonnenhafte des Zukunftsimpulses zu verwandeln.

Und das Erstaunliche im Leben Rudolf Steiners liegt gerade darin, dass er sich bereits als Achtjähriger, nach dem Umzug der Familie nach Neudörfl, diese Aufgabe stellt und schon in diesem Alter die ersten Schritte zu ihrer Verwirklichung tut. Wie bekannt, geschieht das durch seine erste Begegnung mit der Geometrie. Am Ende seines Lebens beschreibt Rudolf Steiner, dass er schon damals und seitdem immerfort das Gefühl in seiner Seele trug: «In meinem Verhältnis zur Geometrie muss ich das erste Aufkeimen einer Anschauung sehen, die sich allmählich bei mir entwickelt hat. Sie lebte schon mehr oder weniger unbewusst in mir während der Kindheit und nahm um das zwanzigste Lebensjahr herum eine bestimmte, voll bewusste Gestalt an». Um diese Zeit lebte in der Seele Rudolf Steiners auch das voll abgerundete Konzept seiner Freiheitsphilosophie auf. Und dann noch klarer: «Ich sagte mir als Kind natürlich nicht deutlich, aber ich fühlte, so wie Geometrie muss man das Wissen von der geistigen Welt in sich tragen» (GA 28, Kap. I).

Damit war der Weg eröffnet, auf dem, bildlich gesprochen, die Rudolf Steiner wie durch Schicksalsgnade gesandte Mondenschale der hellseherischen Kräfte mit der Substanz des reinen Denkens erfüllt werden konnte. In dieser Imagination der Schale kann man auch einen eindeutigen Hinweis auf dasjenige erkennen, was er nach der Jahrhundertwende als «Wissenschaft vom Gral» (GA 13) begründete. So gelangte Rudolf Steiner auf diesem Wege schon bald zu den Einsichten über das Christus-Wesen und das Mysterium von Golgatha, die er dann im Jahre 1886 in dem Gespräch mit dem Zisterzienser-Priester Wilhelm Neumann in Wien darstellen konnte. In dem Vortrag vom 18. Juli 1924 fasste er dieses Gespräch in folgenden Worten zusammen: «Wir gingen aus einer Gesellschaft fort und sprachen über das Christus-Problem. Ich setzte meine Ideen darüber auseinander, die im Wesentlichen dieselben waren, die ich immer vortrage» (GA 240); und in Bezug auf den Inhalt dieses Gespräches verweist Rudolf Steiner in dem gleichen Vortrag auf die entsprechende Stelle seiner Autobiographie *Mein Lebensgang*. Dort lesen wir diesbezüglich: «Ich sprach meine Anschauung darüber aus, wie Jesus von Nazareth durch außerirdischen Einfluss den Christus in sich aufgenommen habe und wie Christus als eine geistige Wesenheit seit dem Mysterium von Golgatha mit der Menschheitsentwicklung lebt» (GA 28, Kapitel VII).

Nun wurde von verschiedenen Biographen Rudolf Steiners bereits bemerkt, dass, obwohl er schon in seiner Wiener Periode zu solch «rein anthroposophischen» Erkenntnissen des Christus-Wesens gekommen war, er vor allem in seiner Berliner Periode vor der Jahrhundertwende kaum etwas davon erwähnte. Mehr noch, in dieser Zeit tat er Äußerungen, welche ihn in eine Reihe mit solchen der offiziellen Religion fern stehenden Freidenkern wie Nietzsche stellten. Dabei ging es Rudolf Steiner stets nur um die von alters her überlieferten Bekenntnisse. Er selbst erinnerte sich später so: «Vorher [vor der Jahrhundertwende] deutete ich immer auf einen christlichen Inhalt, der in den vorhandenen Bekenntnissen lebte. Das tat ja auch Nietzsche» (GA 28, Kap. XXVI). Und Friedrich Rittelmeyer gibt ein Gespräch wieder, in dem sich Rudolf Steiner auf dessen Frage über diese Zeit seines Lebens folgendermaßen äußerte: «‹Haben Sie denn›, fragte ich damals einmal, ‹immer so über Christus gedacht, wie Sie heute denken, auch in Ihrer naturwissenschaftlichen Zeit?› ‹Ich erinnere mich›, gab er zur Antwort, ‹dass ich schon in der Mitte meiner Zwanzigerjahre in einem Gespräch [wohl mit W. Neumann] über Christus so sprach. Dann ist es allerdings vorübergehend zurückgetreten. Ich musste durch alles das hindurch. Es war eine karmische Notwendigkeit.›»[76]

Vor allem die Worte: «Dann ist es allerdings vorübergehend zurückgetreten» weisen auf etwas Wichtiges in diesem Zusammenhang hin. Denn die zuerst erworbene Christus-Erkenntnis musste im Leben Rudolf Steiners für eine gewisse Zeit zurücktreten, da sie noch nicht ganz von innen – nur aus seiner eigenen Ich-Kraft und nach harten geistigen Prüfungen – errungen war, sondern wie von außen erzeugt in seiner Seele aufleuchtete. Um sie jetzt in einer neuen, vertieften und verinnerlichten Form als rein geistige Erfahrung zu erleben, dazu waren noch die äußerst schwierigen Jahre in Berlin zu bestehen, die Rudolf Steiner in eine tiefe geistige Krise und sogar an die Grenze der physischen Existenz brachten. Es war die tiefste Krise seines Lebens, aus der er jedoch als Sieger hervorging, um in der bereits erwähnten «Erkenntnis-Feier» das «geistige Gestanden-Haben vor dem Mysterium von Golgatha» zu erreichen.[77]

Nachdem noch in Wien die erwähnte Christus-Erkenntnis gewonnen und während der folgenden Zeit in Weimar die Mondenschale des geschenkten Hellsehens bis zum Rande mit der Sonnensubstanz erfüllt war – was sich 1893 in dem Entstehen der *Philosophie der Freiheit* kundtat –, folgte der dritte Abschnitt mit der für Rudolf Steiner schwierigsten Berliner Zeit, welche die große Sonnenperiode in seinem Leben abschloss.[78] Dann führte ihn sein geistiger Weg durch den Abgrund, wo alle frühere Erkenntnis (auch die des Christus) zurücktreten musste, um allein, in kosmischer Einsamkeit voranzuschreiten.

Nur an einem einzigen Faden sollte Rudolf Steiner sich von da an halten. Und dieser leitete ihn aus der Voraussetzungslosigkeit von *Wahrheit und Wissenschaft* durch den «Ausnahmezustand» der *Philosophie der Freiheit* zu dem wahren Ich und dem mit diesem verbundenen Aufleuchten des neuen Christus-Bewusstseins im Menschen. In innerem Ringen und von großem Schmerz erfüllt, wovon ein gewöhnlicher Mensch sich kaum eine Vorstellung machen kann, musste Rudolf Steiner jetzt aus eigener Ich-Kraft den einzig möglichen Ausweg finden.

In dem Kapitel seiner Autobiographie, wo er mit nur wenigen Worten auf diese zentrale Prüfung in der Kulmination seiner eigenen Einweihung zu sprechen kommt, erwähnt er auch, ohne den Namen zu nennen, das bereits angeführte Gespräch mit dem Ordenspriester Neumann. «An einer früheren Stelle dieses Lebensganges schilderte ich ein Gespräch über Christus, das ich mit dem gelehrten Zisterzienser und Professor an der Katholisch-Theologischen Fakultät in Wien gehabt habe. Skeptischer Stimmung stand ich gegenüber. Ich fand das Christentum, das ich suchen musste, nirgends in den Bekenntnissen vorhanden. Ich musste mich, nachdem die Prüfungszeit mich harten Seelenkämpfen ausgesetzt hatte, selber in das Christentum versenken, und zwar in der Welt, in der das Geistige darüber spricht» (GA 28, Kap. XXVI). Das heißt, alles, was bei Rudolf Steiner früher gedanklich oder auch geistig-imaginativ in Bezug auf das Christus-Wesen gelebt hatte, bzw. an Erkenntnissen darüber erworben war, musste zurücktreten, wie auch auf dem Schulungsweg alle zuvor gebildeten Imaginationen beim Übergang zu der nächsten Stufe, der Inspiration, aufgelöst werden müssen. Dabei versinkt zunächst das Geistbewusstsein des Menschen in eine völlige Leere, um daraufhin eine vertiefte Beziehung zur geistigen Welt einzugehen.

Noch härter aber ist der Übergang zu der Welt der Intuition, bei dem der Einzuweihende nicht bloß vor einer inneren Leere, sondern vor dem objektiven Weltenabgrund steht, wo alles, sogar sein Wesen selbst, zugrunde gehen kann. Jetzt schweigt alles Vorhergehende, denn er muss nun über den Abgrund hinaus selbst eine neue Beziehung nicht nur zur geistigen, sondern zur *übergeistigen* Welt schaffen. An diesem Weltenabgrund sollte Rudolf Steiner auch alle früher erworbenen Erkenntnisse über Christus vergessen. Bei dem Sprung über den Abgrund ging es für ihn darum, den innersten Kern seines Wesens voll bewusst zu ergreifen und in diesem die Christus-Anwesenheit als den Ausgangspunkt für das neue Christus-Bewusstsein intuitiv zu erfassen. Denn dieses löscht das individuelle Ich-Bewusstsein nicht aus, sondern verleiht ihm die ganz neue Fähigkeit, das Ich auf allen Ebenen des Weltendaseins aufrechtzuerhalten und dadurch die Geistesforschung in einem Ausmaß, wie Rudolf Steiner sie in der Anthroposophie betrieb, hervorzubringen. Mit anderen Worten, es ging hier um die höchste Verwirklichung des Wortes «Nicht ich, sondern der Christus in mir» (Gal 2,20).

In einem späteren Vortrag beschreibt Rudolf Steiner dieses Erlebnis, durch das der Mensch sein wahres Ich in der Intuition am jenseitigen Ufer des Weltenabgrundes voll bewusst ergreift, in folgenden Worten: «Aber so ganz richtig in wahrer Gestalt steht man am Abgrund des Seins, wenn man den Entschluss fasst, durch freies inneres Wollen, durch energische Willenstat, sich auszulöschen, zu vergessen. Im Grunde genommen sind im Menschenwesen alle diese Dinge auch als Tatsache vorhanden; der Mensch weiß nur nichts davon. Jede Nacht muss er sich in dieser Weise unbewusst auslöschen. Aber es ist eben etwas ganz anderes, mit vollem Bewusstsein sein Erinnerungs-Ich der Vernichtung, dem Vergessen, dem Abgrund anheimzugeben, wirklich eine Weile zu stehen in der geistigen Welt am Abgrund des Seins gegenüber dem Nichts als Nichts. Es ist das erschütterndste Erlebnis, das man haben kann, und man muss mit dem großen Vertrauen an dieses Erlebnis gehen. Um als Nichts an den Abgrund zu gehen, ist notwendig, dass man das Vertrauen hat, das einem aus der Welt dann das wahre Ich entgegengebracht wird. Und dies geschieht. ... So ist ein innerliches Erleben das Aufsteigen zur übergeistigen Welt, das Erleben einer völlig neuen Welt am Abgrund des Seins und das Empfangen des wahren Ich aus dieser übergeistigen Welt am Abgrund des Seins» (GA 147, 30.8.1913). Was hier geschieht, was einem jetzt gegeben wird als das wahre Ich über den Abgrund des Seins hinüber, das ist zugleich das Christus-Ich selbst bzw. im Sinne der spirituellen Ökonomie das Abbild des Christus-Ich, das man auf dieser Stufe in sein eigenes Ich empfängt.[79] Darin liegt der Quell des neuen Christus-Bewusstseins, das Rudolf Steiner an der Jahrhundertwende erreichte und aus dem heraus er in den folgenden Jahren die gesamte Anthroposophie begründete.

Er selbst beschreibt diesen Prozess später in ganz objektiver Form, wie es in der Zukunft, die jedoch bereits in unserer Zeit beginnt, allen Menschen zugänglich sein wird: «Wenn sich die Seelen zum Verständnis solcher Geheimnisse anfachen lassen durch die Geisteswissenschaft, wenn unsere Seelen sich einleben zu solchem Verständnis, so werden die Seelen reif, im Anblick jener heiligen Schale das Mysterium von dem Christus-Ich, von dem ewigen Ich, zu dem jedes Menschen-Ich werden kann, kennenzulernen. *Da* ist es, dieses Geheimnis – herbei nur sollen sich die Menschen rufen lassen durch die Geisteswissenschaft, dieses Geheimnis als Tatsache zu verstehen, um das Christus-Ich im Anblick des Heiligen Gral zu empfangen. Dazu braucht man das, was da geschehen ist, zu verstehen als

Tatsache, es hinzunehmen als Tatsache» (GA 109/111, 11.4.1909; kursiv Rudolf Steiner).[80]

Wie Christian Rosenkreutz im 16. Jahrhundert zu dieser Stufe aufsteigen[81] und daraus die Vollmacht empfangen konnte, seinen «intimsten Schüler und Freund» (GA 130, 18.12.1912), den Gautama Buddha in die geistige Sphäre des Mars zu entsenden, so war es Rudolf Steiner, der die gleiche Einweihungsstufe als der erste Rosenkreuzer in der angebrochenen Michael-Epoche erreichte. Dadurch eröffnete er für unsere Zeit *allen Menschen* den Weg zu diesem Ziel. Denn was Christian Rosenkreutz noch wie im Hintergrund der Menschheitsgeschichte auf einem verborgenen Pfad erlangte, das vollzog Rudolf Steiner nun in voller Öffentlichkeit und stellte durch die Begründung der Geisteswissenschaft auf der Erde eine neue Möglichkeit der Weiterentwicklung der Menschheit in Aussicht. «Das gehört zu der inneren Mission der spirituellen Weltenströmung [der Anthroposophie], die Menschen dazu vorzubereiten, ihr Seelisches so reif zu machen, dass nun auch eine immer größere und größere Anzahl von Menschen ein Abbild der Ich-Wesenheit des Christus Jesus in sich aufnehmen kann ... Hier sehen Sie, aus welchen Tiefen heraus die geisteswissenschaftliche Weltenströmung wirkt» (GA 109/111, 7.3.1909).

Versucht man diesen Weg Rudolf Steiners – der die Begründung der modernen «Wissenschaft vom Gral» ermöglichte – in den Abgrund hinein, aber aus ihm auch wieder heraus, wirklich zu begreifen, so kann man nur in tiefster Ehrfurcht davorstehen. Der Durchbruch, der hier zum ersten Mal in der Geschichte der Menschheit vollzogen wurde, wird in seiner ganzen epochalen Bedeutung erst in Jahrhunderten allmählich offenbar werden. Denn der Weg, den Rudolf Steiner als Erster *in dieser Form* ging, ist von der Art, dass er in der Zukunft für die Menschheit zum allgemeinen Weg in die geistige Welt hinein und darin zum bewussten Erleben des Christus werden wird.

Wenn wir heute für diese unter Anthroposophen oft so umstrittene, jedoch im Sinne des oben Dargestellten zielgerichtete Berliner Periode Rudolf Steiners ein Urbild an der Zeitenwende suchen, dann können wir zu Folgendem kommen: Fast drei Jahre hindurch hatten die Apostel den Christus im physischen Leibe und daher mit ihrem gewöhnlichen Erdenbewusstsein begleitet. Nach der Auferstehung folgten sie Ihm in Seinem Auferstehungsleib mit ihrem imaginativen Bewusstsein und empfingen Seine Worte, in denen Er ihnen die Geheimnisse des Himmelreichs, aus dem Er gekommen war, offenbarte (Apg 1,3). Damit erreichten sie die Stufe der Inspiration. Dann geschah die Himmelfahrt, Christus entschwand ihrem hellseherischen Blick und sie konnten seine inspirierenden Worte nicht mehr hören. Von nun an war Er sowohl ihren imaginativen als auch inspirativen Kräften nicht mehr zugänglich. Und damit kam die schwierigste Zeit über die Apostel, denn alles, was sie vorher gehabt hatten, war ihnen genommen. Das Erlebnis dieses Verlustes war sogar noch schmerzvoller als die Zeit vom Karsamstag bis zum Ostermorgen. Denn damals hatten sie zumindest die Verheißung des Christus in Erinnerung, dass nach Seinem Tod die Auferstehung und damit ein Wiedersehen, wenn auch in anderer Form, möglich sein werde. Nun aber entschwand der Christus, ohne dass sie Seine Verheißung für die Zukunft verstanden hatten. Völlig allein gelassen fühlten sich die Apostel seitdem. Erst zehn Tage nach dieser schwierigsten Prüfung ihres Lebens, als ihr Ich-Bewusstsein wie in einen tiefen Schlaf versunken war,[82] empfingen sie den Christus neu, jetzt aber nicht mehr von außen im physischen Leibe wie während der drei Jahre, auch nicht in Seiner Geisterscheinung, die sie während der vierzig Tage ebenfalls wie von außen wahrgenommen hatten, sondern in der Taufe mit Feuer und Geist am Pfingstmorgen aus ihrem eigenen Innern heraus, aus den tiefsten Tiefen ihres Ich als Folge des erlittenen Verlusterlebnisses.

Aus seiner Geistesforschung beschreibt Rudolf Steiner diesen Vorgang so: «Es gibt einen Zeitpunkt im Leben der Schüler des Christus Jesus, wo sie sich sagten: Wir haben ihn geschaut, wir schauen ihn nicht mehr. Er ist vom Himmel zu uns auf die Erde niedergestiegen. Wohin ist er gegangen?

Dieser Zeitpunkt, in dem die Jünger wiederum die Gegenwart des Christus verloren zu haben glaubten, ist festgehalten in dem christlichen Himmelfahrtstag. Es wurde festgehalten die Bewusstseinstatsache, dass vor den Jüngern wiederum verschwunden war der Hohe Sonnengeist, der in dem Menschen Jesus von Nazareth gewandelt hat. Und jetzt kam, nachdem die Jünger Christi diese Erfahrung gemacht hatten, über sie eine Trauer, die sich mit nichts vergleichen lässt, was an Trauer auf der Erde vorhanden sein kann. In den alten Mysterien kam, wenn man den Sonnenkultus gefeiert, das Bild des Gottes in die Erde gelegt hatte, um es erst nach Tagen wiederum herauszuheben, über die Seelen etwas von großer Trauer über den Tod des Gottes. Aber diese Trauer ließ sich nicht vergleichen an Größe mit derjenigen Trauer, die jetzt in die Herzen der Jünger Christi kam.

Alle wirkliche, große Erkenntnis ist aus dem Schmerz und aus der Sorge heraus geboren. Wenn man durch diejenigen Erkenntnismittel, die in der anthroposophischen Geisteswissenschaft beschrieben werden, den Weg in die höheren Welten zu gehen versucht, so kann man auch nur zu einem

Ziele gelangen, wenn man durch den Schmerz hindurchgeht. Ohne dass man gelitten hat, vieles gelitten hat und dadurch frei geworden ist von dem Niederdrückenden des Schmerzes, kann man die geistige Welt nicht erkennen.

Die Schüler Christi haben nun in derjenigen Zeit, die uns durch die zehn Tage nach der Himmelfahrt angedeutet ist, ungeheuer viel gelitten, weil ihnen der Anblick des Christus entschwunden war. Und aus diesem Schmerz, aus dieser unendlichen Trauer ist dann dasjenige entsprungen, was wir das Pfingstgeheimnis nennen. Die Schüler Christi haben, nachdem sie für das äußere instinktive Hellsehen den Anblick Christi verloren hatten, ihn im Innern, in der Empfindung, in dem Erlebnis durch die Trauer, durch den Schmerz wiederum gefunden» (GA 226, 17.5.1923).

Was als seine persönliche Christus-Erkenntnis von Jugend an vor Rudolf Steiner gestanden hatte, musste weichen, damit er sie sich aus eigener, individueller Kraft neu – jetzt aber für die ganze Menschheit – erobern konnte. Auf diese Weise vollzog er in seiner eigenen geistigen Biographie den Übergang von Himmelfahrt zu Pfingsten;[83] oder, wenn man die thematische Entwicklung seines Werkes verfolgt: von seinen frühen, erkenntnistheoretischen Schriften zu seinem anthroposophischen Werk nach der Jahrhundertwende. Deshalb konnte er die von ihm begründete Anthroposophie als den Beginn der neuen Epoche des Geistes in der Menschheitsgeschichte bezeichnen.[84]

*

Am Schluss des zitierten Vortrags, der dem Himmelfahrtsereignis gewidmet ist, weist Rudolf Steiner noch auf eine weitere Folge der Himmelfahrt des Christus hin. Diese besteht darin, dass heute jeder Mensch, der nach dem Tod das Auflösen seines Ätherleibes während der drei Tage schaut (Rudolf Steiner nennt eine solche Auflösung die Vereinigung des Ätherleibes mit der Sonne), in diesem Prozess zugleich wie ein Abbild der Himmelfahrt miterlebt: «In diesem sich vom Menschen entfernenden ätherischen Leibe schaut der Mensch seit dem Mysterium von Golgatha den Christus mit, der sein Retter geworden ist im künftigen Erdensein; sodass eigentlich seit dem Mysterium von Golgatha jeder Mensch, der da stirbt, jenes Himmelfahrtsbild schon vor seiner Seele hat, das die Jünger durch ihren besonderen Seelenzustand an jenem Tag sahen» (GA 224, 7.5.1923).

Zu diesem Ergebnis seiner Geistesforschung fügt Rudolf Steiner noch hinzu, dass das Wirken dieses Bildes auf die Seele des Verstorbenen davon abhängt, ob sie sich bereits im Erdenleben ein Verständnis für das Mysterium von Golgatha erworben hat oder nicht. Im ersteren Falle schöpft eine solche Seele dann aus dem Bild der Himmelfahrt den «größten Trost», der darin besteht, dass sie jetzt die volle Gewissheit erhält, dass der Christus nach dem Mysterium von Golgatha der Retter der ganzen Erdenentwicklung geworden ist. Der Trost, den die Menschenseele aus der Anschauung des Himmelfahrtsbildes schöpfen kann, besteht vor allem darin, dass sie aus ihm unmittelbar ersieht, wie das Menschen-Ich schon auf der Erde in vollem Umfang in den Besitz der geistigen Sonnenkräfte und damit seiner Unsterblichkeit kommen kann, um dadurch seine Menschenbestimmung zu erfüllen. Hat sie sich die erwähnte Erkenntnis aber nicht angeeignet, so wird ihr dieses Bild zum großen Vorwurf und zugleich zu der ernsten Mahnung, im nächsten Erdenleben ein entsprechendes Wissen über das Mysterium von Golgatha zu erwerben.

Das alles ist aber nur dann möglich, wenn der Mensch auf der Erde an den Pfingstimpuls bzw. an die Wirkung des Geistes, der durch das Pfingstereignis in die Menschheit eingetreten ist, bewusst anknüpft. «Das Mysterium von Golgatha ist eben nur für den physischen und den Ätherleib für alle Menschen dagewesen. Die Sendung des Geistes, das Pfingstgeheimnis besagt, wie das Seelische und Geistige des Menschen an den Früchten des Mysteriums von Golgatha nur teilhaben können, wenn der Mensch sich aufschwingt zur wirklichen Anerkenntnis des Inhaltes des Mysteriums von Golgatha» (GA 224, 7.5.1923). «Das Seelische und Geistige» sind in diesem Fall der Astralleib und das Ich des Menschen. Mit ihnen muss der gegenwärtige Mensch durch die moderne Geisteswissenschaft an das Pfingstereignis der Zeitenwende direkt anknüpfen. Das heißt, er muss sich aus ihr das neue Verständnis für das Mysterium von Golgatha und die mit ihm verbundenen Ereignisse von Himmelfahrt und Pfingsten erwerben. «Damit ist aber zugleich gesagt, ... dass das richtige Pfingstfest nur verstanden werden kann, wenn die Menschen verstehen, dass die Aussendung des Geistes die Forderung an die Menschheit ist, sich zur Geist-Erkenntnis allmählich durchzuarbeiten. Denn nur durch Geist-Erkenntnis kann das Mysterium von Golgatha verstanden werden» (ebd.). Daraus aber ergibt sich die ganze Bedeutung der Anthroposophie für die Gegenwart und Zukunft der Menschheitsentwicklung. Auch liegt hierin der Grund, warum Rudolf Steiner die Geisteswissenschaft als moderne Pfingst-Botschaft oder Botschaft des Geistes an die Menschheit bezeichnet hat.

Dasjenige, was im Mysterium von Golgatha und weiter in der Himmelfahrts-Offenbarung als etwas *Allgemein*-Gültiges von Christus vollbracht worden war, setzt sich im Pfingst-Ereignis fort als dasjenige, was sich an jeden *einzelnen* Menschen, an jedes konkrete Ich mit dem Auftrag wendet, den Impuls des Mysteriums von Golgatha zu verstehen und im Sinne der geistigen Kommunion in sich aufzunehmen, so wie es im ersten Kapitel dieser Arbeit dargestellt wurde. Denn was an der Zeitenwende die Apostel am Pfingstmorgen als Geist-Impuls im Sinnbild der feurigen Zungen wie mit einer himmlischen Gewalt innerlich ergriff, das muss heute aus einem freien Entschluss und durch das individuelle Bemühen jedes Menschen errungen werden. Eben in diesem Sinne müssen wir die Worte Rudolf Steiners aus seiner Pfingst-Ansprache 1923 verstehen: «Das Schicksal der Anthroposophie möchte dasjenige des Christentums zugleich sein» (GA 226, 17.5.1923).

Was hier als das Ziel der weiteren Entwicklung des Christentums auf der Erde angedeutet ist, findet sich in vorbildlicher Weise schon im Leben und Werk Rudolf Steiners verwirklicht. Denn im biographischen Verlauf seines Lebens vollzog er mit dem Überschreiten der Schwelle von seinem Frühwerk zur Anthroposophie zugleich den Übergang von der Himmelfahrt zu Pfingsten auf esoterischer Ebene oder, mit anderen Worten, von dem leibfreien Erleben der Christus-Kräfte im reinen Denken im Ätherleib zu ihrem Ergreifen in seinem Ich als der Geburt des neuen Christus-Bewusstseins in sich. Dieser Übergang war jedoch nur dadurch möglich, dass er durch das Erleben des Pfingstgeistes im eigenen Ich eine direkte innere Beziehung zu dem Mysterium von Golgatha erlangte, wodurch das Geheimnis der Auferstehung zur Grundlage der anthroposophischen Forschungsmethode wurde, sodass von dieser wahrlich gesagt werden kann: Ihr Ursprung ist das «geistige Gestanden-Haben» Rudolf Steiners vor dem Mysterium von Golgatha.[85]

*

Zum Abschluss muss noch ein kurzer Blick auf den gesamten Gang der Ereignisse an der Zeitenwende geworfen werden, insofern diese von der ununterbrochenen Wirksamkeit des Christus-Geistes durchdrungen sind. Im Zentrum derselben steht das Mysterium von Golgatha, dem zwei Ereignisse vorangingen, die danach in neuer Form zurückgespiegelt wurden.

Bei der Taufe im Jordan verbindet sich das Christus-Wesen mit dem Leib des Jesus und deshalb mit der Erdenentwicklung überhaupt. In der Szene der Verklärung offenbart Christus den drei auserwählten

Jüngern Seine höhere Sonnennatur und damit Seine Herkunft aus dem kosmischen Sonnenreich. Diese beiden Ereignisse spiegeln sich in einer durch das Mysterium von Golgatha gewandelten Form in Himmelfahrt und in Pfingsten.

In Seiner Himmelfahrt zeigte Christus, dass Er die geistigen Sonnenkräfte, welche in der Verklärung auf dem Berg Tabor offenbar wurden, mit den Ätherleibern aller Menschen verbunden hat. Seither bekommt der Mensch die moralischen Intuitionen nicht mehr von außen, aus dem kosmischen Sonnenreich, sondern er kann sie schon auf der Erde in voller Freiheit aus dem neuen Quell schöpfen, der in ihm selbst zu finden ist. Und im Pfingstereignis leuchtet uns ein Abbild dessen auf, was bei der Taufe im Jordan als ein einmaliges Geschehen stattgefunden hat. Damals hat der Christus die irdischen Hüllen des Jesus so ergriffen, dass das Ich des Zarathustra, welches zuvor in ihnen wohnte, den Leib verlassen musste. Denn in Christus erschien eine göttliche Wesenheit von solcher Macht und Größe auf der Erde, dass kein menschliches Ich, nicht einmal das eines hohen Eingeweihten, wie es Zarathustra war, sie in sich aufzunehmen vermochte, ohne dass sein Ich-Bewusstsein sogleich ausgelöscht wurde. Das sollte in Zukunft aber nicht mehr geschehen. Christus wollte im Menschen-Ich vollumfänglich anwesend sein, ohne dieses dabei auch nur im Geringsten zu trüben. «Er wollte innewohnen der Menschheit, aber er wollte nicht das herauskommende Ich-Bewusstsein der Menschen trüben. Er hatte das einmal getan in dem Jesus, in dem an der Stelle des Ich-Bewusstseins von der Taufe an das Sohnes-Bewusstsein lebte. Aber das sollte bei den Menschen der künftigen Zeiten nicht stattfinden. Bei den Menschen der künftigen Zeiten sollte das Ich sich voll bewusst erheben können, und der Christus dennoch innewohnen können diesen Menschen» (GA 214, 30.7.1922).

Um das zu bewirken, musste Christus vor dem unmittelbaren Anblick der Menschen zunächst entschwinden, um sich daraufhin auf ganz neue Weise mit ihnen zu verbinden. Das Erstere geschah durch Seine Himmelfahrt: «So hat der Christus seine Himmelfahrt gehalten, so ist er unsichtbar geworden» (ebd.). Dann aber sandte Er nach zehn Tagen Seinen Jüngern den Heiligen Geist, oder «diejenige göttliche Wesenheit, die nun nicht das Ich-Bewusstsein auslöscht, zu der man sich erhebt nicht im Anschauen, sondern gerade im unanschaulichen Geiste» (ebd.). Jetzt konnte auch Christus in die menschlichen Seelen eintreten, ohne dabei das individuelle Ich-Bewusstsein auszulöschen. Und das geschah im Pfingstereignis. Denn von da an wirkte Er im Menschen nicht direkt, sondern durch die Vermittlung des Heiligen Geistes. «So ist eigentlich der Heilige Geist dasjenige, was von dem Christus gesandt werden sollte, damit der Mensch sein Ich-Bewusstsein behalten könne und der Christus dem Menschen unbewusst innewohnen kann» (ebd.).[86]

Auf diese Weise sind Himmelfahrt und Pfingsten als zwei unmittelbare Folgen des Mysteriums von Golgatha miteinander verbunden. Denn durch Seinen Tod und die Auferstehung verband sich Christus mit der ganzen Erdenentwicklung; in die Menschheit als solche trat Er durch das zweifache Ereignis von Himmelfahrt und Pfingsten ein. Und so, wie wir in der Himmelfahrt die Verwandlung der Verklärungsszene sehen, so können wir in Pfingsten die Metamorphose der Johannes-Taufe im Jordan erkennen: Dort Jesus-Taufe mit Wasser, hier Christus-Taufe mit Feuer und Geist. Auf diese Weise geschah am Pfingstmorgen das Eintreten des Christus in alle Seine Jünger in der Art, dass ein Heraustreten des Ich nicht mehr nötig war. Von da an konnte Christus, wie er einmal im Menschen Jesus von Nazareth gewirkt hatte, jetzt in allen Menschen wirken, ohne dabei ihr individuelles Ich-Bewusstsein auszulöschen.

Die Folge davon ist, dass in der weiteren Perspektive der Erdenentwicklung die Menschen immer mehr imstande sein werden, bis an das Ende derselben eine neue, Ich-bewusste Einheit aus der Menschheit zu bilden, ein ganz neues Wesen, das bis in seine Grundgesten von Christus als seinem neuen Gruppengeist oder höheren Gruppen-Ich durchdrungen sein wird. «Wie in jedem einzelnen Menschen das höhere Ich geboren wird, so wird in Palästina das höhere Ich der ganzen Menschheit, das göttliche Ich geboren» (GA 112, 24.6.1909).

Damit ist der Menschheit die Möglichkeit gegeben, den Übertritt in den neuen kosmischen Äon zu erreichen, den Rudolf Steiner als zukünftigen Jupiter bezeichnete und der am Ende der Apokalypse als Imagination des Himmlischen Jerusalem erscheint. Wie aber wird dieser Übergang stattfinden, und wie kann er vorbereitet werden? Rudolf Steiner äußerte diesbezüglich, dass in der zweiten Hälfte der Erdenentwicklung alles, was sich bis dahin materiell gebildet hat, das heißt das ganze äußerlich physische Dasein, allmählich aufgelöst werden wird. «Was bleibt dann da noch übrig?» – so fragt er und gibt als Antwort das gewaltige Bild dessen, wie die Menschen durch ihre moralischen Taten auf der Erde dem Christus-Impuls Seine neuen übersinnlichen Hüllen schaffen können: Die übersinnlich-physische Hülle aus allen Handlungen, die im Leben dem Gewissen des Menschen entspringen; die ätherische Hülle aus allen Taten der Liebe und des Mitleids; die astralische Hülle aus dem, «was zur übersinnlichen Erkenntnis den Weg gründet» (GA 155, 30.5.1912), verbunden mit den Gefühlen der Ehrfurcht und des Staunens. Dadurch wird sich die Menschheit mit der Christus-Wesenheit auf eine Art verbinden, dass daraus wie ein neues Wesen, das alle Menschen umfasst, entstehen wird.[87] Und dieses Wesen wird als die vom Christus-Ich durchdrungene Menschheit dann auf den Jupiter übergehen, nachdem die materielle Erde im Kosmos zu Staub zerfallen ist.

Dieses neue Wesen selbst beschreibt Rudolf Steiner in folgenden Worten: «Wenn die Erde einst an ihrem Ziele angelangt sein wird, wenn die Menschen verstehen werden die richtigen moralischen Impulse, durch die alles Gute bewirkt wird, dann wird gelöst sein, was durch das Mysterium von Golgatha als Christus-Impuls in die Menschheitsentwickelung eingeflossen ist wie ein Ich. Er wird dann umhüllt sein von einem Astralleibe, der gebildet ist durch den Glauben, durch alle Taten der Verwunderung und des Erstaunens der Menschen,[88] von etwas, was wie ein Ätherleib ist, der gebildet ist durch die Taten der Liebe, von etwas, was um ihn ist wie ein physischer Leib, der gebildet ist durch die Taten des Gewissens» (ebd.).

Das Vorbild für diese zukünftige Menschheitsgemeinschaft bildete an der Zeitenwende der Kreis der zwölf Apostel, der aufgrund des Pfingstereignisses entstanden war. Denn, wie wir gesehen haben, ist damals Christus selbst durch die Vermittlung des Heiligen Geistes in sie eingetreten. Dadurch wurden sie zu einer neuen Gemeinschaft, deren Mitglieder ganz durchchristet waren und die daraufhin die christliche Botschaft in die ganze Menschheit tragen konnten, das heißt in die ganze zweite Hälfte der Erdenentwicklung. Dass diese ursprüngliche Pfingstgemeinschaft der Apostel durchaus dem beschriebenen Ideal der Menschheitsentwicklung entspricht, folgt aus den Worten, mit denen Rudolf Steiner in dem zitierten Vortrag das zukünftige Wesen der Menschheit beschreibt: «So werden die Menschen durch die Erdenentwickelung die Grundlage bilden für eine große Gemeinschaft, die durch und durch von dem Christus-Impuls durchzogen, durchchristet sein kann» (ebd.). Und diese neue Menschheit, dann untrennbar mit dem Christus verbunden, ja von ihm ganz durchdrungen, wird unter Seiner Führung und mit Seiner Hilfe den Übergang in den zukünftigen Jupiteräon vollziehen.

Wie stark dieses große Ideal der Menschheitsentwicklung später noch in besonders herausragenden Menschen lebte, auch wenn diese sich der okkulten Hintergründe desselben nicht voll bewusst waren – da sie nur durch die geisteswissenschaftliche Forschung aufgedeckt werden können –, zeigt das von Rudolf Steiner angeführte Beispiel von Goethe. In einem Brief vom 18. Juli 1828 an Friedrich August von Beulwitz schrieb Goethe über die vernunftbegabte Menschheit als von dem «großen unsterblichen Individuum» (ebd.), welches das große Ziel der Erdenentwicklung darstellt.

Ein jüngerer Zeitgenosse Goethes hatte dieses Ziel der Menschheit ebenfalls vor Augen. In seinem Essay *Die Christenheit oder Europa* schrieb Novalis von einer großen «universellen Individualität», womit er auf das gleiche Ideal der Erdenentwicklung hinwies. Im selben Abschnitt nannte er diese Zukunft auch «eine neue goldne Zeit», in welcher der «Heiland» in allen Gliedern dieses «neuen Menschen» auf verschiedenste Art, bis hin zur echten Kommunion, anwesend und wirksam sein wird.[89]

*

Mit dem erwähnten Übergang zum Jupiter ist das Wesen des Mysteriums von Golgatha, vor allem in seiner kosmischen Dimension, keineswegs erschöpft. Wie schon im ersten Kapitel gezeigt wurde, umfasst seine Wirkung *die ganze Weltevolution*, vom alten Saturn bis zum zukünftigen Vulkan. In dem Mysterium von Golgatha selbst wurden diese beiden Pole der Weltentwicklung als Anfang und Ende derselben untrennbar miteinander verbunden. Nur deshalb konnte Christus von sich selbst sagen: «Ich bin das Alpha und das Omega, der Anfang und das Ende» (Apok 1,8).

Schon vor dem Tod am Kreuz hatte Christus die Kräfte des Phantoms so vollständig wiederhergestellt, dass sie ganz dem ursprünglichen Zustand bei dessen Erschaffung auf dem alten Saturn entsprachen. Weil das so war, konnte Christus über Seinen Tod so sprechen, dass darunter der göttliche Vater zu verstehen war.[90] Der Vatergott war auch der höchste Regent der Saturnentwicklung.[91] Deshalb waren seine Kräfte überall dort anwesend, wo die Impulse des alten Saturn wirksam waren. Der Herstellung einer direkten Beziehung zum alten Saturn gingen im Leben von Christus Jesus die zwei vorbereitenden Stufen, auf denen die entsprechende Verbindung zu der alten Sonne und dem alten Mond hergestellt wurde, voran.

Betrachtet man von diesem Gesichtspunkt das dreiunddreißigjährige Leben des Jesus von Nazareth an der Zeitenwende, so kann man Folgendes feststellen: In den dreißig Jahren bis zur Taufe im Jordan spiegelte sich die ganze Menschheitsgeschichte des ersten Teils der Erdenentwicklung, welche unter dem Einfluss der Marskräfte stand. Vor allem im Stammbaum des Lukas-Evangeliums kommt dies zum Ausdruck, wo gesagt wird, wie dieser Jesus unmittelbar von Adam, ja sogar aus der Zeit vor dem Sündenfall («von Gott»), stammte (3,38).

Das Erdenleben des Christus begann mit der Taufe im Jordan, in der Sein hoher Sonnengeist sich mit dem mondenhaften Vererbungsstrom der irdischen Menschheit verband. Die Vererbung steht unter der Führung des Monden-Erzengels Gabriel, der aus diesem Grunde die Geburt des Jesus auf der Erde ankündigte. Auch die im Wasser durchgeführte Taufe selbst weist auf die Verbindung dieses Rituals mit dem alten Mond hin, auf dem die ihn hauptsächlich bildende Substanz Wasser-ähnlich war. Von geistiger Seite her wurde der Prozess von dem Heiligen Geist begleitet, der, als vom Vater ausgehend, die ganze vorchristliche Entwicklung leitete. Rudolf Steiner sagte von ihm, dass der Heilige Geist in der Weltevolution der höchste Regent des alten Mondes war. Johannes der Täufer bezeugte dessen Erscheinen während der Taufe mit folgenden Worten: «Ich sah, dass der Geist herabfuhr wie eine Taube vom Himmel und blieb auf ihm» (Joh 1,32). So konnte bei der Taufe im Jordan der Sonnengeist des Christus auf Seinem Weg zur Erde, dessen letzte kosmische Stufe die Mondensphäre war, die Ihm von Jesus gereichte «Mondenschale» seiner irdischen Leiblichkeit erfüllen. Dadurch wurde Jesus zu einem Christophorus, zu dem lebendigen Symbolum des Heiligen Grals: die Mondensichel als Schale, die geistige Sonne in sich tragend. Zugleich stellte Christus dadurch die Beziehung Seines Astralleibes (denn nach der Taufe war der Astralleib des Jesus zu Seinem Astralleib geworden) zum alten Mond her, auf dem dieser erschaffen worden war. Auf diese Weise wurde der Astralleib in seinen ursprünglichen reinen Zustand zurückgeführt, den er vor dem Sündenfall besessen hatte.

Auch die nächste Szene, die in den Evangelien nach der Taufe im Jordan geschildert ist – die dreifache Versuchung des Christus Jesus in der Wüste – hat eine Beziehung zu der vorhergehenden Inkarnation der Erde. Denn auf dem alten Mond erhielt das Böse im Kosmos zum ersten Mal seine volle Selbstständigkeit. Noch auf der alten Sonne konnten Hindernisse nur dadurch entstehen, dass gewisse Hierarchien wie «abkommandiert» waren, um Geister der Hindernisse zu werden. Das heißt, dass bis zum alten Mond das Böse noch ganz in den Plan des Guten mit einbezogen war. Auf dem Mond jedoch, und zwar im Reich der Engel, geschah zum ersten Mal eine völlige Abtrennung von den Kräften des Guten. «Die ersten [in der Reihenfolge der Hierarchien], die die Möglichkeit hatten, böse zu werden, waren die Engel, denn diese Möglichkeit war erst von der Mondenentwickelung aus vorhanden» (GA 110, 18.4.1909-II). So waren die Gegenmächte (Luzifer und Ahriman), von denen Christus Jesus in der

Wüste versucht wurde, von der Art, dass sie schon auf dem alten Mond die Ebene, auf der das Böse noch aus der Sphäre des Guten geführt wurde, verlassen hatten. Sie wirkten bereits aus dem Bereich des wirklich Bösen.[92]

Die nächste Stufe dieser Entwicklung finden wir in der Szene der Verklärung. Da offenbarte Christus zum ersten Mal Sein eigenes Sonnen-Wesen,[93] zugleich aber auch Seine Beziehung zur alten Sonne, wo Er im zeitlichen Strom der Weltevolution in die beschriebene kosmische Entwicklung eingetreten war. (Siehe GA 137, 12.6.1912.) Rudolf Steiner nennt Ihn daher auch den höchsten Regenten der alten Sonne.[94] Damit erneuerte Christus schon auf der Erde Seine Urbeziehung zur alten Sonne und stellte diese bis in Seinen Ätherleib hinein, der damals erschaffen worden war, wieder her.

Die dritte Stufe bestand in der Herstellung einer direkten Beziehung zum alten Saturn, wodurch allein die Rettung bzw. Wiederherstellung des Phantoms in dessen ursprünglichem Glanz möglich wurde. In Vorbereitung zu dieser Tat auf dem Golgatha-Hügel spricht Christus, wie wir bereits gesehen haben, von Seinem bevorstehenden Tod wie von dem Weg zum Vater. Dieses Motiv erfüllt Seine Abschiedsreden, welche nur im Johannes-Evangelium festgehalten sind, dann folgt Sein großes Gebet in Gethsemane, und zum Schluss erscheint es in den Worten am Kreuz.

Wie bei der Taufe im Jordan der ursprünglich vom Vater ausgehende Heilige Geist, der die Inkarnation des Christus auf der Erde von Beginn an vorbereitet hatte, mitwirkte, so offenbarte Christus bei der Verklärung Sein eigenes Sonnen-Wesen und zugleich Seine noch höhere Sohnes-Natur. Diese leuchtete dadurch auf, dass am Vorabend des Mysteriums von Golgatha der Christus die Jünger zum ersten Mal das Geheimnis Seiner Beziehung zum göttlichen Vater wirklich erkennen ließ. Damit war im ersten Teil des Mysteriums von Golgatha die Beziehung zum alten Saturn und damit zum Ursprung des physischen Leibes neu hergestellt, welcher damals in seiner allerersten Anlage von dem Vater-Gott durch die erste Hierarchie geschaffen worden war. Nur dadurch konnte auf dem Golgatha-Hügel das menschliche Phantom am Kreuz gerettet werden.

Nachdem schon am Karfreitag das Phantom endgültig erneuert war, ging es beim zweiten Teil des Mysteriums von Golgatha um das «Geborenwerden eines neuen Gliedes der menschlichen Natur: eines unverweslichen Leibes» (GA 131, 11.10.1911). Denn mit der Verwandlung des Phantoms in den Auferstehungsleib wurde etwas ganz Neues in der Weltevolution erschaffen. Wenn die Wiederherstellung des Phantoms zunächst nur das Zurückgreifen auf den Ursprung der Weltentwicklung bedeutete, so ging es beim Erschaffen des Auferstehungsleibes um etwas völlig Neues. Es war die erste Schöpfung aus dem Nichts innerhalb der Erdenevolution.

Rudolf Steiner definiert das Wesen der Schöpfung aus dem Nichts als eine Schöpfung aus den «Beziehungen» und «Verhältnissen» heraus.[95] Diese Definition widerspricht der Einmaligkeit und Ursprünglichkeit der Neuschöpfung nicht. Denn für das Schaffen aus dem Nichts sind zwar die entsprechenden Verhältnisse nötig, die Schöpfung selbst bleibt dennoch absolut originär. So war es bei der Erschaffung der Welt durch den Vatergott, die aus dem Nichts erfolgte und als ihre einzige Voraussetzung die Mitwirkung des Sohnes hatte, der als göttliches Wort den ganzen Kosmos erschuf. Hier bildet die Tätigkeit des Sohnes, des Logos, aus seiner *Beziehung* zum Vater für die Schöpfung aus dem Nichts die notwendigen *Verhältnisse*, aus denen heraus dann die Weltschöpfung möglich wird.

Auf ähnliche Weise, nun aber auf der Erde selbst, schuf Christus für seine Schöpfung aus dem Nichts zuerst die notwendige *Beziehung* zu den Kräften des Vaters bis in den alten Saturn hinein. Dann stellte Er, noch vor Seinem Tod am Kreuz, durch die Wiederherstellung des Phantoms in seiner ursprünglichen Form, die notwendigen *Verhältnisse* her für die darauf folgende, einmalige Art der Schöpfung aus dem Nichts.

Dieses Zurückgehen zum alten Saturn durch die vorhergehenden Stufen der alten Sonne und des alten Mondes (die Beziehung zur Marshälfte der Erde wurde aus der irdischen Genealogie des Jesus hergestellt), hat noch eine weitere Bedeutung. Über die Tat des Christus auf Golgatha berichtet Rudolf Steiner: «Was ist die freieste Tat? Die freieste Tat ist diese, dass das schöpferische weise Wort unseres Sonnensystems selber in sich beschlossen hat, in einen menschlichen Leib hineinzugehen und an der Erdenentwickelung teilzunehmen durch eine Tat, die in keinem vorhergehenden Karma lag» (ebd.).

Dass Christus, aus der geistigen Welt kommend, kein Erdenkarma mit sich brachte, ist selbstverständlich. Die Hüllen des Jesus von Nazareth jedoch, sein Astralleib, Ätherleib und physischer Leib, als mit den irdischen Vererbungskräften verbunden bzw. von ihnen beeinflusst, hatten ein Karma aus ihrer Zeit vor der Jordantaufe. Wie konnte dieses jetzt ausgelöscht und somit unwirksam gemacht werden, damit der Christus in die Lage kam, Seine Tat auf Golgatha *in den Hüllen von Jesus* tatsächlich karmafrei zu vollbringen?

Das war nur auf *eine* Weise möglich. Dafür musste zuerst der Astralleib des Jesus bis in seinen Entstehungsmoment auf dem alten Mond zurückgeführt werden, wo er, noch im Status Nascendi, karmalos gewesen war.

Dies wurde durch die Verbindung mit den Kräften des alten Mondes im Moment der Taufe bzw. kurz danach bei der Versuchung in der Wüste, vollzogen. Dann, in der Verklärungsszene, wurde der Ätherleib des Jesus von dem Christus zu seinen Ursprungskräften auf der alten Sonne zurückgeführt und dadurch karmafrei gemacht. Zum Schluss war es die Wiederherstellung des Phantoms, wodurch auch der physische Leib in den Zustand der vollkommenen Karmalosigkeit gebracht wurde, so wie er ursprünglich auf dem alten Saturn im Moment seines Entstehens aus dem Schoß der göttlich-geistigen Wesenheiten gewesen war. Dadurch waren die nötigen «Verhältnisse» hergestellt, um das Phantom durch einen Akt der Schöpfung aus dem Nichts in den Auferstehungsleib zu verwandeln.

Die Tatsache jedoch, dass Christus auf der Erde, trotz Seiner Inkarnation in den leiblichen Hüllen des Jesus von Nazareth, selbst drei Jahre ohne jegliches irdisches Karma lebte, ist eines der wichtigsten Forschungsergebnisse Rudolf Steiners aus dem Inhalt des Fünften Evangeliums. Denn mit einem Erdenkarma belastet hätte Christus nie zu der Auferstehung gelangen können. Zwar hätte Er das Karma des vorhergehenden Lebens des Jesus noch ausgleichen können (wie jedes menschliche Karma ausgeglichen werden kann), was aber noch ein Vorgang innerhalb der großen karmischen Kausalität gewesen wäre, welche die ganze Weltevolution, vom alten Saturn bis zum Vulkan, zusammenhält.[96] Um aus dieser karmischen Kausalität herauszukommen, mussten die Grenzen des Karma völlig durchbrochen werden, oder, anders ausgedrückt, um die Auferstehung zu vollziehen, war es nötig, die Sphäre der Dauer, der Ewigkeit, die jenseits der siebenstufigen Evolutionskette des Kosmos liegt, zu erreichen.

So kann das Wesen der Auferstehung in seiner kosmischen Dimension nur begriffen werden, wenn man die ganze Anthroposophie zu Hilfe nimmt, vor allem aber dasjenige, was sie über die Weltentwicklung und das Wirken des Karma in ihr sagt. Dann wird allmählich verständlich, wie in einem einzigen Satz, der in den Vorträgen über das Fünfte Evangelium steht, die ganze Anthroposophie enthalten ist. Das ist der Satz über das dreijährige Leben des Christus Jesus, der besagt, dass dieses *ohne Karma* auf der Erde gelebt wurde. Damit ist nicht allein das Leben des Christus gemeint, das ohnehin karmalos war, sondern auch das *dreijährige* Leben des Jesus. Deshalb konnte Rudolf Steiner sagen: «*Das Fünfte Evangelium ist das anthroposophische Evangelium* und zeigt uns, dass das dreijährige Christus-Leben das einzige in einem menschlichen Leibe ist, das ohne Karma gelebt wurde, auf welches der Begriff von Karma im menschlichen Sinne nicht anwendbar ist» (GA 148, 3.10.1913).

Das Gesagte betrifft beides, die Wiederherstellung des Phantoms und das Erschaffen des Auferstehungsleibes. Nur geht es bei Ersterem um die Befreiung aus dem alten Karma und bei dem zweiten um eine neue Schöpfung, die von Beginn an karmafrei ist. Wie das Phantom auf die Vergangenheit bis zum alten Saturn hindeutet, so weist der Auferstehungsleib auf die entfernteste Zukunft der Weltevolution, auf den Vulkan, hin, wo das Ideal des Schaffens aus dem Nichts auch in seiner kosmischen Dimension von den Menschen verwirklicht sein wird. Das Vorbild dafür wird aber auch dann der Auferstehungsleib als die höchste Tat der Schöpfung aus dem Nichts bleiben. Rudolf Steiner sagt diesbezüglich: «Als der Christus beschloss, in einen Menschenleib zu gehen, wurde er nicht durch ein vorhergehendes Karma gezwungen, sondern er tat es als eine freie Tat, die lediglich begründet war in der Vorschau zur künftigen Menschheitsentwickelung, die aber vorher noch nie dagewesen war, die zuerst in ihm entstand als ein Gedanke[97] aus dem Nichts heraus, aus der Vorschau» (GA 107, 17.6.1909).

Was für Christus in Bezug auf das letzte Ziel der Menschheitsentwicklung (das erst auf dem Vulkan voll erreicht wird) eine Vorausschau war: der Mensch als ein frei aus dem Nichts heraus schaffendes Wesen – das war für Ihn selbst innerhalb der gegenwärtigen Erdenentwicklung in Seiner Auferstehung schon volle Wirklichkeit geworden. Denn das Hervorbringen des Auferstehungsleibes als Schöpfung aus dem Nichts auf Grundlage seines «Verhältnisses» (oder seiner «Beziehung») zu dem Phantom geschah so, dass die beiden Pole der Weltevolution, Saturn und Vulkan, im Mittelpunkt der ganzen Entwicklung durch einen einmaligen schöpferischen Akt direkt miteinander verbunden wurden. Dies vollzog sich aber nicht innerhalb der geistigen Zeit, welche die Evolution (vom alten Saturn bis zur Mitte der Erde) und die Involution (von der Mitte der Erde bis zum künftigen Vulkan) umfasst, sondern durch die Kräfte der Ewigkeit, die dem Saturn voranging und dem Zustand des Vulkan folgen wird. Mit anderen Worten: Allein vom Standpunkt der Ewigkeit, welche vor dem Saturn und nach dem Vulkan liegt, kann man die beiden kosmischen Pole direkt miteinander verbinden. Eben dies geschah bei der Verwandlung des Phantoms (Saturn) in den Auferstehungsleib (Vulkan), woraus ein einheitliches Wesen entstand, das die ganze Weltevolution von ihrem Anfang bis zu ihrem Ende umfasst.

Zusammenfassend kann man sagen: Christus ist in die Ewigkeit mit dem wiederhergestellten Phantom als Menschensohn durch die Tore von Mars, Mond, Sonne und Saturn eingetreten und von der anderen Seite der Ewigkeit in den Strom der Zeit mit seinem Auferstehungsleib durch

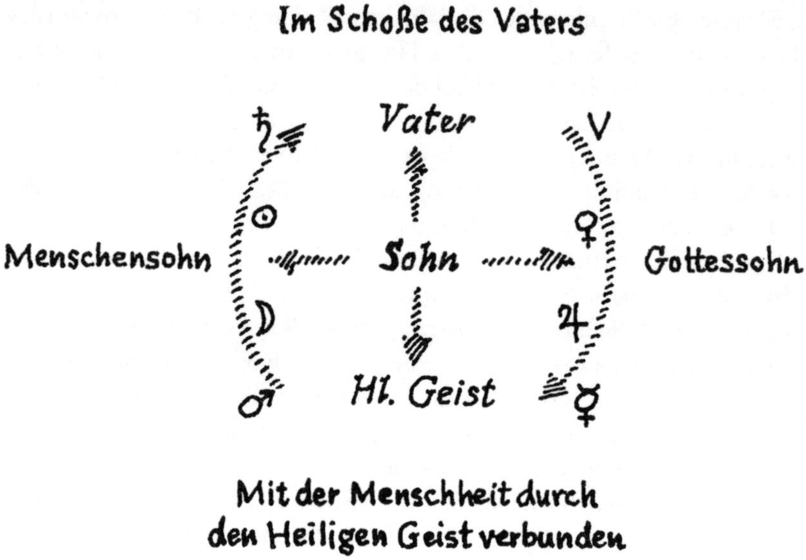

die Tore von Vulkan, Venus, Jupiter und Merkur zurückgekehrt, um auf diesem Weg, aus der Zukunft kommend, der Menschheit als Gottessohn, der zugleich ihr kosmischer Repräsentant ist, zu begegnen.

Erst nach Seiner Auferstehung, während der vierzigtägigen Gespräche mit den Jüngern, so die Geistesforschung Rudolf Steiners, wies Christus diese auf das zentrale Mysterium Seiner Auferstehung hin. Was den Aposteln damals mitgeteilt wurde, fasst Rudolf Steiner in folgenden Worten zusammen: «Da kam der Christus und brachte den Menschen wiederum das Zeitliche. Und indem sich das Menschenherz, die Menschenseele, der Menschengeist mit dem Christus verbinden, gewinnen sie wiederum den Strom der Zeit von Ewigkeit zu Ewigkeit» (GA 236, 4.6.1924).

Im Gang der Erdenentwicklung ist dem Menschen die Kraft aus der Sonnensphäre, welche in der geistigen Zeit besteht, abhanden gekommen, sodass er in seiner Verbindung mit der Erde fast ganz zu einem Wesen im Raume, das nur das Materielle wahrnehmen kann, wurde. Erst nach seinem Tod durfte der Mensch in den Strom der geistigen Zeit, die in den höheren Welten in der umgekehrten Richtung verläuft, eintreten. Der Christus aber brachte nicht alleine diese Zeit, sondern darüber hinaus etwas unendlich Höheres, nämlich diejenige, welche von «Ewigkeit zu Ewigkeit» fließt. Im Johannes-Evangelium wird darauf in den Worten hingewiesen: «Und von seiner Fülle haben wir alle genommen Gnade um Gnade» (1,16). Denn die erste Gnade besteht in dem Empfangen der geistigen Zeit, die durch die sieben planetarischen Entwicklungsstufen fließt. Die zweite Gnade hingegen besteht in dem «Zeitstrom», welcher unmittelbar aus der Ewigkeit stammt und den Weltenabgrund zwischen Saturn und Vulkan direkt überbrückt.

Nimmt man zu diesen beiden höheren Zeitenströmen noch den untersten und allgemein bekannten Zeitstrom hinzu, in dem das geschichtliche Bewusstsein der Menschen verankert ist, so kann man alle drei durch die nebenstehende Zeichnung verdeutlichen.

Durch das Erschaffen des Auferstehungsleibes lässt Christus in der Zukunft die Menschen auch dieser Kräfte der Ewigkeit teilhaftig werden. Diese Zukunft beginnt jedoch schon in der Gegenwart. Die Menschheit soll allmählich von der gegenwärtigen Epoche an die eigenständige Fähigkeit zum Schaffen aus dem Nichts entfalten. Denn derjenige, der aus der Zeit schafft, schafft nur für die Zeit, und was man auf diese Weise entstehen lässt, das wird mit dem Aufhören der Zeit zum Nichts werden. Wer aber wirklich aus dem Nichts heraus schafft, der schafft aus den Kräften der Ewigkeit, sodass daraus eine neue Schöpfung entsteht, die nicht den Gesetzen der Zeit, sondern denjenigen der Dauer unterliegt. Und zu dieser Schöpfung will Christus durch Seine Auferstehung die Menschen führen.

Auf diese Weise brachte Christus zu dem Impuls der Evolution, die ihren Ursprung bei dem Vatergott hat, und zu dem Impuls der Involution, die von dem Heiligen Geist geleitet wird, das dritte, entscheidende Element hinzu: die Schöpfung aus dem Nichts. Rudolf Steiner sagt dazu: «Es ist ein schwerer Gedanke, aber die christliche Esoterik wird das niemals außer Acht lassen, *und alles beruht darauf*, dass man den Gedanken der Schöpfung aus dem Nichts zu Evolution und Involution hinzuzufügen vermag» (GA 107, 17.6.1909). Daraus können wir das Wort Rudolf Steiners verstehen, dass das Mysterium von Golgatha der ganzen Erdenentwicklung ihren höchsten Sinn gab. Denn wäre dieser nur bei den zuerst genannten Elementen, der Evolution und der Involution, stehen geblieben und nicht imstande gewesen, zu der höheren Dreiheit aufzusteigen, dann hätte man es in der Welt nur mit einem sinnlosen, Rad-ähnlichen Wiederholen des ewig Gleichen zu tun. Nur durch das dritte Element, durch die Fähigkeit, aus dem Nichts zu schaffen, die im Entstehen des Auferstehungsleibes aus dem Phantom ihren Ursprung hat, erhält das Ganze seinen eigentlichen Sinn. «Derjenige, der nur von Evolution und Involution spricht, der wird von der Entwickelung so sprechen, als wenn sich alles nur wiederholen würde wie ein Kreislauf [so sprechen die meisten östlichen Religionen

Das Schaffen aus dem Nichts

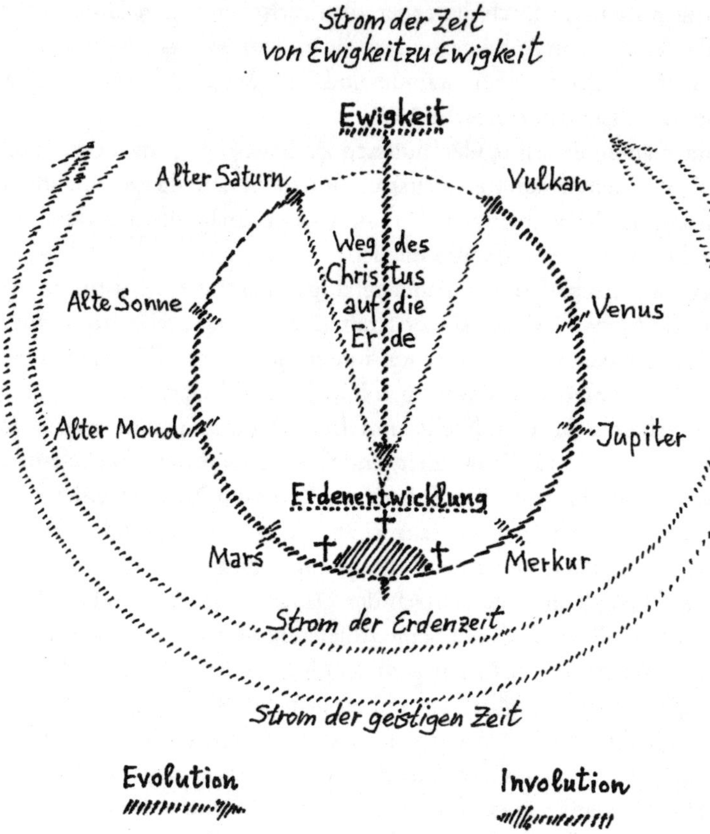

über die Weltentwicklung]. Solche Kreisläufe aber können nimmermehr die Weltentwickelung wirklich erklären. Nur wenn wir zur Evolution und Involution diese Schöpfung aus dem Nichts hinzunehmen, die den Verhältnissen, die da sind, Neues einfügt, dann kommen wir zu einem wirklichen Verständnis der Welt» (ebd.).

Und mit diesem «wirklichen Verständnis der Welt», das Anthroposophie heute vermittelt, wird in den neuen Mysterien der Weg betreten, der den Menschen durch die bewusste Verbindung mit den Kräften des Auferstehungsleibes zum Schöpfer aus dem Nichts machen wird. «Die anthroposophische Weltanschauung schafft dem Menschen Lebenskräfte, Lebenshoffnung, Lebenszuversicht, denn sie zeigt ihm, dass er mitarbeiten kann in der Zukunft an Dingen, die heute nicht nur im Schoße der

Ursächlichkeit [auch wenn diese eine kosmische Dimension ist, die vom Saturn bis zum Vulkan reicht], sondern im Nichts [in der Ewigkeit] liegen, sie stellt ihm in Aussicht, dass er, im wahren Sinne des Wortes, *vom Geschöpf zum Schöpfer hinarbeitet*» (ebd.).

Im Lichte dieser Worte weist Rudolf Steiner im gleichen Vortrag noch darauf hin, wie der Mensch in der fortschreitenden Weltentwicklung alle vorhergehenden kosmischen Stufen abstreifen bzw. durch neue Schöpfungen aus dem Nichts nacheinander allmählich ersetzen wird. «Alles wird er abgeworfen haben ... was ihm gegeben haben die Götter auf der Monden-, Sonnen-, Saturn- und der ersten [Mars-]Hälfte der Erdenentwickelung.» Diese Arbeit wird schon in dem Venus-Äon abgeschlossen sein (ebd.), sodass auf dem darauf folgenden Vulkan der Mensch aus dem Quell der Schöpfung aus dem Nichts nicht nur das Alte durch das Neue ersetzen, sondern jetzt auch etwas absolut Neues hervorbringen wird. Und für diese höchste Schöpfung wird dann das Vorbild der Auferstehungsleib sein. «So aber kommt zur Evolution und Involution die Schöpfung aus dem Nichts hinzu und in die Mitte unserer Entwickelung [durch das Mysterium von Golgatha] hinein. Nachdem Saturn, Sonne und Mond vergangen sind, tritt auf die Erde der Christus als das große Bereicherungselement, welches bewirkt, dass auf dem Vulkan etwas ganz Neues da ist, etwas, was noch nicht da war auf dem Saturn» (ebd.).

Diese Worte sprach Rudolf Steiner 1909 aus, und am Ende seines Lebens, im September 1924, fügte er hinzu: «Indem der Mensch alles, was Welt ist, nach und nach aufnimmt und mit seinem ganzen Wesen vereinigt, bis er dereinst auf dem Vulkan den ganzen Umfang der Welt, dieses ganze große All, zu dem er gehört, mit sich vereinigt haben wird, da wird er derjenige sein, der er war im Beginn der Saturnentwickelung *und* die ganze Welt. Er wird sein Alpha und Omega, der Mensch, und in ihm alles vereinigt, was Welt ist» (GA 346, 7.9.1924; kursiv Rudolf Steiner).

Damit alle Menschen auf dem Vulkan diese Stufe einmal erreichen werden, musste ihnen die neue Fähigkeit, aus dem Nichts heraus zu schaffen, die im Mysterium von Golgatha *auf der Erde* geboren wurde, nun auch eingepflanzt werden. Mit anderen Worten: Die Kräfte des Vulkan, welche von Christus in der Schöpfung des Auferstehungsleibes verwendet wurden, mussten den Menschen in dem aus der Zukunft fließenden, umgekehrten geistigen Strom der Zeit durch alle dazwischenliegenden Stufen von Venus und Jupiter entgegengebracht werden. Dies hat Christus durch die beiden Ereignisse, die unmittelbar aus dem Mysterium von Golgatha hervorgegangen sind, Himmelfahrt und Pfingsten, tatsächlich vollzogen.

Wie bereits oben in diesem Kapitel beschrieben, stellt die Himmelfahrt eine Spiegelung der Verklärung in Bezug auf das dazwischenliegende Mysterium von Golgatha dar. Beide geschehen auf einem Berg: die Verklärung auf dem Berg Tabor und die Himmelfahrt auf dem Ölberg. Und wie in der Verklärung die Beziehung zur alten Sonne hergestellt wurde, so steht das Himmelfahrtsereignis in Zusammenhang mit der Offenbarung der Kräfte aus dem zukünftigen Venusäon. Im Gegensatz zum Jupiterzustand, wird sich im Venusäon die Sonne nicht mehr von der Erde trennen. Darauf wird durch die Tatsache hingewiesen, dass Christus durch Seine Himmelfahrt die Erde nicht verlässt, sondern, im Gegenteil, Himmel und Erde auf neue Weise verbindet. Er brachte das Opfer, wie Rudolf Steiner es ausdrückt, Seinen «Himmel gleichsam auf der Erde aufzuschlagen» (GA 148, 3.10.1913). Und das bedeutet auch die Durchdringung der Erde (zunächst nur ihrer geistigen Aura) mit den devachanischen Sonnenkräften.

Ein weiterer Aspekt der Himmelfahrt, der in der Errettung des Ätherleibes besteht (siehe oben in diesem Kapitel), hat, soweit es vor allem das nachtodliche Leben des Menschen betrifft, mit der Zukunft des Lebensgeistes zu tun. Denn dieser ist der aus der Ich-Kraft heraus verwandelte und vergeistigte Ätherleib und wird von der allgemeinen Menschheit erst auf der zukünftigen Venus erreicht. Jedoch umkleidet sich schon heute jeder Mensch nach dem Tod mit der Hülle des Lebensgeistes, wodurch überhaupt nur ein bewusstes Leben in der geistigen Welt möglich wird. «Dadurch, dass wir von diesem Lebensgeist umhüllt werden, dadurch ist unser Leben zwischen Tod und einer neuen Geburt erst möglich» (GA 168, 18.2.1916). Denn «wir müssen vielmehr [nach dem Tod] mit dem ganzen Universum leben. Wir müssen das ganze Universum als *ein großes Lebendiges* haben und müssen mit ihm leben» (ebd.). Dass wir im Geisterland mit dem ganzen Universum als einem lebendigen Wesen zusammenwachsen können, ohne uns selbst (das Ich-Bewusstsein) zu verlieren – «das macht der Lebensgeist» (ebd.). Und weil Christus in Seiner Himmelfahrt die Kräfte des Geisterlandes auf die Erde brachte, kann auch der Mensch, der sie in sich aufnimmt, nach dem Tod in der geistigen Welt sein Ich-Bewusstsein über das ganze Universum ausbreiten, ohne sich selbst dabei zu verlieren. So offenbarte sich Christus den Aposteln während der vierzigtägigen Gespräche, die Seiner Himmelfahrt vorangingen, als der kosmische Lebensgeist oder Buddhi. Als das umfassende Wesen der Liebe stand Christus vor ihnen, im Besitz aller Kräfte des kommenden Venusäons. Am Schluss des Buches *Die Geheimwissenschaft im Umriss* schreibt Rudolf Steiner: «Als das umfassende ‹Vorbild der Liebe› stellt sich bei seiner Offenbarung das hohe Sonnenwesen dar, welches bei Schilderung der Christus-Entwickelung gekennzeichnet werden konnte» (GA 13, Seite 415).

Der nächste Schritt führte von der Venus zum Jupiter – oder von Himmelfahrt zu Pfingsten. Jetzt sollten die Kräfte des Mysteriums von Golgatha, die zuvor nur außerhalb der Menschen in der Erdenentwicklung walteten, auch in das menschliche Bewusstsein eintreten. Dies geschah durch die Vermittlung des Heiligen Geistes. Was noch am Jordan als die Taufe des Jesus mit Wasser geschah, wurde nun zur Christus-Taufe mit Feuer und Geist. Damit waren die Apostel mit den Kräften versehen, die erst auf dem zukünftigen Jupiter zu ihrer vollen Entfaltung kommen werden, aber dennoch bereits innerhalb des Erdenäons vorbereitet werden müssen. In seinem Buch *Theosophie* definiert Rudolf Steiner das Geistselbst so: Es ist der «‹Ich› bildende und als ‹Ich› lebende Geist» (GA 9). Von diesem Geist wurden die Apostel am Pfingstmorgen erfüllt. Dadurch war die zunächst objektiv in die Erdenentwicklung gebrachte Fähigkeit, aus dem Nichts zu schaffen, in das Innere der Menschen eingepflanzt. Denn das Schaffen aus dem Nichts ist zugleich das Schaffen aus dem Heiligen Geist. «Der Heilige Geist beseligt den Menschen, wenn er imstande ist, aus dem Nichts heraus das Richtige oder Wahre, das Schöne und Gute zu schaffen. Damit aber der Mensch imstande geworden ist, im Sinne dieses Heiligen Geistes zu schaffen, muss ihm ja erst die Grundlage gegeben werden, wie zu allem Schaffen aus dem Nichts. Diese Grundlage ist ihm gegeben worden durch das Hineintreten des Christus in unsere Evolution. Indem der Mensch auf der Erde das Christus-Ereignis erleben konnte, wurde er fähig, aufzusteigen zum Schaffen im Heiligen Geist. So ist es Christus selbst, welcher die eminenteste, tiefste Grundlage schafft. Wird der Mensch so, dass er feststeht auf dem Boden des Christus-Ereignisses [des Mysteriums von Golgatha], ... so sendet ihm der Christus den Heiligen Geist [als Pfingstereignis], und der Mensch wird fähig, im Sinne der Weiterentwickelung das Richtige, Schöne und Gute [aus dem Nichts] zu schaffen» (GA 107, 17.6.1909).

Im Sinne der vorhergehenden Darstellung bedeutet dies die Möglichkeit, schon auf der Erde an die Welt der moralischen Intuitionen anzuknüpfen, wie es in der *Philosophie der Freiheit* als Grundlage der zukünftigen Moralität beschrieben ist. «Und werdet die Wahrheit erkennen, und die Wahrheit wird euch frei machen» (Joh 8,32). Dieses Wort ist Leitmotiv des Pfingstgeschehens.[98] Da der Pfingstgeist, in jedem Menschen individuell wirkend, zugleich immer derselbe Geist ist, wirkt er gemeinschaftsbildend und begründet auf der Erde das zukünftige Zusammenleben der freien Menschen.

Was dem Pfingstereignis an der Zeitenwende folgte, war die Entsendung der Apostel in alle Welt, um nun den in ihnen wirkenden neuen Impuls des Geistes zu allen Menschen zu tragen. Diese Aufgabe entspricht der zweiten Hälfte der Erdenentwicklung, welche im Zeichen der Merkurkräfte steht. Es ist die Zeit, wo die Menschheit im Individuellen und Sozialen den Christus finden muss, um dadurch den Anschluss an ihre Bestimmung und ihre Zukunft zu erreichen.

Wie bereits dargestellt, bestand die Aufgabe der ersten (Mars-)Hälfte der Erdenentwicklung in der Vorbereitung der leiblichen Hüllen für Jesus von Nazareth als den zukünftigen Christophorus aus dem Vererbungsstrom der Menschheit – von Adam beginnend, bis zur Zeitenwende.[99] Das große Ideal der zweiten (Merkur-)Hälfte besteht hingegen im Erbauen der neuen Menschheit, in deren Hüllen das Christus-Ich Seinen neuen Wohnort auf der Erde finden kann. Es geht hierbei um eine rein geistige Abstammungslinie, welche auch im Sozialen direkt an den Christus-Impuls anknüpft. Der Pfingstimpuls an der Zeitenwende bildet dafür die innere Grundlage. Rudolf Steiner formuliert es so: «Dieser Christus-Impuls findet nun aber auf der Erde nichts, womit er sich kleiden könnte. Er muss daher erst durch die weitere Entwickelung der Erde eine Hülle bekommen, und wenn die Erde an ihrem Ende angekommen sein wird, dann wird der vollentwickelte Christus der Endmensch sein, wie Adam der Anfangsmensch war, um den sich die Menschheit in ihrer Vielheit gruppiert hat» (GA 155, 30.5.1912). Wie Adam als der erste Mensch am Beginn der Marshälfte der Erdenentwicklung steht, so steht Christus als Menschheitsrepräsentant am Ende der Merkurhälfte.

*

So kann man das Erdenleben des Christus auf drei verschiedenen Ebenen verfolgen, die zugleich den drei beschriebenen Qualitäten der Zeit entsprechen. Zunächst kam Christus durch das Tor der Taufe im Jordan auf die Erde und verband sich dabei mit dem allgemeinen Zeitstrom der Menschheitsgeschichte, welcher aus der Vergangenheit in die Zukunft fließt. In diesen, den Erdenmenschen meistens allein bekannten Strom der Zeit stieg Christus durch Seine Taufe hinein. Und weil Sein dreijähriges Leben auf der Erde auch zu diesem Strom gehörte, wurde es zu einer weltgeschichtlichen Tatsache.

Das innere Leben des Christus entfaltete sich aber in einem anderen Strom der Zeit, der auf der Erde nur den Eingeweihten, welche die Stufe des höheren Ich erreicht haben, zugänglich ist. Sein Wesen besteht darin, dass es, neben dem gewöhnlichen Zeitstrom, der in der Vergangenheit seinen Ursprung hat, in der Welt noch einen anderen, okkulten Strom gibt, der den Menschen aus der Zukunft entgegenkommt. Rudolf Steiner sprach in dieser Beziehung von «einer aufwärts- und einer abwärtsgehenden Doppelströmung» der Zeit.[100] Er beschrieb sie an anderer Stelle als eine «interferierende rückwärtsgehende Evolution ... die okkult-astrale», deren Handhabung eine notwendige Bedingung für das richtige Schauen in der geistigen Welt ist.[101] Auf einer unvergleichlich höheren Stufe als alle Eingeweihten lebte die Christus-Wesenheit auf der Erde in diesem geistigen Strom der Zeit. Wie dieses sich vollzog, wurde oben bereits beschrieben. Mit den Stationen Seines Lebens, die dem eigentlichen Auferstehungsmysterium vorangingen, durchlebte Christus im rückläufigen Strom der Zeit die ganze Weltentwicklung durch die Stufen der Marshälfte der Erde, des alten Mondes, der alten Sonne bis hin zum alten Saturn. Aus dessen geistigen Kräften, welche zugleich diejenigen des Vaters sind, fand im Moment der Kreuzigung auf dem Golgatha-Hügel die endgültige Wiederherstellung des Phantoms statt.

Auch nach Seiner Auferstehung lebte Christus im geistigen Strom der Zeit, jetzt aber in der Richtung, die aus der Zukunft kommt, vom Vulkan durch Venus und Jupiter bis zu der übersinnlichen Vereinigung mit der Erdgeschichte im Zeichen des Merkur, um so die ganze Entwicklung der Menschheit bis zum Ende des Erdenäons zu begleiten.[102]

Noch höher als der geistige Strom der Zeit, der die ganze Evolution vom alten Saturn bis zum Vulkan durchzieht, ist der Strom, den Rudolf Steiner in den oben zitierten Worten als denjenigen bezeichnete, der «von Ewigkeit zu Ewigkeit» fließt. Nach seiner Geistesforschung besteht die Ewigkeit aus der Verbindung von zwei Elementen: «Die ganze Ewigkeit umfasst eben Unsterblichkeit *und* Ungeborenheit» (GA 236, 18.5.1924; kursiv Rudolf Steiner). Dies gilt auf das Menschenleben bezogen, man möchte sagen, zunächst nur für die «kleine» Ewigkeit, die der Mensch innerlich erfassen kann, wenn er auf dem Weg der modernen Einweihung die Grenzen von Geburt und Tod bewusst überschreitet und die geistige Welt, die vor der Geburt und nach dem Tode zugleich liegt, als eine Einheit erlebt. Diese Einheit ist wie ein Abglanz der großen, wirklichen Ewigkeit, die aus der *kosmischen* Ungeborenheit und der *kosmischen* Unsterblichkeit besteht. Die kosmische Ungeborenheit geht dem alten Saturn voraus und die kosmische Unsterblichkeit folgt auf den zukünftigen Vulkan. Wenn ein Wesen imstande ist, diese kosmische Ungeborenheit und Unsterblichkeit in einer Einheit zu verbinden, das heißt, eine Brücke über den Weltenabgrund direkt vom alten Saturn zum Vulkan (nicht auf dem Wege der Evolution durch alle kosmischen Zwischenstufen, sondern direkt) zu bilden, dann ergreift dieses Wesen die Ewigkeit an beiden Ufern des Weltendaseins zugleich und kann dadurch denjenigen Strom der Zeit auf die Erde bringen, der von Ewigkeit zu Ewigkeit fließt.

Durch die Verwandlung des wiederhergestellten Phantoms in den Auferstehungsleib im Mysterium von Golgatha hat Christus den direkten Übergang vom alten Saturn zum zukünftigen Vulkan geleistet und damit die Kräfte der Ewigkeit auf die Erde gebracht.[103] Seitdem kann jeder Mensch, der auf dem Wege der modernen Einweihung eine bewusste Beziehung zu dem Mysterium von Golgatha hergestellt hat, einen Zugang zu diesen Kräften finden, der für das Schaffen aus dem Nichts unabdingbar notwendig ist.

Auf allen drei Ebenen der Zeit hat Christus demzufolge das Entscheidende getan. Für die Menschheitsgeschichte bildet das Mysterium von Golgatha ihr geistiges Zentrum, ihr Hypomochlion. Nicht umsonst beginnt deshalb mit der Geburt des Jesus auf der Erde eine neue Zeitrechnung.[104] Für die geistige Zeit bedeutet das den Übergang von der Evolution zur Involution, die bis zum Vulkan reichen wird. So ist die Grundlage dafür gelegt, dass die kosmische Entwicklung vom alten Saturn bis zur Erde ihre weitere Fortsetzung durch Jupiter und Venus bis zum Vulkan finden kann. Und auf der dritten Ebene geschah das Folgende: Aus demjenigen Strom der Zeit, der unmittelbar aus der Ewigkeit fließt, wurde die Fähigkeit, aus dem Nichts zu schaffen, die über die Grenzen des Vulkan hinausgeht,[105] von Christus auf die Erde heruntergebracht und der Menschheit auf die bereits beschriebene Weise eingepflanzt.

Damit vollzog Christus dasjenige in Bezug auf die Zeit, was die neuere Geometrie bezüglich des Raumes kennt: eine Linie, die bis zur Unendlichkeit nach einer Richtung verlängert wird, kehrt aus der entgegengesetzten Richtung zurück. Nicht auf der Ebene des Bewusstseins (als wissenschaftliches Problem), sondern *auf der Ebene des Weltendaseins,* als reale kosmische Tat, hat Christus in seiner Auferstehung gezeigt, wie der geistige Strom der Zeit, in die Vergangenheit bis zu seiner Auflösung in der Ewigkeit zurückverfolgt, aus der gleichen Ewigkeit als derjenige Zeitstrom wiedererscheint, welcher aus der Ur-Zukunft in die Gegenwart fließt. Mit anderen Worten: Wenn man von der Gegenwart bis zum alten Saturn zurückgeht, wo die Zeit in die Ewigkeit mündet, dann taucht man aus dieser Ewigkeit in der entferntesten Zukunft wieder auf, nämlich am Ende des Vulkan, um von dort in die Gegenwart zurückzukommen, indem man die Kräfte der Ewigkeit in sich trägt. Und dies war die Tat des Christus an der Zeitenwende.

Das zuletzt Gesagte kann man besonders deutlich am Einweihungsweg Rudolf Steiners verfolgen. Wie alle Menschen wurde er mit seinem Erden-Ich in den ersten (geschichtlichen) Strom der Zeit hineingeboren. Als Neunzehnjähriger hatte er das erste Erlebnis seines höheren Ich, das er in dem Brief vom 13. Januar 1881 an Josef Köck, beschreibt. Dort steht: «Es war die Nacht vom 10. auf den 11. Januar, in der ich keinen Augenblick schlief. Ich hatte mich bis 1 Uhr mitternachts mit einzelnen philosophischen Problemen beschäftigt, und da warf ich mich endlich auf mein Lager; mein Bestreben war voriges Jahr, zu erforschen, ob es denn wahr wäre, was Schelling sagt: ‹Uns allen wohnt ein geheimes, wunderbares Vermögen bei, uns aus dem Wechsel der Zeit in unser innerstes, von allem, was von außen hinzukam, entkleidetes Selbst zurückzuziehen und da unter der Form der Unwandelbarkeit das Ewige in uns anzuschauen.› Ich glaubte und glaube nun noch, jenes innerste Vermögen ganz klar an mir entdeckt zu haben – geahnt habe ich es ja schon längst ...» (GA 38, Brief 1).[106] Auf dieser Grundlage kam er in den folgenden Jahren zum Erleben des zweiten Stromes der Zeit, nämlich dazu, «dass es eine mit der vorwärtsgehenden interferierende rückwärtsgehende Evolution gibt».[107] Auf diese Weise konnte er zum vollen Bewusstsein seines höheren Ich kommen und dadurch das Problem lösen, welches ihn in seiner Jugend am meisten beschäftigt hatte: das Problem der Zeit bzw. des zweiten, «interferierenden» Zeitstroms, in dem alle Wesenheiten der geistigen Welt leben und wirken. Schon in dieser frühen Periode seines Lebens stellte er auch die Frage nach dem dritten Strom der Zeit, die er aber erst viel später lösen sollte. In seiner Autobiographie *Mein Lebensgang* erinnert sich Rudolf Steiner an diese Frage, die ihn bereits um sein einundzwanzigstes Lebensjahr herum stark bewegt hatte. Nur stellte der junge Rudolf Steiner diese Frage damals nicht vom Gesichtspunkt des kosmischen Daseins, sondern von demjenigen des erkennenden Bewusstseins. Deshalb formulierte er sie in umgekehrter Form. Er schreibt: «Hinter dem Raumrätsel [das sich für ihn aus der neueren Geometrie gelöst hatte] stand in diesem meinem Lebensabschnitt für mich das von der Zeit. Sollte auch da eine Vorstellung möglich sein, die durch ein Fortschreiten in die ‹unendlich ferne› Zukunft ein Zurückkommen aus der Vergangenheit ideell in sich enthält?» (GA 28, Kap. III).

Und das weitere Verfolgen dieser Frage – neben vielem, was bereits an anderen Stellen beschrieben wurde[108] – führte Rudolf Steiner an der Jahrhundertwende zum «geistigen Gestanden-Haben vor dem Mysterium von Golgatha». Aus diesem geistigen Quell wurde auch die erwähnte Frage für ihn endgültig beantwortet.

Aufgrund des Gesagten kann man die geistige Entwicklung Rudolf Steiners bis zu seinem großen Christus-Erlebnis um die Jahrhundertwende folgendermaßen zusammenfassen: Das in dem zitierten Brief angedeutete Ergreifen des höheren Ich ist noch wie eine Vorstufe zu dem, was die Apostel an der Zeitenwende in vollem Umfang durch das Pfingstereignis erfuhren. Ein erstes, wenn auch zunächst nur anfängliches Berührtwerden durch den Pfingstgeist geschah damit im Leben Rudolf Steiners. Denn an jedem inneren Aufwachen, das zum Ergreifen des höheren Ich führt, wirkt seit der Zeitenwende auch der Pfingstgeist mit.

Dann vollendete Rudolf Steiner um sein dreiunddreißigstes Lebensjahr sein philosophisches Hauptwerk, *Die Philosophie der Freiheit.* Dahinter stand die persönliche Geist-Erfahrung ihres Autors, welche, wie am Anfang dieses Kapitels gezeigt wurde, nur deshalb möglich war, weil sich an der Zeitenwende die Himmelfahrt ereignet hatte. Nur dadurch konnte Rudolf Steiner in seinem Ätherleib die Kräfte finden, die zum Entstehen der *Philosophie der Freiheit* führten.

Dieser Weg erreichte seine Kulmination in dem geistigen Erleben des Mysteriums von Golgatha, das sein Licht auch auf die beiden vorhergehenden Stufen warf, welche die notwendige Vorbereitung zu diesem Zentralereignis im Leben Rudolf Steiners waren. Daraus konnte jetzt die Anthroposophie als moderne Geisteswissenschaft auf der Erde begründet werden. Jedoch war von Rudolf Steiner in der *Philosophie der Freiheit* für dieses Ereignis schon die Grundlage gelegt. Und durch sein «geistiges Gestanden-Haben vor dem Mysterium von Golgatha» konnte er nun an den Quell des Schaffens aus dem Nichts gelangen, welches er zuvor in seinem Buch als das Ziel des freien Menschen auf der Erde beschrieben hatte. Denn, wie bereits an anderer Stelle gezeigt, ist das freie Wirken in der Welt aus individuellen moralischen Intuitionen heraus nichts anderes, als das ständige Schaffen aus dem Nichts.[109] Auf diese Weise sind in der *Philosophie der Freiheit*, wenn auch in noch keimhafter Form, bereits diejenigen geistigen Kräfte anwesend, welche dann nach der Jahrhundertwende zur Begründung der Anthroposophie führten. Hinter dem Inhalt dieses Buches steht als ein individuelles Pfingstereignis das Erfahren des höheren Ich seines Autors. In dem reinen, ätherischen Denken, aus dem heraus es verfasst wurde, wirken die Kräfte der Himmelfahrt und in den darin beschriebenen freien Taten aus moralischen Intuitionen wird schon die Richtung angedeutet, die Rudolf Steiner zu seinem Christus-Erlebnis führten. Dadurch wurde die *Philosophie der Freiheit* eine unerschütterliche Grundlage für die ganze spätere Anthroposophie.

*

Wenn man nun die Einweihungsstufe, die Rudolf Steiner durch sein Christus-Erlebnis um die Jahrhundertwende erlangt hatte, genauer definieren möchte, so kann man sagen, dass sie (jedoch auf dem Wege der modernen Initiation) mit derjenigen Stufe vergleichbar ist, die an der Zeitenwende von den Aposteln infolge des Pfingst-Ereignisses erreicht wurde.

In den Vorträgen über das Fünfte Evangelium wird berichtet, dass das Bewusstsein, welches im Kreis der Apostel durch das Wirken des Geistes hervorgerufen wurde, der sechsten Stufe der vorchristlichen Einweihung entsprach, derjenigen des «Sonnenhelden». «Dasjenige, was durch die ganze Prozedur der Einweihung in alten Zeiten für einzelne Wenige hat erreicht werden können, das wurde erreicht wie durch ein naturgemäßes Ereignis in den Pfingsttagen von denjenigen, welche die Apostel des Christus waren. Während früher die Menschenseelen hatten hinaufsteigen müssen zu dem Christus, war jetzt der Christus zu den Aposteln herabgestiegen. Und die Apostel waren in gewisser Weise solche Seelen geworden, die in sich trugen jenen Inhalt, den die alten Sonnenhelden in ihren Seelen gehabt haben» (GA 148, 3.10.1913).

Auf dem christlich-mystischen Weg ist die sechste Stufe die der «Auferstehung». Damit wird bezeugt, dass dadurch die Apostel als Erste in der Menschheit in eine unmittelbare Beziehung zu dem Auferstehungsleib des Christus kamen. Dies wurde für sie möglich, weil «jetzt der Christus zu den Aposteln herabgestiegen» war und die Kräfte des Auferstehungsleibes mit sich brachte, die der Vulkanstufe der Weltentwicklung (und sogar darüber hinaus) angehören. Diese brachte Er nach Ostern durch die weiteren Stufen von Himmelfahrt (Venusäon) und Pfingsten (Jupiteräon) in die zweite (Merkur-)Hälfte der Erdenentwicklung hinein, damit die Menschheit ihre Mission auf der Erde erfüllen kann. «Und siehe, Ich bin in eurer Mitte alle Tage bis zur Vollendung der Erdenzeit» (Matth 28,20; Übersetzung E. Bock).

Was an der Zeitenwende durch das Pfingstereignis nur dem kleinen Kreis der unmittelbaren Schüler des Christus erreichbar war, das ist in den neuen Mysterien allen Menschen eines guten Willens heute zugänglich. Denn der Weg der geistigen Kommunion, der im Zentrum der neuen Mysterien steht, führt den modernen Menschen zum Erleben alles dessen, was in der vorhergehenden Darstellung ausgeführt wurde. (Siehe Zeichnung auf S. 103).

*

Der charakterisierten Beziehung des Erdenlebens des Christus zur ganzen Weltevolution kann noch der trinitarische Aspekt dieses Geschehens hinzugefügt werden. So haben wir es bei der Taufe in Jordan vor allem mit der Wirksamkeit des Heiligen Geistes zu tun. Johannes der Täufer bezeugt dies in folgenden Worten: «Ich sah, dass der Geist herabfuhr wie eine Taube vom Himmel und blieb auf ihm» (Joh 1,32). Bei der Verklärung, offenbarte Christus dann Seine Sohnes-Natur. Denn Sein Erscheinen als Herr der geistigen Sonne («Und sein Angesicht leuchtete wie die Sonne», Matth 17,2) bedeutete zugleich die Offenbarung Seiner Sohnes-Kräfte.[110]

Das war auch der Moment, als das irdische Jesus-Prinzip vollkommen zurücktrat und allein die göttliche Natur des Sohnes zu leuchten begann. Damit offenbarte sich den drei auserwählten Jüngern die eigentliche Bedeutung des Wortes: «Nicht ich, sondern der Christus in mir» (Gal 2,20). Da sie aber noch nicht zu dieser Stufe der christlichen Einweihung aufzusteigen vermochten, versanken sie in tiefen Schlaf. Dennoch bekamen sie durch ihr Erlebnis auf dem Berg Tabor eine Ahnung von der neuen Zeit, die in der Menschheitsentwicklung nun anbrechen sollte und wurden die ersten Zeugen davon, wie man jetzt, ohne die alten Einweihungsriten, allein mit der Christus-Kraft im Ich die geistige Welt betreten darf.[111]

Dann folgten die «Abschiedsreden» des Christus, die von Johannes in seinem Evangelium überliefert sind. In ihnen wurde auf das Geheimnis gewiesen, dass sich hinter dem Tod das Wesen des göttlichen Vaters verbirgt und dass die Vermählung des Christus mit dem Tod in Wirklichkeit nichts anderes ist als das «Ich und der Vater sind eins» (Joh 10,30). Dies wird auch durch das letzte Wort am Kreuze bezeugt: «Vater, ich befehle meinen Geist in deine Hände!» (Luk 23,46).

Weil der Tod am Kreuz wie eine Zusammenfassung des ganzen dreijährigen Erdenlebens des Christus dasteht («Doch darum bin ich in diese Stunde gekommen». Joh 12,27), kann man auf dem Golgatha-Hügel die Offenbarung der Göttlichen Trinität, das heißt auch diejenigen geistigen Kräfte, die hinter der Taufe und der Verklärung standen, finden. Deshalb

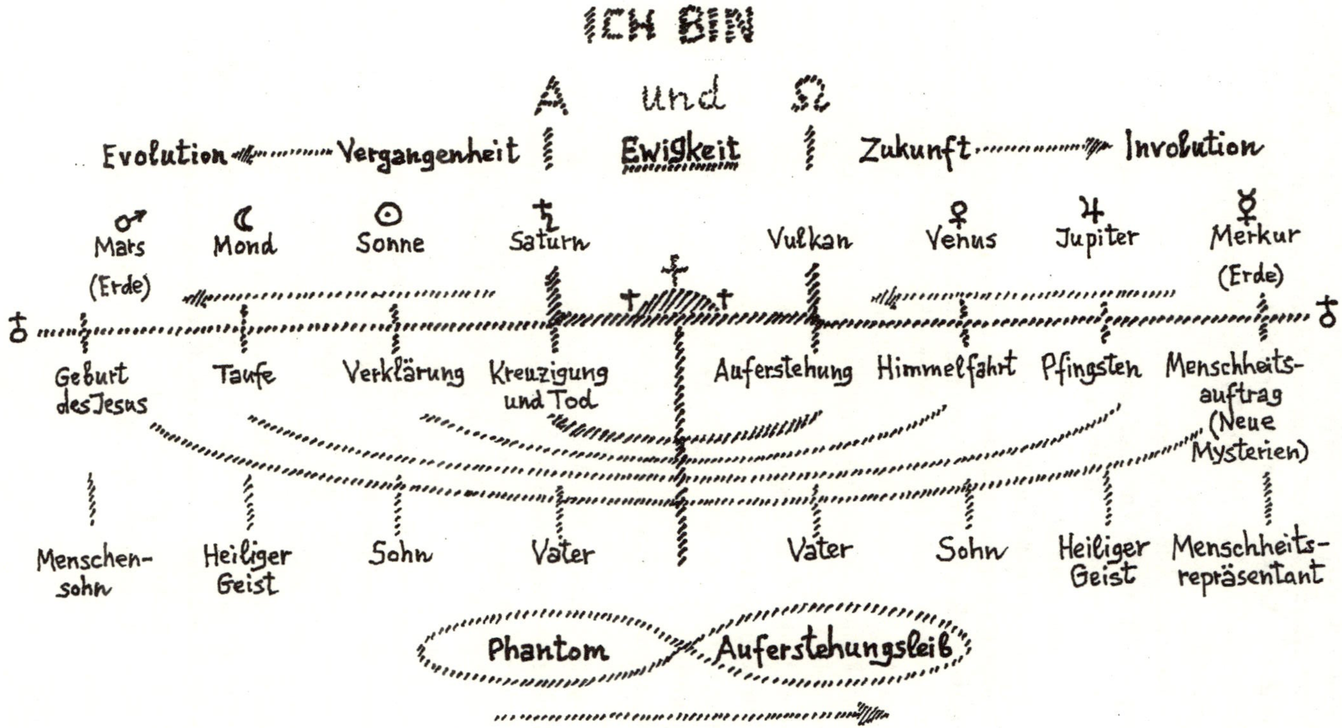
ICH BIN
A und Ω
Evolution
Vergangenheit
Ewigkeit
Zukunft
Involution
Mars
(Erde)
Mond
Sonne
Saturn
Vulkan
Venus
Jupiter
Merkur
(Erde)
Geburt des Jesus
Taufe
Verklärung
Kreuzigung und Tod
Auferstehung
Himmelfahrt
Pfingsten
Menschheitsauftrag (Neue Mysterien)
Menschensohn
Heiliger Geist
Sohn
Vater
Vater
Sohn
Heiliger Geist
Menschheitsrepräsentant
Phantom
Auferstehungsleib

sagt Rudolf Steiner: «Wer das Kreuz auf Golgatha schaut, der muss zugleich die Trinität schauen, denn der Christus zeigt in Wirklichkeit in seinem ganzen Verwobensein mit der irdischen Menschheitsentwickelung die Trinität» (GA 214, 30.7.1922). Diese Offenbarung der Trinität am Golgatha-Hügel erscheint dann spiegelbildlich in den Ereignissen nach dem Kreuzestod. Auf neue, verwandelte Art zeigen sich bei der Auferstehung die Kräfte des Vaters, in der Himmelfahrt wirken die Kräfte des Sohnes und an Pfingsten offenbaren sich die Kräfte des Heiligen Geistes.

Deshalb äußerten Petrus und Paulus mehrfach, dass es der göttliche Vater selbst war, der den Christus vom Tode auferweckt hatte.[112] Auch Rudolf Steiner gebraucht manchmal diese Formulierung.[113] Das hat seinen Grund darin, dass in der Auferstehung vor allem die Kräfte des Vaters durch die Vermittlung der ersten Hierarchie wirkten. Dadurch vollzog Christus dasjenige, was zuvor kein Eingeweihter in keiner Initiation je erreichen konnte. Es war Ihm möglich, Seinen physischen Leib bis in das mineralische Knochensystem hinein (in der Gestalt eines Gerippes immer das Sinnbild des Todes) zu ergreifen und völlig zu verwandeln. Darin lag die entscheidende Bedingung für die dann folgende Auferstehung. «Daher musste derjenige, der den Tod auf Erden besiegen sollte, Herrschaft haben über das Knochensystem» (GA 112, 3.7.1909).[114]

Daraus wird die Wirksamkeit der Kräfte der Trinität im gesamten Leben des Christus auf der Erde ersichtlich: Aus der Vergangenheit, in welcher der Leib des Jesus von Nazareth vorbereitet wurde, durch die Taufe und Verklärung bis zum Mysterium von Golgatha, wo sie gemeinsam in Erscheinung traten. Seitdem leuchten sie durch die Stufen von Himmelfahrt und Pfingsten in die Zukunft der Menschheit hinein, um ihr ganzes Dasein auf der Erde zunehmend zu ergreifen und zu erneuern.

Hinzu kommt noch das dreißigjährige Leben des Jesus von Nazareth als der wahre *Menschensohn*, in dem die besten Kräfte der himmlischen (nathanische Seele) und irdischen (Zarathustra) Entwicklung der Menschheit zusammengeflossen sind.[115] Und nach dem Pfingstereignis folgte das neue Leben des Christus in der geistigen Erdenumgebung als *Menschheitsrepräsentant*, so wie Rudolf Steiner Ihn in der Skulpturgruppe und im mittleren Motiv der Malerei der kleinen Kuppel des ersten Goetheanum dargestellt hat. (Siehe Abbildung auf Seite 135).

Das Ganze kann durch die auf Seite 103 wiedergegebene Zeichnung verdeutlicht werden.

Die innere Beziehung zwischen Ostern, Himmelfahrt und Pfingsten

Es muss an dieser Stelle noch besonders auf die innere Beziehung des Ostergeheimnisses zu den weiteren Schritten der Entfaltung des Christus-Impulses nach dem Mysterium von Golgatha, Himmelfahrt und Pfingsten, hingewiesen werden. Wie an anderer Stelle bereits beschrieben,[116] geschah in der Auferstehung bis in die Erdenwelt hinein ein gewaltiger Durchbruch derjenigen Kräfte, die sonst vom Menschen nur in der Mitternachtsstunde des Weltendaseins, das heißt im höchsten Punkt zwischen zwei Inkarnationen, erlebt werden. Durch die Wirksamkeit der höchsten (ersten) Hierarchie, welche die schöpferischen Impulse aller weiteren Hierarchien in sich trägt, geschieht eine ständige Einprägung des Weltenkarma von den Höhen der Weltenmitternacht in die irdische Materie hinein. «Sie [die Throne, Cherubim und Seraphim] haben deshalb ihren höheren Rang im geistigen Kosmos, weil sie die Mächtigeren sind, nicht bloß geistig im geistigen Erleben, sondern weil sie dieses Geistige, das sie im Geistigen erleben, dann im Physischen verwirklichen» (GA 239, 9.6.1924). Dadurch geschieht zwar die Karma-einprägende Tätigkeit der ersten Hierarchie unmittelbar in die Erdenwelt hinein, ihre Wirksamkeit vollzieht sich jedoch aus den Kräften der Weltenmitternachtsseite, im Gegensatz zu der Menschensphäre, die sich auf der Mittagsseite des Weltendaseins befindet. Das heißt, der Abgrund zwischen den beiden Wirkensbereichen, der menschlichen und derjenigen der ersten Hierarchie (oder der Mittags- und Mitternachtsseite des Weltendaseins), ist innerhalb der Erdensphäre so groß wie der Weg der Seele von der physisch-sinnlichen Welt bis zum höchsten Punkt ihrer Wanderung zwischen zwei Inkarnationen. Dieser höchste Punkt liegt nach Rudolf Steiner an der obersten Grenze des höheren Devachan (wo er unmittelbar an die Buddhi-Sphäre grenzt) und befindet sich, geistig-kosmisch gesehen, jenseits des sichtbaren Sternenhimmels, des Zodiak.

Diesen Weltenabgrund hat Christus in seiner Auferstehung auf neue und einmalige Weise überbrückt: nicht in vertikaler Richtung (wie die Seele dies jedes Mal nach dem Tod in ihrem Aufstieg zur Weltenmitternachtsstunde vollzieht), sondern in einer horizontalen, das heißt direkt auf der Erde, ohne in die Höhen der geistigen Welt aufzusteigen. Mit anderen Worten: Christus hat die Kräfte der Weltenmitternachtsstunde, welche zugleich die Kräfte aller neun Hierarchien sind,[117] unmittelbar mit der Geistform des physischen Leibes (dem Phantom) des Jesus von Nazareth verbunden. Dadurch wurde nicht jenseits der Sterne, sondern unmittelbar auf der Erde der Auferstehungsleib geboren, der in sich die ganze Geistigkeit der Welt trägt, wie es am Anfang des vorigen Kapitels (siehe Seite 14) anhand des Grundsteinspruchs beschrieben wurde.

Auf dieses Geheimnis hat Christus die Apostel durch Seine Himmelfahrt selbst hingewiesen. Denn was bedeutet sie vom Gesichtspunkt des Fünften Evangeliums betrachtet? In der Himmelfahrt hat Christus – im Gegensatz zu dem Leben des Menschen nach dem Tod – die Erde nicht verlassen, um sich in das Gebiet hinter den Sternen zu begeben, sondern Er hat die himmlischen Kräfte, die Kräfte des oberen Devachan, selbst auf die Erde heruntergebracht. «Und das Weiterleben des Christus in der Erdensphäre seit der Himmelfahrt oder seit dem Pfingstereignis [das Letztere ist, wie wir sehen werden, auch für die Menschen erlebbar] müssen wir vergleichen mit dem, was die Menschenseele durchlebt, wenn sie im sogenannten Devachan im Geisterlande ist» (GA 148, 3.10.1913). Nur, wie wir bereits sahen, hat Christus, anstatt in die Höhen der geistigen Welt zurückzukehren, die höchsten Kräfte des Devachan auf die Erde gebracht – die der Mitternachtsstunde selbst – welche Er den Menschen in Seiner Himmelfahrt offenbarte. Damit zeigte Er ihnen auch den Ursprung derjenigen geistigen Kräfte, aus denen Er Seine Auferstehung im physischen Leibe vollzogen hatte.

Das Gesagte wird vor allem aus dem Folgenden ersichtlich. Die Anthroposophie beschreibt, dass die weiteren Stufen der kosmischen Entwicklung, Jupiter, Venus und Vulkan, welche für die Erde die Zukunft darstellen, in der geistigen Welt schon heute Gegenwart sind: die Jupiterstufe auf dem Astralplan, die Venusstufe auf dem unteren Devachan und die Vulkanstufe auf dem oberen Devachan, sodass die Mitternachtsstunde den eigentlichen Übergang vom Vulkan zu einem noch höheren Weltenzustand darstellt. Dadurch wird verständlich, was Rudolf Steiner meinte, wenn er sagt, dass in Christus ein solches Wesen auf der Erde lebte, wie es der Mensch auf seine Art erst *am Ende* der Vulkanzeit einmal sein wird.

Dies verdeutlicht, auf welche Weise und warum die Himmelfahrt der Auferstehung des Christus folgen musste. Was in der Auferstehung in

Wirklichkeit geschah und aus welchen Kräften der Auferstehungsleib geboren wurde, das zeigte Christus Seinen fortgeschrittensten Schülern in dem Ereignis der Himmelfahrt. Denn damit offenbarte Er ihnen das große Geheimnis, dass damals eine neue, «horizontale» Verbindung zwischen dem Mittag und der Mitternacht des Weltendaseins geschaffen worden war. Dass zwischen den beiden Ufern des Weltenabgrundes – der, wie wir bereits sahen, so tief ist wie der Abstand zwischen der Erde und der Welt hinter den Fixsternen – nach der Auferstehung eine Wesensverbindung und ein direkter Kräfteaustausch von der Erde aus hergestellt wurde, hat Christus durch Sein «vertikales» Aufsteigen der Menschheit in der Himmelfahrt offenbart.[118]

Mit der gleichen Folgerichtigkeit, wie sich nach der Auferstehung die Himmelfahrt vollzog, entwickelte sich aus diesen beiden als dritter Schritt das Pfingstereignis. Dabei ging es darum, dass jetzt dasjenige, was zuvor in der Auferstehung und der Himmelfahrt wie eine «mystische Tatsache» noch außerhalb der Menschenseelen geschehen war, mit diesen verbunden werden sollte. Mit ihrem individuellen Ich-Bewusstsein sollten die Menschen nun begreifen, was auf den beiden vorherigen Stufen im Kosmos selbst objektiv stattgefunden hatte. Dies konnte nur dadurch geschehen, dass ihnen schon auf der Erde etwas zugänglich wurde, was sie sonst nur in der Weltenmitternachtsstunde zwischen zwei Inkarnationen erleben durften.

An dieser Stelle muss man noch berücksichtigen, was Rudolf Steiner in dem Vortrag vom 13. April 1914 geschildert hat. Dort berichtet er, dass in der Weltenmitternachtsstunde sich der menschlichen Seele nicht nur die karmabildende Tätigkeit aller neun Hierarchien offenbart, sondern dass auch die unmittelbare Erscheinung und Inspiration des Heiligen Geistes, aus noch höheren Sphären herunterwirkend, an der oberen Grenze des höheren Devachan geschieht.

So erlebt die Menschenseele an dem höchsten Punkt ihrer Wanderung zwischen zwei Inkarnationen die Befruchtung durch den Heiligen Geist, wodurch sie «neu erwachen [kann] im Weltendasein» (GA 153). Mit anderen Worten: In der Mitternachtsstunde des Daseins wird somit die Seele durch ihr Erfülltwerden mit dem Heiligen Geist von oben zu ihrem individuellen Ich-Bewusstsein gebracht. «Der Geist der geistigen Welt, der uns erweckt, wir lernen ihn kennen, indem aus der Weltenmitternacht ein neues Licht hervorleuchtet, über unsere verflossene Menschheit erstrahlend ... Durch diesen Geist werden wir in unserer Wesenheit wiedererweckt aus der Weltenmitternacht heraus. Durch den Heiligen Geist werden wir also in der Weltenmitternacht erweckt. *Per Spiritum Sanctum reviviscimus*» (ebd., kursiv Rudolf Steiner).

Dadurch kommt die Seele mit der Weltensphäre, aus welcher der Christus die Kräfte für Seine leibliche Auferstehung holte, in Berührung. Und weil Er diese Kräfte der Weltenmitternachtshöhe in Seiner Auferstehung unmittelbar mit der Erdenentwicklung verbunden und damit den kosmischen Abgrund für alle Menschen überbrückt hat – oder in einem anderen Bild: das kosmische Tor zwischen der Weltenmitternacht und dem Mittag des Weltendaseins aufschloss –, konnte durch dieses geöffnete Tor auch der das individuelle Ich-Bewusstsein erleuchtende Heilige Geist in der Erdenentwicklung unter den Menschen erscheinen und in sie die wahre Erkenntnis des Mysteriums von Golgatha und der Himmelfahrt ergießen. Darin bestehen die Botschaft und die Bedeutung des Pfingstereignisses.

Aus diesem Grunde ist die Ausgießung des Geistes eine unmittelbare Folge der Auferstehung und der Himmelfahrt. Seitdem können diese Ereignisse nicht mehr voneinander getrennt werden, was im Jahreslauf dadurch in Erscheinung tritt, dass sie die Grundlage der drei *beweglichen* Feste bilden, die in streng kosmischer Gesetzmäßigkeit aufeinanderfolgen. So wird in ihnen die innere Substanz dieses großen dreifachen Geschehens der Zeitenwende für alle Menschen bewahrt.

III.
Die Auferstehung und das Innere der Erde

Die Darstellungen der Ereignisse von Karfreitag und Ostersonntag, wie sie in den beiden ersten Kapiteln dieses Buches ausgeführt sind, stellen die berechtigte Frage nach dem Mysterium des Karsamstag, welches in der christlichen Tradition mit der «Höllenfahrt» des Christus in Verbindung gebracht wird. Anthroposophisch gesehen ist damit Sein Weg durch die neun Schichten des Erdinnern gemeint, wie sie Rudolf Steiner, vor allem in frühen Vorträgen, immer wieder charakterisierte. Dabei erwähnte er auch, dass diese Erkenntnisse von Anfang an in den wahren Rosenkreuzerschulen unterrichtet wurden. «Nur in der eigentlichen Rosenkreuzerschule vermag man vom Erdinnern zu sprechen» (GA 94, 11.7.1906).

Der entscheidende Hinweis zum richtigen Verständnis des Innern der Erde findet sich jedoch in einem späteren Vortrag, und zwar im Zusammenhang mit Erkenntnissen, welche diesbezüglich bereits in den alt-ägyptischen Mysterien lebten. So wussten bereits die ägyptischen Eingeweihten: Was draußen als der Mond um die Erde kreist, das findet man in verwandelter Form auch innerhalb der Erde. «Das, was da in der Umgebung ist, findet sich abgespiegelt, aber nur verdichtet, in einer äußeren Schicht der Erde selber» (GA 216, 29.9.1922). Ähnlich verhält es sich mit allen anderen Planeten und sogar mit dem über ihnen liegenden Sternenhimmel: «Gehen wir jetzt zu dem nächsten Planeten, der mit der Erde um die Sonne kreist ..., die Venus[119] ..., und wir müssen, wenn wir die nächste Schicht der Erde zeichnen, diese Schicht wieder als eine Spiegelung dessen zeichnen, was da draußen ist» (ebd.). Und dann erweitert Rudolf Steiner diesen Blick auf den ganzen Kosmos: «So würden wir die ganze Erde bekommen als ein Spiegelbild des Universums, nur dass wir immer das, was draußen in ätherischer Verdünnung, in ätherischer Flüchtigkeit ist, zusammengedrückt, verdichtet finden würden, wenn wir in die Erde hineingraben. Und wenn wir dann zu dem äußersten Umkreis des Weltenalls kämen, so würde dieser äußerste Umkreis des Weltenalls im Mittelpunkte der Erde ganz verdichtet in einem einzigen Punkte sein» (ebd.). Von besonderer Bedeutung ist hier der letzte Satz, denn die «äußerste» Grenze des Universums liegt in der Sphäre der Fixsterne oder, genauer gesagt, im Kreis des Zodiak. Dessen eigentliches Wesen erfährt die Seele für gewöhnlich nur zwischen zwei Inkarnationen, wenn sie bis zur Weltenmitternachtsstunde aufgestiegen ist und dann die ganze Sternenwelt von der anderen, der geistigen Seite her schauen kann. Deshalb weist die äußere Grenze des Kosmos zugleich auf die Höhe der Weltenmitternachtsstunde, in der die Seele des Menschen die ganze Geistigkeit des Kosmos auf einmal erfasst.

Aus dem angeführten Zitat folgt, dass das Erdeninnere die Kräfte aller sieben Planeten vom Mond bis zum Saturn und auch diejenigen der Fixsterne in verdichteter Form in sich trägt. Nur sind diese kosmischen Kräfte in ihr wie gebannt und von ihrem Ursprung getrennt.

Nun folgt aus dem in Kapitel I bereits dargestellten Übergang von der kosmischen zur geistigen Kommunion, dass die allgemeine Geistigkeit der Planeten und Fixsterne durch die hinter ihnen stehenden Kräfte und Wirksamkeiten aller neun göttlich-geistigen Hierarchien vertieft wird. In dem Vortragszyklus *Geistige Hierarchien und ihre Widerspiegelung in der physischen Welt* (GA 110) beschreibt Rudolf Steiner die sieben Planetensphären als die entsprechenden Wirkensfelder der hierarchischen Wesenheiten von den Engeln aufwärts bis zu den Thronen.[120] Nur die beiden höchsten Hierarchien, die Cherubim und Seraphim, überragen in ihrer Tätigkeit die Planetensphären und wirken in den reinen Sternenwelten.

So sehen wir, dass im Innern der Erde nicht nur die geistigen Kräfte der Planeten und Fixsterne wie festgehalten sind, sondern in einem tieferen Sinne auch die entsprechenden Kräfte der höheren Hierarchien, die innerhalb der neun unterirdischen Sphären für Ziele, die ihren eigenen Intentionen entgegengesetzt sind, missbraucht werden. So kann man sagen, dass in den drei ersten Schichten des Erdinnern die hierarchischen Kräfte durch die luziferischen Geister gehalten werden, in den drei weiteren durch die ahrimanischen und in den drei letzten durch die asurischen Kräfte.

Die Beziehung dieser Gegenmächte zu den Schichten des Erdinnern wird vor allem aus den folgenden Worten Rudolf Steiners deutlich: «Man hat die physische, die astralische Welt, das untere Devachan und das obere Devachan. Wenn man nun einen Körper noch weiter hinunterdrückt als zur physischen Welt, dann kommt man in die unterphysische Welt, in die unterastralische Welt, das untere oder schlechte Unterdevachan und das untere oder schlechte Oberdevachan. Die schlechte Astralwelt ist das Gebiet des Luzifer, das schlechte Unterdevachan ist das Gebiet des Ahriman und das schlechte Oberdevachan ist das Gebiet der Asuras» (GA 130, 1.10.1911, Fragenbeantwortung). Diese untersinnlichen Widerspiegelungen der höheren Plane der geistigen Welt stehen ihrerseits in Verbindung mit den entsprechenden Schichten des Erdinnern. So findet man die Kräfte des Astralplans vor allem in den drei ersten Schichten gefangen, in den drei nächsten die Kräfte des unteren Devachan (siehe weiter in diesem Kapitel) und die siebente Schicht bildet den Übergang zu den im Erdinnern festgehaltenen Kräften des oberen Devachan.

Man kann auch sagen, dass diese drei Kategorien der Gegenmächte ständig aus den genannten Schichten des Erdinnern die Kräfte holen, welche sie in ihrem Kampf gegen die göttergewollte Entwicklung der Menschheit benutzen. Der Kern der Erde aber, der nach Rudolf Steiner das Zentrum des Bösen auf unserem Planeten bildet, steht im Zusammenhang mit dem Sonnendämon (Sorat) selbst.

*

Bevor wir uns dem eigentlichen Thema zuwenden, muss noch kurz die Beziehung zwischen dem zeitlichen Aspekt der Weltevolution (der vor allem in den beiden ersten Kapiteln beschrieben wurde) und dem geistig-räumlichen, erwähnt werden. Der zeitliche Aspekt besteht vor allem in der Weltentwicklung, die sich vom alten Saturn bis zum zukünftigen Vulkan erstreckt. Der geistig-räumliche Aspekt ist mehr mit der Erkenntnis dieser Entwicklung verbunden. So schreibt Rudolf Steiner im letzten Kapitel seines Buches *Die Geheimwissenschaft im Umriss*, dass ein Eingeweihter, wenn er die vorherigen und zukünftigen Stufen der kosmischen Entwicklung der Erde erforschen will, entsprechend immer höher in die geistige Welt aufsteigen muss. Da erwähnt er folgende drei Stufen: Auf der ersten offenbaren sich ihm *zugleich* der vergangene Zustand des alten Mondes und der zukünftige des Jupiter; auf der zweiten Stufe schaut er die Zustände der alten Sonne und der Venus; auf der dritten die des alten Saturn und des Vulkan.

Es ist nicht schwierig festzustellen, dass es bei diesen drei Stufen einerseits um die Erkenntnisarten von Imagination, Inspiration und Intuition geht, andererseits jedoch um die Weltensphären, in denen diese Erkenntnis möglich wird. So kann man sagen: Auf dem Astralplan erkennt man durch die Imagination den alten Mond und den zukünftigen Jupiter, auf dem unteren Devachan durch die Inspiration die alte Sonne und die zukünftige Venus, auf dem oberen Devachan durch die Intuition den alten Saturn und den zukünftigen Vulkan. Die ganze Evolution jedoch überblickt man auf geistige Weise nur in der Weltenmitternachtsstunde (wie bereits an anderer Stelle ausführlich dargestellt).[121] Die hier erwähnten drei Weltenstufen, Astralplan, unteres und oberes Devachan, entsprechen kosmologisch gesehen den untersonnigen Planeten (Astralplan), den obersonnigen Planeten (unteres Devachan) und den Sternenwelten, die im oberen Devachan bis zur Weltenmitternachtsstunde reichen, wo dessen äußerste Grenze liegt. Eine besondere Stellung vertritt dabei die Sonne. In ihrem planetarischen Aspekt ist sie der Übergang von der Astralwelt zum Devachan, in ihrem Sternenaspekt umfasst sie alle weiteren kosmischen Stufen bis hin zur Fixsternsphäre.

Diese Erläuterungen bezüglich des zeitlichen und räumlichen Aspekts der Weltevolution sind vor allem für das Verständnis des Erdinnern von Bedeutung. Denn der zeitliche Aspekt der Entwicklung in all seinen Metamorphosen verbindet unsere Erde mit dem ganzen Kosmos. Für das Innere der Erde gilt jedoch vorwiegend der räumliche Aspekt. Deshalb musste zunächst der Übergang von dem einen zu dem anderen beschrieben werden, um damit eine Grundlage für die weitere Darstellung zu schaffen. Nach dieser Vorbereitung kann jetzt eine kurze Beschreibung der neun Schichten des Erdinnern folgen, die im Sinne des bereits Gesagten die Kräfte der Planeten sowie der entsprechenden Hierarchien wie eingeschlossen in sich tragen.

Um die drei ersten Schichten, die sowohl mit den Kräften der untersonnigen Planeten als auch mit denjenigen der dritten Hierarchie in Verbindung stehen, besser zu verstehen, muss man noch eine besondere Eigenschaft dieser Hierarchie in Betracht ziehen. In dem Vortrag vom 16. April 1909 (abends) beschreibt Rudolf Steiner, wie die Engel ihren physischen Leib im wässrigen, die Erzengel im luftartigen und die Archai im feurigen Element bilden. Dadurch haben sie auch an den materiellen Bestandteilen der Erde Anteil. In den drei ersten Schichten der Erde wird ihnen dieses jedoch untersagt.

In der obersten Schicht («mineralische Erde»), welche die eigentliche harte Kruste der Erde bildet,[122] wird die feste Materie durch die dort wirkenden Mondenkräfte so verdichtet, dass die Engel in diese Schicht nicht mehr eindringen können.

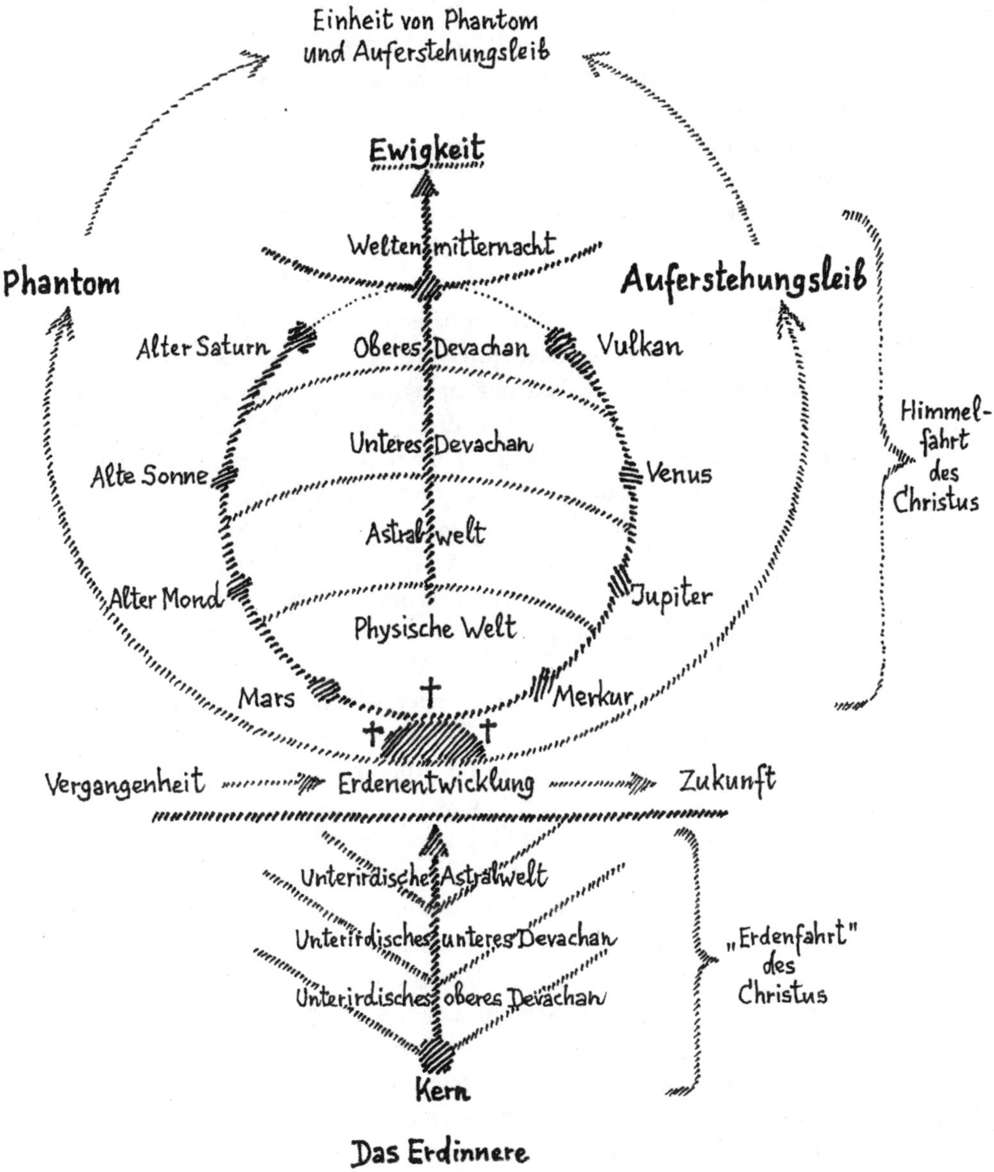

Phantom und Auferstehungsleib bilden
vom Gesichtspunkt der Zeit eine Zweiheit,
vom Gesichtspunkt der Ewigkeit eine Einheit.

Die zweite Schicht («flüssige Erde») bildet eine mit Scheinleben durchdrungene Substanz, zu der die Erzengel keinen Zugang haben. Alles Feste wird hier flüssig. Man kann bildlich-real sagen: Hier wird jedes Silber zu Quecksilber. Aber aus den hierher verbannten und dann missbrauchten Merkurkräften erhält das scheinbare Leben dieser Schicht einen negativen Charakter, der darin besteht, dass jedes Leben hier vernichtet wird.

Die dritte Schicht («Luft- oder Dampferde») ist von einer Substanz erfüllt, in der jede Art von Gefühl zerstört wird. Die Gefühle sind im Kosmos vor allem mit der Venussphäre verbunden. Hier sind sie in ihr Gegenteil verkehrt. Bis in diese Sphäre reichen die Kräfte der Archai nicht, da diese ihren physischen Leib nur im Feurigen, nicht aber im Luftartigen bilden können. Dadurch sind diese drei Schichten von der Welt der dritten Hierarchie getrennt und deren Wirken im Kosmos entgegengestellt.

Rudolf Steiner erwähnt auch, dass diese drei Schichten der Erde noch eine Erinnerung an den Zustand in sich tragen, als der Mond noch nicht von der Erde getrennt war. (Siehe GA 94, 12.6.1906.) Da die luziferischen Mächte auf dem alten Mond zurückgeblieben sind, behalten sie durch ihre besondere Beziehung zum Mond eine starke Macht über diese drei Schichten.

Mit der vierten Schicht («Form- oder Wassererde») kommt man in das Gebiet, wo nicht nur die Kräfte des Astralplans, sondern auch die des unteren Devachan gefangen sind. Rudolf Steiner sagt diesbezüglich: «Die vierte Schicht entspricht in gewissem Sinne dem ersten Gebiet des Devachan» (GA 94, 11.7.1906). Damit sind wir in dem Bereich angekommen, wo unter der Erde die Sonnenkräfte bzw. die Kräfte der Sonnen-Elohim oder Geister der Form wie gebannt sind. Rudolf Steiner berichtet über diese Schicht, dass alle Formen hier in ihr Negativ verwandelt werden. Ein Salzwürfel, der auf der Erde mit Substanz erfüllt ist, wird hier zum leeren Kubus, dessen Substanz nach außen gedrückt wird, weshalb er negative Eigenschaften bekommt. In diesem Prozess wirken die den guten Geistern der Form entgegengesetzten Kräfte. Alle Formen, welche die Exusiai auf der Erde geschaffen haben, werden hier aufgelöst, sodass sie «keine Stofflichkeit mehr aufweisen, wie sie auf der Erde angetroffen werden kann». Hier wird alles Sichtbare in den «astralischen Zustand zurückgeführt» (GA 96, 16.4.1906). Mit den missbrauchten Sonnenkräften wird alles Materielle auf falsche Weise «vergeistigt». Dazu werden vor allem die gefangen gehaltenen Sonnenkräfte benutzt. So widersetzt sich diese Schicht jedem Einfluss der Geister der Form.

Die fünfte Schicht («Fruchterde») offenbart eine ganz konträre Eigenschaft. Sie produziert «fortwährend Formen auf Formen», die daraufhin wieder zerstört werden (GA 97, 21.4.1906). Mit diesen Formen wirkt diese Schicht der berechtigten Tätigkeit der Geister der Bewegung entgegen, die mit der Erschaffung von Formen nichts zu tun haben, sondern mit den inneren Prozessen, welche die allgemeine Entwicklung leiten und überall die Metamorphose der Formen bewirken. So wird aus einer «strotzenden Wachstumsenergie» (GA 95, 4.9.1906) mit Hilfe der missbrauchten Marskräfte in dieser Schicht dem Kosmos Widerstand geleistet. Hier finden sich auch die Kräfte des ursprünglichen Lebens der Erde (Leben ist immer Bewegung), die an diesem Ort jedoch den Geistern der Bewegung entgegengestellt sind.

Die nächste Schicht («Feuererde») besitzt die Eigenschaft, aus jeder kleinsten Empfindung die stärksten Leidenschaften zu entfalten. Diese wirken dann bis in die Materie hinein und sind von einem sich jedem besänftigenden Einfluss widersetzenden Willen erfüllt. In dieser Schicht werden vor allem die Weisheit und Harmonie der Jupiterkräfte in ihr Gegenteil verkehrt und den Geistern der Weisheit entgegengestellt. «Diese Kräfte sind es eigentlich, in welche die Urfeuer hineingebannt worden sind» (GA 107, 1.1.1909). Mit diesem Urfeuer widersetzt sich diese Schicht den Kräften der Kyriotetes. Rudolf Steiner berichtet, dass die drei zuletzt beschriebenen Schichten in sich die Erinnerung an die Zeit bergen, in welcher Sonne, Mond und Erde noch gemeinsam einen Körper bildeten. (Siehe GA 94, 12.6.1906.) Weil die ahrimanischen Mächte auf der alten Sonne zurückgeblieben sind, behalten sie eine große Macht über diese drei Schichten. An anderer Stelle erwähnt Rudolf Steiner, dass Ahriman besonders mit dieser Schicht («Feuererde») verbunden ist. «In dieser Schicht wirkt materiell im Grunde genommen das Reich des Ahriman und von dieser Schicht aus wirkt es», denn diese «inneren Feuerkräfte der Erde [sind] in den Dienst des Ahriman gestellt. Da hat er das Zentrum seines Wirkens» (GA 107, 1.1.1909).

Die siebente Schicht der Erde («Erdenspiegel» oder «Erdenreflektor») lässt alle nur denkbaren Eigenschaften in ihrer Polarität auftreten. Da hier die Naturerscheinungen – sogar die Kräfte der Elektrizität und des Magnetismus – moralischen Charakter erhalten, nur in ihr Gegenbild verkehrt, werden sie im ausgesprochenen Sinn böse. Alles, was auf der Erde als gut erscheint, wird hier ins Antimoralische geführt. Wie der Saturn an der Grenze unseres Sonnensystems dessen Erinnerung in sich bewahrt und zurückspiegelt, so wird auch von dieser Schicht alles zurückgewiesen (weggespiegelt), jedoch auf böseste Art. Rudolf Steiner berichtet, dass der alte Saturn etwas wie einen großen Spiegel im Weltenall darstellte, der alle guten Taten der höheren Hierarchien zurückspiegelte. Hier erscheint die Uraktivität der Geister des Willens, aus der die Weltevolution einst hervorging, in «einer Widerspiegelung ins Gegenteil» (GA 95, 4.9.1906). Wie im Beginn die Wärmematerie des alten Saturn von der guten Moralität der Throne durchdrungen war, so wird jetzt eine Karikatur davon zurückgespiegelt. Alles Materielle wird mit Kräften der Unmoralität durchsetzt. Man kann auch sagen, dasjenige, was am Anfang der Weltentwicklung als das Opfer der Throne dastand, wird wie durch einen gewaltigen Spiegel zurückgestoßen. Der kosmischen Opferkraft steht ihre totale Ablehnung gegenüber.

In der achten Schicht setzt sich dieser Prozess noch weiter fort. Hier wird die Erdenmaterie nicht nur passiv von Unmoralität durchdrungen, sondern jede in der Welt bestehende Moralität wird aktiv zersplittert und dadurch vernichtet. Aus diesem Grund nennt Rudolf Steiner diese Schicht den «Zersplitterer». Im Weiteren wird diese Schicht noch folgendermaßen charakterisiert: «Alle moralischen Gefühle, wie Liebe, Mitleid, sind dort in ihr Gegenteil verwandelt, in Härte, Brutalität und so weiter» (GA 94, 11.7.1906). «Alles Böse wird substantiell hier vorbereitet und organisiert ... Diese Schicht hat substantiell das Böse in die Welt gebracht» (GA 95, 4.9.1906). Diesen Satz konkretisiert Rudolf Steiner an einer anderen Stelle so: «Gelingt es einem Schwarzmagier bis zu ihr [dieser Schicht] vorzudringen ..., so wird das Böse in ihm noch gewaltig verstärkt» (GA 97, 21.4.1906).

Das Böse dieser Schicht ist gegen alles gerichtet, was die Menschen miteinander verbindet, und das bedeutet das Ende jeder Brüderlichkeit. Hier wirkt das Böse vernichtend bis in das innere Gefüge des Karma selbst hinein. Deshalb ist der Schwarzmagier, der aus dieser Schicht seine Kräfte bezieht, auch für immer dazu verurteilt, allein zu bleiben, um zum Schluss die ganze Welt nur noch zu hassen und zu bekämpfen, denn er hat alle guten karmischen Beziehungen zu seiner Umwelt selbst zerstört. «Diese Region nun ist der Sitz alles Unharmonischen, aller Unmoral, alles Unfriedens. Alles strebt dort auseinander» (ebd.). Mit dieser bösen, alle Harmonie zerstörenden Kraft widersetzt sich diese Schicht der Wirkung der Geister der Weltenharmonie, der Cherubim. Auch wird alles, was hierher gelangt, sofort zerstückelt und bis ins Unendliche vermehrt. In dieser Zerstückelung und Vermehrung haben wir das entstellte Abbild des Sternenhimmels. Es ist eine Ansammlung unendlicher Einzelheiten, die keinerlei Beziehung zueinander haben. So werden in dieser Schicht die Kräfte gewaltsam festgehalten, welche ursprünglich in der Sternenwelt jenseits der Saturnsphäre wirkten.

Die letzte Schicht gehört zu dem eigentlichen «Erdkern». Von hier aus wird durch das Böse nicht nur Unmoralität erzeugt, sondern diese beginnt magisch zu wirken. «Das ist substantiell dasjenige, durch dessen Einfluss auf der Welt schwarze Magie entsteht» (GA 95, 4.9.1906). Rudolf Steiner deutet auch darauf hin, dass hier zwei Kräfte auf böseste Art miteinander verbunden werden: das rein materielle Gehirndenken und die Fortpflanzungskräfte. (Siehe GA 96, 16.4.1906.) In dieser Schicht sitzt die automatisch denkende niedrigste Sinnlichkeit der Erde. Daraus wird verständlich, warum der Schwarzmagier durch Meditation seine Gedankenkräfte ständig stärkt und sie dann mit den okkulten Kräften der Sexualität verbindet. Diese Vereinigung von Denken und Sexualität wirkt zerstörend auf das Ich des Menschen. Deshalb holen vor allem die Asuras aus dieser und den beiden vorhergehenden Schichten ihre Kräfte. Rudolf Steiner sagt über die Letzteren: «Diese asurischen Geister werden bewirken, ... dass das Ich [des Menschen] sich vereinigt mit der Sinnlichkeit der Erde», was als Folge hat: «Es wird Stück für Stück aus dem Ich herausgerissen werden ... [und] unwiederbringlich verloren sein» (GA 107, 22.3.1909).[123] Wenn aber der Missbrauch der sexuellen Kräfte aus dem Stadium der wildesten Sinnlichkeit in die schwarze Magie übergeht, in die spirituelle Kräfte einbezogen sind, welche bewusst missbraucht werden, dann hat man es nicht allein mit den Asuras zu tun, sondern mit dem durch sie wirkenden Sonnendämon selbst. Über diesen teilt Rudolf Steiner in seinem Apokalypse-Zyklus mit: «Der Missbrauch der spirituellen Kräfte hängt zusammen mit jener verführerischen Kraft des Tieres mit den zwei Hörnern [diese bedeuten das abstrakte Gehirndenken und die zügellose Sinnlichkeit]. Und wir nennen diesen Missbrauch der spirituellen Kräfte die schwarze Magie ... So ist in dem Geheimnis von 666 oder Sorat das Geheimnis der schwarzen Magie verborgen» (ebd.). Dass der Erdkern mit dem Wirken von Sorat verbunden ist, folgt noch zusätzlich aus der Tatsache, dass dessen Einfluss auf den Menschen in die erwähnten beiden Richtungen zugleich geht: Zum einen wirkt er durch den «verführten Verstand» oder die «verführte Intelligenz» (GA 104, 30.6.1908); zum anderen durch die grenzenlose Sinnlichkeit, die sogar «mit der Materie Unzucht treibt».[124]

Mit der schwarzen Magie wird hier gegen die weiße Magie gekämpft, die aus den Kräften der vergeistigten Liebe entstehen soll. Das höchste Vorbild dafür sind die Seraphim, die Geister der All-Liebe, welche aus dieser

Liebe neue Welten schaffen. Weiter beschreibt Rudolf Steiner, wie aus der weißen Magie einmal das Himmlische Jerusalem entstehen wird. «Das neue Jerusalem sehen wir aus der weißen Magie sich erheben» (GA 104, 29.6.1908). Daraus folgt, dass vor allem aus diesem bösen Kern unserer Erde schon jetzt und vor allem in Zukunft der Kampf gegen den Übergang unseres Planeten in den Jupiterzustand und damit in die noch weiteren Entwicklungsformen von Venus und Vulkan geführt wird. So steht hinter diesem Kampf der Asuras die sie führende und dirigierende Macht des Sonnendämons selbst, der aber nicht der Evolution der Erde, sondern der der Sonne angehört.[125]

In dem Apokalypse-Zyklus erwähnt Rudolf Steiner, dass an der Zeitenwende von Seiten Sorats der Versuch unternommen wurde, die Entfaltung des Christus-Impulses auf der Erde zu verhindern. «Dieses Wesen [Sorat] hätte nur dadurch etwas haben können von der Erde, wenn es in einem bestimmten Augenblick die Herrschaft hätte erlangen können, nämlich da, wo das Christus-Prinzip heruntergestiegen ist auf die Erde. Wenn dieses Christus-Prinzip damals im Keim erstickt worden wäre, dann allerdings wäre es möglich gewesen, dass die Erde in ihrer Ganzheit diesem Sorat-Prinzip verfallen wäre» (GA 104, 30.6.1908). Diese Pläne von Sorat wurden aber durch die Auferstehung des Christus im Erdmittelpunkt durchkreuzt und vernichtet. Dadurch trat auf der Erde eine ganz neue Situation ein, die Rudolf Steiner so beschreibt: «Das ist nicht der Fall gewesen, und so muss sich dieses Wesen begnügen mit den Abfällen, die sich nicht hingeneigt haben zum Christus-Prinzip, mit jenen Menschen, die in der Materie stecken geblieben sind» (ebd.). Die Gefahr, welche dadurch auf kosmischer Ebene abgewendet wurde, bleibt auf der menschlichen Ebene jedoch bestehen, denn die in der Materie stecken gebliebenen Menschen «werden in der Zukunft seine Heerscharen sein» (ebd.). Solche aus dem bösen Erdkern inspirierte Menschen werden eine unaufhaltsame Neigung zur schwarzen Magie entwickeln.

*

Die Konzentration der Kräfte des Bösen im Erdinnern betrifft nur einen Aspekt des Wesens unseres Planeten. Kosmologisch gesehen befinden sich im Erdinnern auch die Kräfte der Weltenmitternachtsstunde, die ihrem Ursprung nach der äußersten Peripherie unseres Universums angehören und im Erdkern wie gebannt sind. Man kann auch sagen, dass dieser wie ein Antipode zur Weltenmitternacht ist. Unendlich zusammengepresst, bilden diese Kräfte den innersten Kern der Erde und harren von Beginn an – wie auch die kosmisch-hierarchischen Kräfte der anderen Schichten – auf eine kommende Erlösung. Wie das geschehen kann, soll im Folgenden erörtert werden.

An einer Stelle bringt Rudolf Steiner ein Ergebnis seiner geistigen Forschung, welches zunächst allem Gesagten zu widersprechen scheint. Er sagt, dass es gerade der Mittelpunkt der Erde ist, von dem aus die Throne, Cherubim und Seraphim als die erste Hierarchie ihre Kräfte entfalten. «Wir blicken damit auf das hin, was in unserem Planeten durch Ausstrahlen von innen heraus aus dem Mittelpunkte bewirkt wird. Wir können also sagen: Unser Planet ist so zusammengesetzt, dass aus seinem Mittelpunkt heraus wirken die Geister des Willens oder Throne, die Cherubim und Seraphim ... Sodass wir, wenn wir gegen den Mittelpunkt unseres Planeten hinblicken, sagen können: Da sind erhabene Wesenheiten, Throne, Cherubim, Seraphim» (GA 121, 11.6.1910). Um zu verstehen, wie diese erhabenen Wesenheiten aus dem Zentrum der Erde wirken, muss man sich in die Sphäre der Weltenmitternachtsstunde versetzen. Da erlebt der Mensch, wenn er sich an dieser höchsten Stelle zwischen zwei Inkarnationen in der geistigen Welt befindet, wie sich vor seinem geistigen Blick ein neuer Himmel auftut, jetzt aber nicht über, sondern unter ihm. «Aber wir blicken gegen die Erde herunter. Da erscheint uns nicht die Erde in der physischen Weise, wie wir sie hier um uns haben, da erscheint uns – ich möchte sagen in der Richtung nach der Erde – ein gewaltiges geistiges Leben, ... das gewoben wird aus den Taten der Seraphime, Cherubime und Throne» (GA 239, 25.5.1924). Und diese erhabenen Geister prägen jetzt die Folgen des menschlichen Erdenkarma bis in die Materie der Erdenwelt ein.

So kann man sagen: Im Zentrum der Erde befindet sich einerseits das Zentrum der schwarzen Magie, aus dem ständig die Kräfte des soratischen Bösen nach oben wirken, zugleich aber entfaltet sich von dort aus auch die Tätigkeit der höchsten Hierarchie, angeführt von den Geistern der All-Liebe oder der weißen Magie. Diese beiden polaren Kräfte wirken jedoch auf zwei unterschiedlichen Ufern des Weltendaseins und sind durch einen Abgrund voneinander getrennt, der so tief ist, wie der Abstand zwischen dem Mittelpunkt der Erde und der kosmischen Sphäre der Weltenmitternacht, die hinter der Fixsternsphäre liegt. Mit anderen Worten: Um über diesen Abgrund im Sinne der guten Mächte hinüberzusetzen, muss die Menschenseele auf ihrem Weg zwischen zwei Inkarnationen bis zur Weltenmitternachtssphäre emporsteigen, um von dort mit den Kräften der ersten Hierarchie an der Gestaltung ihres Karma bis in die irdische Welt hinein zu wirken.[126]

Zu dieser ursprünglichen, *vertikalen* Verbindung des Erdzentrums zur Weltenmitternachtsstunde hat Christus durch seine Auferstehung eine neue, *horizontale* Verbindung hinzugefügt, welche am Karsamstag im Erdmittelpunkt stattfand. (Siehe darüber auch in Kapitel II.) Um zu verstehen, wie diese Tat von Christus vollzogen wurde, muss man noch die folgende Aussage Rudolf Steiners berücksichtigen.

Wie bereits in Kapitel I erwähnt, war das Phantom des physischen Leibes schon zur Zeit der Kreuzigung in seiner ursprünglichen Form vollkommen wiederhergestellt. Rudolf Steiner weist sogar darauf hin, dass es zu dieser Zeit schon gänzlich von der Materie des Leibes getrennt war, sodass dieser nicht mehr von dem Phantom zusammengehalten wurde, sondern nur noch «nach dem Gesetz des Beharrungsvermögens» bestehen blieb (GA 131, 12.10.1911).[127] Und als daraufhin der phantomlose Leib vor dem Begräbnis mit gewissen Spezereien behandelt worden war, zerfiel er bald nach der Grablegung in feinsten Staub, der dann durch den entstandenen Spalt in die Erde aufgenommen wurde. (Siehe GA 130, 9.1.1912.)

Was geschah nun weiter mit diesem wiederhergestellten Phantom? Zunächst trennten sich die Wege des Phantoms und des Christus-Geistes. Dieses folgte dem gleichen Weg, den das Phantom eines jeden menschlichen Leibes nach dem Tod nimmt. Es geht in das Erdinnere bis zur siebenten Sphäre, wo es für eine Weile verbleibt. Rudolf Steiner beschreibt diesen Prozess so: «Was man gewöhnlich den menschlichen Leib nennt, geht nach dem Tode physisch-stofflich zugrunde. Es löst sich in den obersten Schichten der Erde auf, nicht aber die Kraftsumme, die den physischen Leib in der Form hält [das Phantom]. Diese können Sie in der siebenten Schicht, dem sogenannten Erdspiegel, finden ... Tatsächlich ist dies [die siebente Schicht] eine Art von Reservoir für die Formen, die vorhanden bleiben. Die Materie geht zugrunde, aber die Form [das Phantom] bleibt aufbewahrt» (GA 96, 16.4.1906). Die Aufbewahrung gerade in dieser Schicht ergibt sich aus der Tatsache, dass sie mit den Saturnkräften bzw. mit den gefangenen Kräften der Throne zu tun hat. Diese waren die eigentlichen Schöpfer des Phantoms auf dem alten Saturn, wodurch sich eine natürliche Anziehungskraft zwischen dem Phantom und der siebenten Schicht ergibt.

Das nun folgende Schicksal des Phantoms beschreibt Rudolf Steiner so: «Wenn Sie nun eine solche aufbewahrte Menschenform verfolgen, so sehen Sie, dass sie eine Zeit lang in dieser siebenten Schicht verbleibt. Dann wird sie in der achten Schicht, dem Zersplitterer oder Zahlenerzeuger,[128] in der Tat zersplittert» (ebd.).

Dabei geht es aber nicht primär um die Zerteilung des Phantoms, sondern um dessen Vervielfältigung. Dies geht ganz klar aus der folgenden Bemerkung Rudolf Steiners hervor: «Es entsteht wirklich *genau dasselbe*, was ich Ihnen vorhin für die bloße Betrachtung beschrieben habe für die Blume» (ebd.). Gemeint ist die vorhergehende Stelle in demselben Vortrag, wo Rudolf Steiner im Zusammenhang mit der Darstellung der achten Schicht beschreibt, wie der Eingeweihte, wenn er eine Blume – aber auch ein Tier oder ein Kunstwerk des Menschen – sich geistig vorstellt und sich dann, wie durch sie hindurchschauend, auf diesen Ort des Erdinnern konzentriert, erleben kann, dass diese Blume (oder andere Dinge) seinem geistigen Blick «in unzähligen Exemplaren ... *vervielfältigt*» erscheinen (ebd.).

Die auf diese Weise vervielfältigten Phantomformen des physischen Leibes können daraufhin in die Phantome anderer Menschen bei ihrer Geburt auf der Erde übergehen. Dann «trägt [der Mensch] auch andere Menschen der Form nach in sich, in seiner Mitte im Körper» (ebd.).[129] Eine solche Zersplitterung oder Vervielfältigung des Phantoms in der achten Schicht der Erde ist nur dadurch möglich, dass es mit dem Sündenfall die Kräfte des Todes und des Zerfalls in sich aufgenommen hat. Diese lassen das Phantom nicht in seiner ursprünglichen Form bestehen.

Demgegenüber war das Schicksal des Phantoms von Christus Jesus ein völlig anderes. Zuerst stieg es wie durch eine natürliche Anziehungskraft bis in die siebente Schicht hinunter. Nach einer gewissen Zeit ging es, wie alle anderen Phantome, von dort in die achte Schicht über, wo es aber wegen der in ihm wiederhergestellten ursprünglichen Kräfte nicht zersplittert wurde. Im exoterischen Christentum wird dieser Prozess in dem Bild zum Ausdruck gebracht, dass der Höllenschlund den Auferstandenen nicht verschlingen konnte.

In dieser achten Schicht wurde das unzersplitterte Phantom von dem Christus-Geist, der inzwischen durch die vorhergehenden sieben Schichten gegangen war (siehe darüber weiter unten), neu ergriffen und durchdrungen. So stand Christus, mit dem Phantomleib bekleidet, an der Schwelle zur tiefsten Hölle und vollzog nun *gemeinsam mit dem Phantom* den letzten Schritt: den Eintritt in den Erdkern, um von dort aus die oben erwähnte *horizontale* Verbindung mit dem anderen Ufer des Weltendaseins herzustellen. Wie ein gewaltiger, kaum vorstellbarer Durchbruch geschah hier eine ganz neue Vereinigung mit der Sphäre der Weltenmitternachtsstunde bzw. mit der Wirkung der ersten Hierarchie, dann aber auch der beiden weiteren Hierarchien. Und so leuchtete im Zentrum der Erde die geistige «Christus-Sonne» auf, den Beginn des Ostergeschehens bekundend. Oder mit den Worten von Emil Bock: «Dadurch geht, während auf der Erde der dunkle Grabessabbat herrscht, im Reich der Toten die Sonne auf. Das ist der Sinn der Höllenfahrt Christi ... Als es auf der Erde noch Karsamstag war, war im Reich der Toten bereits Ostern.»[130]

Was in Kapitel II als das Entstehen des Auferstehungsleibes (im Unterschied zum Phantom) beschrieben wurde, vollzog sich im Erdkern am Karsamstag. Jetzt wurde das Phantom, welches bis dahin noch zum diesseitigen Ufer des Weltendaseins gehört hatte, mit der Weltgeistigkeit, die sich am jenseitigen Ufer (Weltenmitternachtsstunde) befand, aus den Kräften der Göttlichen Trinität von Christus voll durchdrungen: das Gliedmaßensystem des Phantoms mit den Kräften der ersten Hierarchie, das rhythmische System mit denen der zweiten und das Kopfsystem mit denen der dritten Hierarchie. (Siehe Kapitel I.) Auf diese Weise wurde das Phantom in den Auferstehungsleib verwandelt. Und wie das wiederhergestellte Phantom nicht von der achten Schicht zersplittert werden konnte, so wurde auch der Auferstehungsleib von keiner schwarzen Magie der Hölle aufgehalten. Von dem Christus-Geist erfüllt, vollzog er nun eine Art «Himmelfahrt», oder, genauer gesagt, eine «Erdenfahrt» aus dem Erdkern heraus durch alle neun Schichten bis an die Oberfläche der Erde, um am Ostersonntag als der Auferstandene vor seinen Schülern zu erscheinen.

In dem Vortrag von 16. April 1906 erwähnt Rudolf Steiner, dass durch den Erdmittelpunkt geistige Strömungen fließen, welche die Form eines Kreuzes bilden. «Namentlich gehen zwei deutlich aufeinander senkrecht stehende Kräfterichtungen genau durch den Mittelpunkt der Erde. Es sind nicht Stränge, sondern Kraftrichtungen» (GA 96).

So stehen mit dem physischen Kreuz von Golgatha zwei Kreuze in Verbindung: Das oben beschriebene Kreuz in den Tiefen der Erde, und das in den Höhen der geistigen Welt leuchtende große kosmische Kreuz, welches in der Grundsteinmeditation beschrieben ist.[131] Dort findet man, wie durch die erste Hierarchie die Kräfte des göttlichen Vaters von oben nach unten wirken, die Kräfte des Sohnes durch die zweite Hierarchie von Ost nach West leuchten und die Kräfte des Heiligen Geistes durch die dritte Hierarchie von unten nach oben steigen.

Aufgrund des Gesagten kann man noch eine weitere Seite von der Höllenfahrt des Christus und dem Beginn des Auferstehungsprozesses im

Mittelpunkt der Erde entdecken. Denn man kann sagen, durch Seine Auferstehung hat Christus das große kosmische Kreuz der hierarchischen Kräfte in die Mitte der Erde gebracht und dort mit dem inneren Kreuz der Erde verbunden. Dadurch wurde im Zentrum der Erde der endgültige Sieg des Golgatha-Kreuzes über das Böse bewirkt und die Möglichkeit für die zukünftige Eingliederung der Erde in den hierarchischen Kosmos veranlagt. Seitdem trägt die Erde das Golgatha-Kreuz in sich. Sie ist zum kosmischen Leib des Christus geworden. Darin liegt auch die Bedeutung des okkulten Zeichens, mit dem Rudolf Steiner den kultischen Akt der Grundsteinlegung an der Weihnachtstagung abschloss.[132]

Um die oben beschriebene «Erdenfahrt» besser zu verstehen, muss man noch einen weiteren Aspekt der geisteswissenschaftlichen Erforschung des Erdinnern mit einbeziehen. Rudolf Steiner erwähnt in mehreren Vorträgen, dass ein Wissen über die beschriebenen neun Schichten der Erde vor allem auf dem Weg der christlich-mystischen Einweihung erlangt werden kann. So stehen ihre sieben Stufen in einer direkten Beziehung zu den ersten sieben Schichten:

1. Fußwaschung	–	mineralische Erde
2. Geißelung	–	flüssige Erde
3. Dornenkrönung	–	Lufterde
4. Kreuztragung	–	Formerde
5. Mystischer Tod	–	Fruchterde
6. Grablegung	–	Feuererde
7. Auferstehung	–	Erdspiegel

(Siehe GA 96, 16.4.1906.)

Es ist auffallend, dass Rudolf Steiner hier, wie in einigen anderen Vorträgen auch, die Reihenfolge konsequent mit der Auferstehung als der siebenten Stufe abschließt. Dies kann verständlich werden, wenn man sich daran erinnert, dass die siebente Schicht mit den Kräften des Saturn bzw. der im Bann gehaltenen Kräfte der Geister des Willens und daher mit dem Wesen des Phantoms zu tun hat, dessen Wiederherstellung die Grundlage und Voraussetzung für die Auferstehung bildet.

An dieser Stelle entsteht die Frage nach der Erforschung der drei letzten Erdschichten. Die Antwort darauf kann in einem anderen Vortrag gefunden werden, wo Rudolf Steiner darauf hinweist, dass «die achte Schicht ... *ebenfalls* auf der siebenten Einweihungsstufe wahrnehmbar wird» (GA 94, 11.7.1906). So kann man die Entsprechung weiter fortsetzen:

7. Auferstehung	–	Erdspiegel
8. Auferstehung	–	Zersplitterer

Aus dem zuvor Dargestellten geht deutlich hervor, warum die siebente Einweihungsstufe sich auf zwei Schichten erstreckt. Das findet seine Begründung darin, dass die siebente und achte Schicht eine besondere Beziehung zum menschlichen Phantom haben (wie es oben beschrieben ist). Was jedoch die letzte Stufe betrifft, so heißt sie auf dem christlich-mystischen Weg «die Himmelfahrt» und steht nach dem Gesagten in Verbindung mit der neunten Schicht bzw. dem Erdkern selbst:

9. Himmelfahrt	–	Erdkern

Damit wird auf das Geheimnis der «Erdenfahrt» des Christus-Geistes hingewiesen, das heißt auf seinen in den Auferstehungsleib gekleideten Aufstieg durch den Erdkern und alle weiteren acht Schichten bis auf die Erdoberfläche und darüber hinaus.[132a]

*

Das beschriebene Heruntersteigen des Christus durch alle Schichten des Erdinnern bildet auch einen Schlüssel für das tiefere Verständnis der darauf folgenden «Vermehrung» Seines Phantoms in der geistigen Umgebung der Erde, sodass in der Perspektive der Erdenentwicklung jeder Mensch ein geistiges Abbild davon erhalten kann. Rudolf Steiner berichtet darüber in dem Vortragszyklus *Von Jesus zu Christus*. «So denken Sie sich nun, dass der Mensch durch das, was man sich als mystisch christologischen Prozess vorstellen kann, einen ganz anderen Leib bekommt, als der ist, welchen er allmählich in der absteigenden Linie bekommen hat. Und jeden von diesen Leibern, welche die Menschen bekommen, denken Sie sich mit dem, was aus dem Grabe auferstanden ist, ebenso zusammenhängend, wie die menschlichen Zellen des physischen Leibes mit der ursprünglichen Eizelle zusammenhängen. Das heißt, wir müssen uns das, was aus dem Grabe auferstanden ist, so in die Zahl schießend, so sich vermehrend denken, wie die Eizelle sich vermehrt, die dem physischen Leib zugrunde liegt» (GA 131, 11.10.1911).[133]

Bei dieser Beschreibung fällt auf, dass Rudolf Steiner diesbezüglich immer wieder auf den Apostel Paulus hinweist, der als Erster das Geheimnis der Vervielfältigung des Phantoms in der geistigen Sphäre der Erde erkannt und in seiner esoterischen Lehre verkündete hatte. In dem erwähnten Zyklus wird darüber gesagt, «dass er [der Christus] erschien im Geistleib, in dem Leibe, von dem Paulus sagt, dass er sich wie das Samenkorn vermehrt und übergeht in alle Menschen» (GA 131, 12.10.1911).

Dieser Prozess der geistigen Vermehrung des Phantoms bildet einen Gegenpol zu dessen Vervielfältigung in der achten Schicht des Erdinnern. Was dort im negativen Sinne als Folge des Sündenfalls ständig geschieht, findet nach der Auferstehung in der geistigen Umgebung der Erde auf eine positive und für die Zukunft der Menschheit entscheidende Weise statt. Beide Prozesse stehen jedoch in enger Verbindung zueinander. Denn durch die Tatsache, dass das wiederhergestellte Phantom des Christus in der achten Schicht nicht wie alle übrigen Menschenleiber zersplittert bzw. vervielfältigt wurde, konnte die bis dahin bestehende Eigenschaft dieser Vervielfältigung den dunklen Kräften des Erdinnern entrissen und daraufhin ganz anders verwendet werden. Von da an diente dieses vervielfältigte Phantom dazu, die Menschen mit den Kräften der Auferstehung ganz *wesenhaft* (das heißt durch das Einpflanzen der Phantom-Abbilder) zu verbinden.

Damit war in der Menschheitsentwicklung dasjenige geschehen, was Rudolf Steiner als «die Rettung des menschlichen Ich» bezeichnet. Und das wird als Folge haben, «indem der Mensch ... sich diesen unverweslichen Leib einverleibt, wird er immer mehr dazu kommen, sein Ich-Bewusstsein heller und heller zu machen, wird immer mehr das in seiner Natur erkennen, was sich von Inkarnation zu Inkarnation hindurchzieht» (GA 131, 11.10.1911). Mit anderen Worten, der Mensch wird durch die bewusste Verbindung mit einem Abbild des vermehrten Phantoms des Christus zum Erleben des Unsterblichkeit seines individuellen Ich kommen und damit zum bewussten Ergreifen seines *höheren Ich* in der geistigen Welt aufsteigen.[134]

Der nächste Schritt für den Menschen wird das Ergreifen seines *wahren Ich* sein.[135] Dieses wird ebenfalls in der geistigen Welt geschehen, aber jetzt durch die bewusste Verbindung mit der anderen Seite der Auferstehung, mit dem Auferstehungsleib selbst. Dadurch wird es dem Menschen möglich, sein irdisches Ich, dessen Entwicklung das Wesen und den Sinn des Erdendaseins ausmacht, mit dem höheren Ich (das «sich von Inkarnation zu Inkarnation hindurchzieht») zuerst durch die Kräfte des Phantoms und daraufhin mit dem wahren Ich durch die Kräfte des Auferstehungsleibes zu vereinigen, ohne das Erden-Ich dabei zu verlieren. Mit anderen Worten, um die Verwandlung des Phantoms zu begreifen, muss man die Stufe des höheren Ich erreichen; um aber das Wesen und die Herkunft des Auferstehungsleibes zu erkennen, sind auch noch die Kräfte des wahren Ich nötig. Denn nur mit diesen Kräften kann der Eingeweihte das Geheimnis des Erdkerns und damit das Geheimnis des Bösen wirklich durchschauen.

Um nun genauer festzustellen, wo im Leben des Christus nach der Auferstehung die Vervielfältigung des Phantoms geschehen war, muss noch das Folgende in Betracht gezogen werden. In dem bereits zitierten Vortrag vom 16. April 1906 beschreibt Rudolf Steiner am ausführlichsten die Möglichkeit der Erforschung des Erdinnern auf dem Weg der christlich-mystischen Einweihung. Dabei ergibt sich eine scheinbare Diskrepanz zwischen diesem Vortrag und demjenigen vom 11. Juli 1906. Denn in Letzterem steht, dass die siebente und achte Schicht dem Einzuweihenden auf der Stufe der «Auferstehung» zugänglich werden. (Woraus sich ergibt, dass die Geheimnisse der neunten Schicht erst auf der Stufe der «Himmelfahrt» offenbar werden).

In dem Vortrag vom 16. April hingegen berichtet Rudolf Steiner in Bezug auf die Erkenntnismöglichkeit der achten Schicht («Zersplitterer»), dass es sich hier um denjenigen Grad der Einweihung handelt, den der Geistesschüler «in der christlichen Einweihung erst *nach* der Auferstehung erlangt». Daraus folgt, dass man, um die Geheimnisse der achten Schicht zu erforschen, auf dem christlich-mystischen Weg die Stufe der «Himmelfahrt» erreicht haben muss.

Diese beiden Äußerungen Rudolf Steiners stehen aber in keinem Widerspruch zueinander, wenn man bedenkt, dass es sich hier um das Erforschen *verschiedener* Geheimnisse in der *gleichen* Schicht des Erdinnern handelt, für die zuerst die eine und dann die andere Stufe der Einweihung notwendig ist. So muss man die Stufe der «Auferstehung» erreicht haben, um die Geheimnisse der Zersplitterung oder Vervielfältigung des Phantoms in der achten Schicht des Erdinnern erforschen zu können. Hingegen braucht man die noch höhere Stufe der «Himmelfahrt», um in der gleichen Schicht die Verbindung zwischen der negativen Vervielfältigung und ihrem positiven Urbild in der geistigen Umgebung der Erde zu erkennen.

Dabei muss noch berücksichtigt werden, dass diese Vervielfältigung von Anfang an *nur* das Phantom, nicht jedoch den Auferstehungsleib betrifft. Denn, wie wir bereits sahen, bewirken die Wiederherstellung des Phantoms und seine Zubereitung für jeden einzelnen Menschen (Vervielfältigung) zugleich den Ausgleich des sogenannten Sündenfalls, der von den Göttern in der Weltentwicklung ohne menschliche Zustimmung zugelassen wurde. Deshalb gehörte es zu den Angelegenheiten der Götter, dem Fall des

Menschen von sich aus einen Ausgleich entgegenzustellen. (Siehe GA 143, 17.12.1912). In diesem Sinne ist das Erschaffen des Auferstehungsleibes allein mit der Zukunft der Erdenentwicklung verbunden und somit die einzige Gewähr dafür, dass die Menschheit ihr letztes Ziel auf dem Vulkan überhaupt erreichen kann. Deshalb kann dieser Auferstehungsleib nur allmählich und aus voller Freiheit von den Menschen durch ihre eigene innere Arbeit erreicht und individualisiert werden. Denn hier geht es nicht um einen Ausgleich eines Vergangenen, sondern um den Beginn der neuen Schöpfung, welche die ganze zukünftige Evolution der Erde und der Menschheit bis zum Vulkan (und sogar darüber hinaus) umfasst. Aus diesem *gemeinsamen* Quell werden einmal die Menschen die Kraft schöpfen, die für das bewusste Ergreifen des wahren Ich nötig ist, mit dem allein die weitere Evolution vollzogen werden kann.

Da die Himmelfahrtsstufe auf dem christlich-mystischen Einweihungsweg auch eine reale Beziehung zur Himmelfahrt der Zeitenwende hat (im Sinne des Mikrokosmos, in dem sich der Makrokosmos spiegelt), ist demzufolge festzustellen, dass die Vervielfältigung des Phantoms des Christus von Ihm in dem Prozess Seiner Himmelfahrt veranlagt und daraufhin verwirklicht wurde. Denn, wie gesagt, die Möglichkeit dazu hat Christus selbst aus den Abgründen des Erdinnern in die geistige Umgebung der Erde heraufgeholt.

An dieser Stelle ergibt sich nun die Frage, welche Einweihungsstufe ist nötig, um auch den Erdkern erforschen zu können? Im Einklang mit dem Vortrag vom 16. April muss eine solche Einweihungsstufe über derjenigen der «Himmelfahrt» liegen. Dies wird auch durch eine Stelle in dem Vortrag selbst bestätigt, wo Rudolf Steiner andeutet, dass die neunte Schicht nicht exakt dem Erdkern entspricht, sondern diesen wie eine letzte Hülle umgibt. («Dann kommt die neunte Schicht, welche unmittelbar den Erdmittelpunkt umgibt.») Welche Stufe führt nun über diejenige der «Himmelfahrt» hinaus? In der Reihenfolge der Stationen des Christus-Lebens im Sinne des Weges der christlich-mystischen Einweihung folgt auf die Stufen von Auferstehung und Himmelfahrt diejenige von «Pfingsten». Nun kann es sich in diesem Falle aber nicht um die Stufe des historischen Pfingstgeschehens handeln, sondern um etwas noch Höheres.[136]

Tatsächlich erwähnt Rudolf Steiner dieses Höhere an einer Stelle. Es ist zwar seinem Wesen nach mit dem Pfingstereignis an der Zeitenwende verbunden (denn in diesem liegt der geistige Quell zu dessen Erlangen[137]), stellt aber im Vergleich zu ihm eine weitere Stufe dar. Es liegt auf der Hand, dass eine solche Einweihungsstufe nur einige wenige *führende Eingeweihte der Erde* erreichen können. Anhand von Manes, dem Begründer des Manichäismus im 4. Jahrhundert, beschreibt Rudolf Steiner diese Stufe in folgenden Worten: «Er selbst aber, Mani, bezeichnete sich als ‹Paraklet›, als den von Christus der Menschheit versprochenen Heiligen Geist. Nun ist das so aufzufassen, dass er sich bezeichnete als *eine* Inkarnation jenes Heiligen Geistes; nicht etwa meinte er, dass er der alleinige Heilige Geist sei. Er stellte sich vor, dass dieser Heilige Geist in Wiederverkörperungen erscheint und bezeichnete sich als *eine* solche Wiederverkörperung des Geistes» (GA 93, 11.11.1904; kursiv Rudolf Steiner).[138]

Es geht hier um eine Verbindung mit dem Heiligen Geist, die noch wesenhafter ist als die, in welche die Apostel an der Zeitenwende in Folge des Pfingstereignisses eingetreten waren. Und doch ist diese höhere Stufe als seine unmittelbare Fortsetzung untrennbar damit verbunden.[139]

Es besteht kein Zweifel daran, dass auch Rudolf Steiner mit dieser Einweihungsstufe tief verbunden war. Denn wie hätte er sonst so viele Mitteilungen über das Erdinnere und über das Wesen des Bösen (der Gegenmächte) *aus seiner eigenen Geistesforschung* machen können, für die es in der gesamten Menschheitsgeschichte bis heute nichts Vergleichbares gibt? Und vor allem vermochte er aus diesem Quell so tief in das Wesen des Mysteriums von Golgatha einzudringen, dass er als Erster nicht nur von dem Wesen des Phantoms des Christus sprach, sondern darüberhinaus auch von Seinem Auferstehungsleib. Und in der Grundsteinmeditation eröffnete er allen Menschen eines guten Willens den modernen Weg zum Erleben der vollen Wirklichkeit der Auferstehung. Darin liegt das eigentliche Geheimnis der Einweihung Rudolf Steiners.

*

Nun muss noch auf das Wesen und die Herkunft der *drei* Erdbeben eingegangen werden. Denn dies kann nur aufgrund des vorher Gesagten richtig verstanden werden. Das Erste von ihnen fand am Karfreitag, das Zweite am Karsamstag und das Dritte am frühen Morgen des Ostersonntags statt. Geisteswissenschaftlich betrachtet sind Erdbeben immer mit Wirkungen aus der fünften und sechsten Schicht des Erdinnern (Fruchterde und Feuererde) verbunden (siehe GA 96, 16.4.1906), was natürlich nicht ausschließt, dass auch andere Faktoren dabei mitwirken können.[140]

Das erste Erdbeben geschah nach dem Sterben des Christus Jesus am Kreuz. Davon berichtet nur das Matthäus-Evangelium: «Und siehe da, der Vorhang im Tempel zerriss in zwei Stücke, von oben an bis unten aus. Und die Erde erbebte, und die Felsen zerrissen» (27,51).[141] Das Zerreißen des Vorhangs im Tempel ist hier ein wahres Sinnbild für den Beginn der Vereinigung des Christus-Geistes mit der geistigen Atmosphäre der Erde. Denn der Tempel ist auch das Bild für den menschlichen Leib. Und dieses Verlassen des Leibes hatte schon vor dem Tod am Kreuz begonnen. In diesem Sinne berichtet Rudolf Steiner aus seinen Forschungen im Bereich des Fünften Evangeliums: «Die Verbindung des kosmischen Christus-Impulses mit der Erdenaura schaut man bei dieser Verfinsterung [die während der Kreuzigung eintrat] *vor seinem Tode*» (GA 148, 16.11.1913). Und dann ergänzt er diesen Bericht durch eine persönliche Bemerkung: «So im Geiste zu schauen das Kreuz auf Golgatha, und den Christus durch die verfinsterte Erde sich ausgießen sehen über das Erdenleben, ist ein ungeheuer überwältigender Eindruck» (ebd.).

Es ist in diesem Sinne wichtig, dass man dieses Forschungsergebnis Rudolf Steiners nur im Lukas-Evangelium angedeutet findet. So berichtet der Evangelist, dass der Vorhang des Tempels noch *vor* dem Tod am Kreuz zerriss (23,45).[142] Dagegen versetzen die beiden anderen Evangelisten, Matthäus und Markus, das Zerreißen des Vorhangs auf den Moment, der unmittelbar *nach* dem Tod am Kreuz folgte (27,51 und 15,38). Dieser Unterschied rührt daher, dass Lukas vor allem auf den Beginn des Prozesses der Vereinigung des Christus-Wesens mit der Erdenaura schaut, Matthäus und Markus jedoch mehr auf dessen Ende.

Aus geisteswissenschaftlicher Sicht kann man sagen, dass die Vereinigung des Christus mit der Erdenaura in dem Moment begann, als das Phantom des physischen Leibes des Jesus vollkommen wiederhergestellt war, was, wie Rudolf Steiner bezeugt, schon vor dem Tod am Kreuz erreicht wurde. (Siehe Kapitel I.)[143] Das Erdbeben hingegen, von dem das Matthäus-Evangelium an dieser Stelle ebenfalls berichtet, weist hin auf das Heruntersteigen des vollkommen hergestellten Phantoms in das Innere der Erde bzw. seinen Durchgang durch die fünfte und sechste Schicht auf dem Wege zu dem Ort, der oben in diesem Kapitel beschrieben wurde. Für die ganze Erdenentwicklung war dies ein völlig neues Geschehen.

Das zweite Erdbeben wird von Rudolf Steiner in Zusammenhang mit dem Aufnehmen des Leibes in den Spalt der Erde gebracht: «Es spaltete sich die Erde, der Staub des Leichnams fiel hinein und verband sich mit der ganzen Substanz der Erde» (GA 130, 9.1.1912). An dieser Stelle muss man noch einmal daran erinnern, dass der Leib des Gekreuzigten, nachdem das Phantom sich von ihm getrennt hatte, zuerst im Grab in feinsten, fast immateriellen Staub zerfiel und erst dann wie eine Art homöopathische Arznei von der Erde aufgenommen wurde. In den Vorträgen über das Fünfte Evangelium beschreibt Rudolf Steiner diesen Prozess noch ausführlicher: «Jenes Erdbeben durchrüttelte das Grab, in das der Leichnam des Jesus gelegt war – und weggerissen wurde der Stein, der darauf gelegt worden war, und ein Spalt wurde aufgerissen in der Erde, und der Leichnam wurde aufgenommen von dem Spalt. Durch weitere Aufrüttelung wurde über dem Leichnam der Spalt wieder geschlossen. Und als die Leute am Morgen kamen, war das Grab leer, denn die Erde hatte aufgenommen den Leichnam des Jesus; nur der Stein lag noch da, hinweggeschleudert» (GA 148, 2.10.1913).

Dieses zweite Erdbeben war ein Zeichen dafür, dass der Christus-Geist, der sich zuerst mit der Erdenaura verbunden hatte, nun Seine «Höllenfahrt» bzw. Seinen Weg in das Erdinnere zum erneuten Ergreifen Seines Phantoms angetreten hatte. Und das Erdbeben war die Folge Seines *ersten* Durchgangs durch die fünfte und sechste Schicht der Erde.

Von dem dritten Erdbeben, am frühen Ostermorgen, berichtet allein das Matthäus-Evangelium (28,2). Es geschah in dem Augenblick, als der Christus-Geist, gekleidet in den Auferstehungsleib, in Seiner «Erdenfahrt» die beiden oben erwähnten Schichten *zum zweiten Mal* durchquerte. Die Folge dieses letzten Erdbebens war das Schließen des Spalts, der zuvor den Staub des Leibes aufgenommen hatte. An einer Stelle in den Vorträgen über das Fünfte Evangelium weist Rudolf Steiner diesbezüglich darauf hin, dass das Wegschleudern des Steins nicht mit dem Aufgehen des Spalts, sondern mit dessen Schließen verbunden war bzw. dadurch erfolgte. So beschreibt er, diese Ereignisse zusammenfassend, folgenden Ablauf der Geschehnisse: «Verfolgen wir noch einmal die Bilderreihe! An dem Kreuze auf Golgatha verscheidet der Jesus. Finsternis bricht herein über die Erde. In das offene Grab wird der Leichnam des Jesus hineingelegt. Ein Beben durchrüttelt den Erdboden, und der Leichnam des Jesus wird aufgenommen von der Erde. Der durch das Beben entstandene Spalt schließt sich, der Stein wird danebengeschleudert. Das alles sind tatsächliche Ereignisse» (GA 148, 2.10.1913).

Hier liegt die Möglichkeit, die Forschungsergebnisse Rudolf Steiners mit dem Bericht aus dem Matthäus-Evangelium in Einklang zu bringen. Denn in dem oben angeführten Zitat steht der Satz: «Und als die Leute [die Frauen] am Morgen [des Ostersonntags] kamen, war das Grab leer, denn die Erde hatte aufgenommen den Leichnam des Jesus; nur der Stein lag noch da, hinweggeschleudert», woraus eindeutig hervorgeht, dass dieses Erdbeben *vor* ihrer Ankunft am Grab stattgefunden hatte.[144] Hingegen berichtet das Matthäus-Evangelium, dass sie noch etwas von dem dritten Erdbeben miterlebt hatten. (28,2.)

Der Grund dafür, warum sich hier die Mitteilungen Rudolf Steiners und diejenigen im Matthäus-Evangelium unterscheiden, liegt meines Erachtens darin, dass Rudolf Steiner mehr von dem geistigen Ursprung des zweiten und dritten Erdbebens ausgeht, die beide mit dem Durchgang des Christus durch die fünfte und sechste Schicht der Erde verbunden sind, weswegen er diese beiden Ereignisse zusammenschaut, ohne dabei ihren zeitlichen Abstand zu erwähnen. Darin liegt auch der Unterschied zu dem ersten Erdbeben, denn dieses ist mit dem *Weg des Phantoms* in das Erdinnere verbunden, die beiden nachfolgenden jedoch mit dem *Weg des Christus selbst*. Matthäus hingegen konzentriert sich bei seinem Lesen in der Akasha-Chronik auf das erste und dritte Erdbeben und verbindet das Letztere direkt mit dem Auferstehungsgeschehen (der Abschluss der «Erdenfahrt» des Christus) und dadurch zeitlich mit dem Ostermorgen und der Ankunft der Frauen.

So kann man die drei Erdbeben in einem Überblick zusammenstellen:

1. Erdbeben	nach dem Tod am Kreuz am Karfreitag (Matth 27,51)	von dem Durchgang des *Phantoms* durch die fünfte und sechste Schicht der Erde hervorgerufen.
2. Erdbeben	einige Zeit nach der Grablegung am Karsamstag	von dem *ersten* Durchgang (der «Höllenfahrt») des *Christus-Geistes* durch die fünfte und sechste Schicht der Erde hervorgerufen (Öffnung des Spalts).
3. Erdbeben	am Ostermorgen beim Aufgang der Sonne (Mark 16,2)[145]	von dem *zweiten* Durchgang (der «Erdenfahrt») des *Christus-Geistes* im *Auferstehungsleib* durch die fünfte und sechste Schicht der Erde hervorgerufen (Schließung des Spalts, Wegschleudern des Steins).

Dabei spricht, wie wir gesehen haben, das Matthäus-Evangelium nur von dem ersten und dritten Erdbeben, Rudolf Steiner jedoch von einem zweiten und dritten.[146]

Somit folgt aus dem Dargestellten ein wichtiges Ergebnis, nämlich, dass die beiden letzten Erdbeben, durch die der Spalt der Erde aufgetan und wieder geschlossen wurde, von dem Christus-Geist selbst hervorgerufen wurden.

Weiter sehen wir aus den angeführten Forschungsergebnissen Rudolf Steiners, dass der Christus-Geist schon kurz vor dem Tod begonnen hatte, den Jesus zu verlassen und in die Aura der Erde überzugehen, was bei Jesus die Worte hervorrief: «Mein Gott, mein Gott, warum hast du mich verlassen?» (Matth 27,46). In dem beschriebenen Zusammenhang müssen diese Worte als Ausdruck einer konkreten übersinnlichen Tatsache genommen werden. Jedoch darf man sich diese Trennung nicht als etwas Absolutes vorstellen, sondern nur bis zu dem Grade, dass Jesus dieses Verlassenwerden bewusst erleben konnte. Denn die weiteren Wege des Christus blieben ihm verborgen. In den tieferen Schichten seines Wesens blieb der Christus-Geist selbstverständlich mit dem Jesus bis zum Todesmoment untrennbar verbunden, um dann *mit ihm zusammen* endgültig in die Erdenaura überzugehen. Aus diesem Grunde konnte Rudolf Steiner auch an vielen anderen Stellen mit vollem Recht darauf hinweisen, dass auch Christus (nicht nur Jesus) durch den Tod auf Golgatha hindurchgegangen ist.[147] So konnte er z. B. in einem der Vorträge über das Fünfte Evangelium sagen: «Die Erde hat durch den Tod des Christus Jesus den Impuls des Christus empfangen» (GA 148, 18.12.1913).

Die Lockerung aber, bzw. eine bestimmte Entfernung des Christus von Jesus, war unbedingt notwendig, damit Jesus überhaupt sterben konnte. Denn mit der vollen Anwesenheit des Christus in sich wäre das nicht möglich gewesen.[148]

Unmittelbar nach dem Tod aber wurde Jesus von dem Christus-Geist in der Erdenaura empfangen. Und hier blieben sie vereint bis zum Beginn der «Höllenfahrt» des Christus-Geistes am Karsamstag. So war dieser zuerst in die Erdenaura übergegangen, um von dort in die Tiefen der Erde bis zu ihrem Mittelpunkt hinabzusteigen. Dadurch war die Grundlage gelegt und der Anfang damit gemacht, dass die Erde immer mehr zu dem planetarischen Leib des Christus werden kann. (Die völlige Durchdringung der Erdenaura geschah jedoch erst später und ist, wie bereits in Kapitel II beschrieben, mit dem Geheimnis der Himmelfahrt verbunden.)

Diese Vereinigung des Christus-Geistes mit der Erdensphäre ist im Zentralmotiv der Malerei der kleinen Kuppel des ersten Goetheanum dargestellt. Dass es dabei vor allem um dieses Mysterium geht, ergibt sich bei der genauen Betrachtung der Pastellskizze, die Rudolf Steiner 1914 für dieses Motiv eigenhändig angefertigt hat. (Siehe Abbildung auf Seite 135.) Da findet sich etwas rechts von der Mitte der Golgatha-Hügel mit den drei Kreuzen, bei denen man noch die Umrisse der drei am Kreuz hängenden Leiber erkennen kann. Die drei Kreuze sind deutlich von einer Finsternis umgeben, was ganz dem Wort aus den Evangelien entspricht: «Und von der sechsten Stunde an ward eine Finsternis über das ganze Land bis zu der neunten Stunde» (Matth 27,45), in der Jesus verschied (27,46 und 50). Das heißt, es handelt sich hier um die Zeit von unmittelbar vor bis direkt nach dem Tod, jedoch noch bevor der Leib vom Kreuz abgenommen war.

Dann haben wir neben diesem Seitenmotiv die gewaltige Gestalt des Christus in strahlendem Gold, umgeben von einer ovalförmigen Ätheraura in Pfirsichblüt. Die Gestalt bildet den Mittelpunkt innerhalb der halbrunden Form der Erdenaura in Regenbogenfarben, in welche die Sonne, ebenfalls von Pfirsichblüt umgeben, mächtig in die Christus-Aura hineinleuchtet als Zeichen der zukünftigen Verwandlung der Erde in die neue Sonne. Hingegen zeugt der abnehmende Mond von dem Ende der alten Welt. Der aufsteigende Luzifer[149] und der unter der Erde gefesselte Ahriman deuten hin auf das Entstehen einer mittleren Sphäre, die später zur Auferstehungssphäre des Christus wird und in der nach dem Tod von Jesus dessen ätherische Rückschau, von Christus getragen und behütet, beginnt. – Damit hat Christus die Grundlage für den «neuen Ätherleib» (GA 130, 9.1.1912) gelegt, der nach der Auferstehung zu Seiner äußeren Hülle wird. Und zugleich wurde von Ihm in der Umgebung der Erde der geistige Raum vorbereitet, aus dem Er später als Auferstandener wirken konnte.

Der Christus selbst wartet noch mit dem Beginn Seiner «Höllenfahrt», bei der Er sich in den Tiefen der Erde mit dem wiederhergestellten Phantom vereinigen wird. Man kann auch sagen, Er wartet, bis das Phantom die siebente Schicht des Erdinnern erreicht hat, um daraufhin den Prozess der Auferstehung zu beginnen.

*

Betrachtet man den Weg des Christus-Geistes vom Golgatha-Hügel durch alle sieben Schichten der Erde bis zu Seiner Vereinigung mit Seinem Phantom in der achten Schicht, so kann man diesen Weg folgendermaßen verstehen. Wie ein Blitz des Geistes fuhr Christus in diese dunklen Sphären hinein – und keine von ihnen konnte Seinen Geist aufhalten. Dadurch aber wurden die dort herrschenden Widersachermächte in ihrer Wirksamkeit begrenzt: die luziferischen in den drei ersten Schichten, die ahrimanischen in den drei weiteren und die asurischen in den drei letzten. In der Auferstehung wurden dann auch dem Wirken des Sonnendämons im Erdkern die Schranken gewiesen.

Die Auferstehung selbst bestand, wie wir bereits sahen, in der Verwandlung des Phantoms in den Auferstehungsleib aus den Kräften der Weltenmitternacht, als der Christus auf horizontaler Ebene mit allen neun Hierarchien bis zu den Kräften der Göttlichen Trinität in Verbindung trat und mit ihren Kräften die drei Systeme des Phantomleibes durchdrang.[150] Daraufhin konnte Er abermals durch alle neun Sphären hindurchgehen, überall die Samen der hierarchischen Kräfte aus Seinem Auferstehungsleib aussäend, welche diese entbehrt hatten. Das geschah in der Reihenfolge:

1. Erdkern	–	Kräfte der Seraphim
2. Zersplitterer	–	Kräfte der Cherubim
3. Erdspiegel	–	Kräfte der Throne
4. Feuererde	–	Kräfte der Kyriotetes
5. Fruchterde	–	Kräfte der Dynamis
6. Formerde	–	Kräfte der Exusiai
7. Lufterde	–	Kräfte der Archai
8. Flüssige Erde	–	Kräfte der Archangeloi
9. Mineralische Erde	–	Kräfte der Angeloi.

Durch diese Tat wurden in alle neun Schichten der Erde die Samen für ihre zukünftige Vergeistigung gelegt, die einmal zur Vereinigung mit der Sonne führen wird. Mehr noch, damit entstand die Möglichkeit, dass die Menschen seitdem aus ihrer eigenen Freiheit an der Verwandlung des Erdinnern mitarbeiten können, und zwar nicht nur von oben nach unten, sondern auch in der Richtung der «Erdenfahrt» des Christus, von den untersten Schichten beginnend, aufwärts. Deshalb konnte Rudolf Steiner sagen: «Ihr Ziel [der anthroposophischen Bewegung[151]] soll deshalb sein: den Erdenzersplitterer, die achte Schicht, zu verbessern; es erstrebt, vom Erdenzentrum zu retten, was zu retten ist» (GA 94, 11.7.1906).[152] Denn

Rudolf Steiners Original-Entwurf
für das Mittelmotiv der von ihm
ausgeführten Malereien in der
kleinen Kuppel des ersten Goetheanum
Signiert Marie Steiner
Druck nach Pastell-Entwurf

bei Seiner «Erdenfahrt» hat Christus in alle Schichten des Erdinnern die Grundlage für den zukünftigen Sieg der Menschen über die unterirdischen Gewalten gelegt.

Diese ganze Entwicklungsrichtung fasst Rudolf Steiner in folgenden Worten zusammen: «So besteht ein Zusammenhang zwischen dem Inneren des Menschen und dem Inneren der Erde ... Was der Mensch auf der Erde tut, das gestaltet nach und nach den ganzen Erdenplaneten um. Und wenn die weiße Magie einmal hervorragend fortgeschritten ist, dann wird der Erdkern auch anders. Nur die schwarzen Magier werden ausgeschieden werden auf eine Art von Mond, wenn unser Planet einmal vergeht» (GA 94, 11.7.1906).

Vom Gesichtspunkt der Weihnachtstagung, an der die anthroposophische Bewegung auf der Erde ihre Kulmination erreichte, muss man die Verwandlung des Erdkerns vor allem mit dem Wesen des Grundsteins in Verbindung bringen. Denn wie an anderer Stelle bereits ausführlicher dargestellt, steht er in direkter Beziehung zum Erbauen des zukünftigen Neuen Jerusalem.[153] Man kann auch sagen, dass dieser «Stein der Liebe» von Rudolf Steiner aus der weißen Magie geschaffen wurde, die als Magie der Leibe einstmals den Erdkern verwandeln wird. Deshalb kann die Pflege des Grundsteins in den Herzen der Menschen zu dieser Verwandlung führen.

Im Vollzug der Grundsteinlegung wurde dieser Grundstein dann den Mitgliedern der Anthroposophischen Gesellschaft übergeben, um auf ihm eine neue Menschengemeinschaft zu errichten, welche sich durch das Aufnehmen und Verwirklichen der Inhalte der Karmavorträge allmählich zu einer neuen Karmagemeinschaft entwickeln sollte, in der eine ganz neue Qualität der Brüderlichkeit in den Menschenbeziehungen, bis zur Karmaverwandlung führend, gepflegt würde. Eine solche, bis in das Karma wirkende Brüderlichkeit, welche die Anthroposophische Gesellschaft berufen ist, in die Welt hineinzustellen, ist ihrerseits imstande, die achte Schicht, den «Zersplitterer», zu verwandeln.[154]

Um die Umgestaltung der siebten Schicht, des «Erdspiegels», zu gewährleisten, soll die Gesellschaft selbst ein Abbild der Verhältnisse am Himmel werden. Rudolf Steiner beschreibt diesen Prozess folgendermaßen: «So spinnt sich dadurch, dass die Fäden der Einzelnen verwoben werden in das Karma der ganzen Gesellschaft, ein Netz. Und dieses Netz soll durch das, was der Christus heruntergebracht hat aus geistigen Höhen, in seiner Charakteristik ein Abbild sein der Ordnung am Himmel» (GA 123, 11.9.1910). Innerhalb der Anthroposophischen Gesellschaft kann dieser Weg dadurch gegangen werden, dass ihre Mitglieder sich bemühen, mit den Wesen der dritten Hierarchie zusammenzuarbeiten: in den Zweigen mit den Engeln, in den Landesgesellschaften mit den Erzengeln, in der Weltgesellschaft mit Michael selbst.[155] Man kann auch sagen, dass für die Verwandlung der drei tiefsten Schichten des Erdinnern vor allem die Kraft der moralischen Intuition, welche bis in den sozialgestaltenden Willen des Menschen wirkt, nötig ist.

Die innere Arbeit an den anderen Schichten kann noch durch folgende Fähigkeiten des Menschen geschehen:

Auf die erste Schicht, die «mineralische Erde», nimmt die Ausbildung des streng logischen Denkens Einfluss, dessen systematische Pflege schon zur ersten Stufe des modernen Schulungsweges gehört. Jetzt aber muss es auch mit der vollen Achtung vor dem Denken jedes anderen Menschen einhergehen. Für die Änderung der «flüssigen Erde» ist es notwendig, die Stufe des lebendigen Denkens zu erreichen, verbunden mit der tiefen Achtung vor allem Lebendigen in der ganzen Natur.

Und die «Lufterde» kann nur dann verwandelt werden, wenn das Denken des Menschen schauend, das heißt zum Wahrnehmungsorgan für Imaginationen wird. Dies aber muss einhergehen mit einer wirklichen Achtung vor dem Seelenleben der anderen Menschen (und sogar der Tiere).

Beim Übergang zur «Formerde» geht es zunächst um das Erreichen der Stufe des leeren Bewusstseins. Die von dem Menschen freiwillig aufgelösten Imaginationen machen in der Seele den inneren Raum frei, in den dann die Inspirationen des Guten aus der geistigen Welt hineinwirken können. Dadurch nimmt der Mensch das Gute als eine real wirkende Substanz in seine Seele auf. Diese wirkt erlösend auf die vierte Schicht.

Die anschließende Verwandlung der «Fruchterde» geschieht dadurch, dass der Mensch nun aus dem Quell des Guten heraus in seiner Seele selbst schöpferisch wird.

Und die «Feuererde» verändert sich, wenn der Mensch in sich die höchsten Ideale des Guten so stark ausgebildet hat und in ihnen mit solcher Kraft zu leben vermag, dass seine seelische Begeisterung für die moralischen Ideale der Welt zu physischer Wärme, ja zum moralischen Feuer in seinem Blut wird. Denn nur dieses moralische Feuer, das sich dann vor allem im Herzen konzentriert, kann die zerstörerischen Feuermächte der sechsten Schicht bezwingen.

Den Prozess der Auferstehung selbst – wie er im Erdkern vor sich gegangen ist – kann man am besten durch die meditative Beschäftigung mit dem Grundsteinspruch nachvollziehen, und zwar in der Sequenz seiner Teile, wie Rudolf Steiner sie bei der Grundsteinlegung am 25. Dezember

1923 gegeben hat. Damals las er zuerst die drei mikrokosmischen Abschnitte der drei ersten Teile, dann den vierten Teil mit dem Aufleuchten der «Christus-Sonne» in der Mitte und zum Schluss erneut die drei mikrokosmischen Teile, jetzt aber verbunden mit den makrokosmischen. Im Sinne des bereits Dargestellten kann man in den folgenden sechs Zeilen der mikrokosmischen Abschnitte den Weg zu einer meditativen Vereinigung mit den Kräften des wiederhergestellten Phantoms erkennen:

«Und du wirst wahrhaft *leben*
Im Menschen-Welten-Wesen»

«Und du wirst wahrhaft *fühlen*
Im Menschen-Seelen-Wirken»

«Und du wirst wahrhaft *denken*
In Menschen-Geistes-Gründen»

Das ist der innere Weg, auf dem der Mensch heute zum Denken, Fühlen und Leben (Wollen) in der Leiblichkeit des wiederhergestellten Phantoms gelangen kann.

Am Karsamstag leuchtete dann im Mittelpunkt der Erde die geistige «Christus-Sonne» auf, woraufhin der oben beschriebene Durchbruch geschah: die Vereinigung der drei Systeme des Phantoms mit den Kräften aller neun Hierarchien, bis hinauf zur Trinität. So wurde das wiederhergestellte Phantom zum Auferstehungsleib.

Daraus geht hervor, dass, wenn die drei mikrokosmischen Abschnitte mit den drei makrokosmischen Abschnitten zusammen meditiert werden, man auf dem Wege ist, die volle Realität des Auferstehungsleibes (und das mit ihm verbundene Phantom) mit dem eigenen Wesen zu vereinen. Dies wird nur dann möglich, wenn man zuvor durch den Inhalt des vierten Teils eine direkte innere Beziehung zu dem *gegenwärtigen* Christus-Impuls gefunden hat. Denn jede wahre Erkenntnis des Christus, auch diejenige, welche das Wesen des Mysteriums von Golgatha zu begreifen sucht, muss immer als ihren Ausgangspunkt und geistigen Quell die unmittelbare Beziehung zu Seiner *ewigen Gegenwart* haben.

*

So wie sich der Christus-Geist in den Tiefen der Erde mit Seinem Phantom auf neue Weise verbinden konnte, geschah auch nach Abschluss

Seiner «Erdenfahrt» die erneute Vereinigung mit Seinem Ätherleib. Denn im Gegensatz zu dem nachtodlichen Schicksal eines gewöhnlichen Ätherleibes, der nach drei Tagen im Ätherkosmos aufgelöst wird, blieb der Ätherleib des Christus Jesus im Ätherumkreis der Erde vollkommen intakt. Auch war die Individualität des Jesus von Nazareth immer noch mit ihm verbunden. Denn diese schaute, wie jeder andere Mensch auch, während der drei Tage nach dem Tode das große Panorama ihres verflossenen 33-jährigen Erdenlebens. Nur, wie gesagt, löste sich dieser besondere Ätherleib eben am Ende dieser Zeit nicht auf.[156]

So umfasst die Auferstehung alle Ereignisse, von dem großen Durchbruch zu den höchsten geistigen Kräften in der Mitte der Erde – welche die Verwandlung des Phantoms in den Auferstehungsleib bewirkten – bis zu dessen Vereinigung mit dem verwandelten Ätherleib am Ende der «Erdenfahrt», durch die der Auferstandene zuerst den Frauen und dann allen Jüngern sichtbar wurde. Man darf nur die einzelnen Ereignisse nicht in zeitlicher Abfolge verstehen, sondern zu der Sphäre der Dauer gehörend. Deshalb kann man mit vollem Recht von der Auferstehung als einem einheitlichen Ereignis sprechen.

Wie im zweiten Kapitel gezeigt, verband sich Christus durch Seine spätere Himmelfahrt mit dem nachtodlichen Schicksal des Ätherleibes eines jeden Menschen. Jetzt aber schloss Er Seine «Erdenfahrt» durch die Vereinigung mit dem eigenen verwandelten Ätherleib ab. Auf diese Weise wurde die Grundlage für die zukünftige Überwindung des «zweiten Todes» gelegt,[157] – so wie durch die Auferstehung im Mittelpunkt der Erde die Grundlage zur Überwindung des leiblichen Todes für die ganze Menschheit gelegt worden war. Emil Bock schreibt in dieser Hinsicht: «Die Todesgewalt wird am dritten Tage den ätherischen Leib des Christus nicht aufzulösen vermögen. Durch die Gewalt, die der Christus über sein eigenes Wesen behält, wird sich diese ätherische Hülle nicht von der Erde entfernen; sie wird sich vielmehr substantiieren, sodass sich der Christus durch sie erst recht mit allem Irdischen verbinden kann» (Emil Bock, op. cit., Kap., «Karfreitag»). Mit anderen Worten, in dem Moment, als nach drei Tagen der Ätherleib des Jesus im Weltenäther aufgelöst werden sollte und damit dem «zweiten Tod» anheimgefallen wäre, vereinigte sich am Ostermorgen der im verwandelten Phantom auferstandene Christus mit diesem, um als der Auferstandene in einer neuen ätherischen Hülle, die nun den Auferstehungsleib umgab und hütete, den Jüngern zu erscheinen.[158]

An einer einzigen Stelle deutet Rudolf Steiner darauf hin, dass auch mit diesem Ätherleib eine Verwandlung stattgefunden hat, die aufgrund des zuvor Gesagten als eine Metamorphose, die derjenigen vom Phantom zum Auferstehungsleib entspricht, bezeichnet werden kann. In dem Vortrag vom 9. Januar 1912 lesen wir von «dem besonders zusammengezogenen Ätherleib,[159] dem entnommen sind die Bestandteile zu dem *neuen Ätherleib*, mit dem sich die Christus-Wesenheit [nach der Auferstehung] umkleidete» (GA 130). Man kann auch sagen, dass dieser «zusammengezogene Ätherleib» zu dem erwähnten «neuen Ätherleib» so steht, wie das Phantom zu dem Auferstehungsleib: sie sind wie zwei Wesenheiten, die zugleich eine untrennbare Einheit bilden.

Daraufhin erschien der Christus-Geist zuerst den Frauen und dann auch den Jüngern in der Form, dass Sein Auferstehungsleib nach außen hin von diesem «neuen Ätherleib» wie «umkleidet» war. Darin liegt das bereits im ersten Kapitel erwähnte zweifache Geheimnis der Auferstehung, welches bei der Beschreibung der geistigen Kommunion als die Verbindung mit dem geistigen Leib *und* Blut des Auferstandenen charakterisiert wurde.

*

Es gibt im Werk Rudolf Steiners eine Beschreibung, die als Schlüssel genommen werden kann, um das Wesen dieses Prozesses noch genauer zu verfolgen. Es ist auch nicht ohne Bedeutung, dass die gemeinte Stelle nur unter den Mitteilungen aus dem Fünften Evangelium zu finden ist. So berichtet Rudolf Steiner in dem Vortrag vom 10. Februar 1914, dass sowohl die Kräfte des ätherisierten Blutes als auch die des Leibes des Auferstandenen von jedem Menschen, der auf der Erde eine bewusste Beziehung zu Christus gefunden hat, während der ersten drei Tage nach dem Tode bei der Auflösung des Ätherleibes wahrgenommen werden. Was Rudolf Steiner hier allgemein für die gesamte Menschheit darstellt, das wurde in ihrer geistesgeschichtlichen Entwicklung zum ersten Mal und somit in urbildlicher Form von Jesus von Nazareth nach seinem Tod auf Golgatha während der drei darauf folgenden Tage in der Ätherumgebung der Erde genauso erlebt. Und weil er der Erste der Menschen auf der Erde war, der in eine Beziehung zu Christus kam – und *seine* Beziehung zu Ihm während der drei Jahre war tiefer und wesenhafter als sie je ein Mensch auf der Erde erreicht hat und erreichen wird –, ist es voll berechtigt, die folgenden Ergebnisse der Geistesforschung Rudolf Steiners auch auf die Erlebnisse des Jesus von Nazareth nach dem Tod zu beziehen.

In dem erwähnten Vortrag spricht Rudolf Steiner von den Kräften im Ätherleib des Menschen, die seit dem Mysterium von Golgatha dort wirken.[160] Sie sind in ihm anwesend, weil er das ätherisierte Blut des Christus in sich aufgenommen hat oder, genauer gesagt, denjenigen Teil des Blutes, der vom Kreuz herab direkt in die Erde geflossen war und dort ätherisiert wurde.[161] «Dieser Teil des Blutes ätherisierte sich, wurde wirklich aufgenommen von den Ätherkräften der Erde, sodass das Blut, das damals aus den Wunden floss, zur Äthersubstanz wurde. Und diese Äthersubstanz erglänzt, erhellt, erflimmert im Ätherleibe» (GA 148). Und wenn der Mensch sie nach dem Tod in seinem Ätherleib erblickt, dann weiß er unmittelbar, dass Christus die ganze Erdenentwicklung in den zukünftigen Jupiter führen wird. Und damit ist die nächste Inkarnation unserer Erde geistig gesichert: «Da ist frisch keimendes Leben [im menschlichen Ätherleib], welches den Menschen lebensfähig der Zukunft entgegenführt» (ebd.). Dadurch wird es möglich, dass der Mensch am Ende des Erdenäons nicht nur seinen ursprünglichen Stand im Kosmos wieder erreichen wird, sondern sich weiterentwickeln kann. Der Mensch «würde auf dem Jupiter ankommen und nicht zum Jupiterleben passen, wenn nicht das, was auf der Erde erlangt worden ist, zum Jupiter hinübergetragen würde» (ebd.). Und dass Christus dafür sorgen wird, dass alle Früchte der Erdenentwicklung im Kosmos nicht verloren gehen, sondern für den zukünftigen Jupiter aufbewahrt werden, ist durch das beschriebene Erscheinen Seines ätherisierten Blutes im Ätherleib eines jeden Menschen nach dem Tod bezeugt.

So kann man sagen, dass Jesus von Nazareth in seinem nachtodlichen Erleben diese ätherisierte Substanz des heiligen Blutes als erster Mensch in seinen Ätherleib empfangen hat, wodurch er die Sicherheit erhielt, dass die Erde tatsächlich einmal den Jupiterzustand erreichen wird. Damit dies einst möglich werden wird, war noch etwas anderes unabdingbar notwendig. Denn um die Zukunft sicherzustellen, war das Blut allein nicht ausreichend, sondern der heilige Leib musste hinzukommen. Wie der Ätherleib des Menschen nach dem Tod jedes Mal von der Äthersubstanz des Christus-Blutes durchdrungen wird, so wird das ganze kosmisch ausgespannte Tableau dieses Ätherleibes bei seiner nachtodlichen Ausbreitung von den Kräften des Auferstehungsleibes *belebt*, wodurch dem Menschen die ätherisierte Substanz des Christus-Blutes in seinem Ätherleib *sichtbar* wird.

An vielen Stellen in den Vorträgen über das Fünfte Evangelium beschreibt Rudolf Steiner, wie der «blutentleerte» Leib des Jesus aus dem Grab in einen durch ein Erdbeben entstandenen Spalt von der Erde aufgenommen wurde, um daraufhin durch die Metamorphose, die oben in diesem Kapitel beschrieben ist, hindurchzugehen. Dann aber geschah, wie ebenfalls bereits geschildert, nach Abschluss der «Erdenfahrt» des Christus am Ostermorgen die Verbindung des Auferstehungsleibes mit dem in der geistigen Umgebung der Erde erhalten gebliebenen Ätherleib des Jesus, wodurch das Blut und der Leib zum ersten Mal in dieser neuen Form zusammenkamen. «Noch etwas hat sich also in den Ätherleib hineinbegeben: Was da von dem Erdspalt aufgenommen worden ist, das durchdrang dasjenige, was wir das in der Äthersubstanz erflimmernde und erglitzernde Blut genannt haben, und dadurch wird das flimmernde und glitzernde Blut im Ätherleibe sichtbar; sodass man die Empfindung hat – ich sagte vorhin: es breitet sich der Ätherleib nach dem Tode aus und man erblickt ihn wie eine Art Firmament, von dem sich alles andere abhebt, es spannt sich aus in diesem sich ausbreitenden Ätherleibe wie eine Grundsubstanz der Leib, der blutentleerte Leib des Christus Jesus, der von dem Erdspalt aufgenommen ist und so in die Erde übergegangen ist und in dem ausgespannten Tableau des Ätherleibes wie diesen belebend erscheint» (ebd.).

Nur der Anblick des Zusammenwirkens des ätherisierten Blutes mit dem blutentleerten Leib des Christus Jesus gibt dem verstorbenen Menschen in seinem nachtodlichen Ätherpanorama «die Gewissheit: Die Menschheit geht nicht zugrunde, sondern lebt als geistiger Inhalt der Erde weiter, wenn das Physische der Erde abfällt, wie der einzelne menschliche Leichnam von dem Geistigen des Menschen abfällt» (ebd.).

Auf diese Weise erscheint vor jedem Menschen nach seinem Tod eine der wichtigsten Folgen der Geschehnisse an der Zeitenwende. Seit am Ostermorgen der Ätherleib des Jesus auf die beschriebene Weise zum ersten Mal mit dem Auferstehungsleib verbunden war, kann jeder Mensch diesen Prozess in seinem nachtodlichen Dasein als ein Pfand für den zukünftigen Jupiter erblicken. Nur durch dieses Schauen der Zukunft der Erde kann der Mensch die wahre Seligkeit nach dem Tod erlangen. Denn allein dasjenige, «was der Christus-Impuls aus dem geistigen Teil der Erde gemacht hat, [gibt] der Seele die Seligkeit ... im Leben zwischen Tod und neuer Geburt» (ebd.). Die Möglichkeit jedoch, so in den «geistigen Teil der Erde» hineinzublicken, ergibt sich durch die geistige Kommunion mit dem Blut und dem Leib des Auferstandenen, welche dem Menschen nach seinem Tod durch das Erleben des Christus-Impulses in seinem Ätherleib zugänglich wird.

Als Folge des Mysteriums von Golgatha wirkt diese Vereinigung von

Blut und Leib des Christus Jesus nicht nur auf dieser ersten Ätherebene bis in die Astralstufe hinein, denn sie ist nur der Ausgangspunkt für die weitere Entwicklung. So offenbart sich diese Verbindung auf der nächsthöheren Stufe des unteren Devachan als Verheißung für den zukünftigen Übergang des Jupiter in den darauffolgenden Venuszustand, und auf dem höheren Devachan-Plan bedeutet sie die Grundlage für den kommenden Vulkan. Damit ergibt sich die dreifache Kommunion des Menschen, welche sich auf drei kosmischen Ebenen ereignet und somit die Zukunft der Menschheit auf Jupiter, Venus und Vulkan sicherstellt. Die Bedingung jedoch bleibt immer dieselbe: Der Mensch muss schon hier auf der Erde aus seiner eigenen Freiheit eine Beziehung zu Christus und Seiner Tat auf Golgatha bewusst herstellen.

Aus dem Dargestellten geht hervor, wie man das Wort Rudolf Steiners von «dem *neuen Ätherleib*, mit dem sich die Christus-Wesenheit [nach der Auferstehung] umkleidete» (siehe oben) besser verstehen kann. Denn das «Neue» besteht eben darin, dass der Ätherleib des Jesus am Karsamstag von dem ätherisierten und dadurch «erflimmernden und erglitzernden Blut» durchdrungen wurde. Als Träger dieser ätherisierten Blutsubstanz wurde der Ätherleib des Auferstandenen etwas völlig anderes, als er noch am Karfreitag gewesen war.

Auch ist die Folge des Erscheinens dieser Substanz im Ätherleib des Jesus von Nazareth, dass sie seitdem und bis heute im Menschen nicht nur nach dem Tod, sondern auch während des Erdenlebens gefunden werden kann. Deshalb spricht Rudolf Steiner davon, dass in jedem Menschen seit dem Mysterium von Golgatha neben dem Strom des menschlichen ätherisierten Blutes, der vom Herzen zum Kopf aufsteigt, ein zweiter Strom, und zwar derjenige des ätherisierten Blutes des Christus Jesus, in die gleiche Richtung fließt. Und werden diese beiden durch die Beschäftigung mit der Anthroposophie im Menschen vereinigt, so kann er zum Schauen des ätherischen Christus gelangen. Darin liegt heute die wichtigste Aufgabe der Anthroposophie. «Aber eine Verbindung dieser beiden Strömungen kommt nur zustande, wenn der Mensch das *richtige Verständnis* entgegenbringt dem, was im Christus-Impuls enthalten ist. Sonst kann keine Verbindung zustande kommen, sonst stoßen sich die beiden Strömungen gegenseitig ab» (GA 130, 1.10.1911). Und zu einem «richtigen Verständnis» gehört vor allem das Verstehen der Ereignisse der Zeitenwende *aus der Anthroposophie heraus*.

Im vierten Teil des Grundsteinspruchs sind diese drei Aspekte ebenfalls enthalten. Dreimal wird dort der Weg vom Herzen zum Haupt erwähnt.

Im ersten Abschnitt geschieht dies in Bezug auf die Hirten und Könige. Das ist auch der Hinweis auf den menschlichen Strom des ätherisierten Blutes, welcher schon in vorchristlichen Zeiten bei allen Menschen vom Herzen zum Haupt floss. Im zweiten Abschnitt wird auf das Aufleuchten der «Christus-Sonne» in der Erdenentwicklung als Folge des Mysteriums von Golgatha hingewiesen und damit auf den Ursprung der anderen, der Christus-Blut-Strömung. Und im letzten Abschnitt geht es um die Taten der Menschen, welche die Vereinigung der beiden Strömungen in sich erreicht haben und aus diesen miteinander verbundenen Strömen das Gute in der Welt verwirklichen wollen.

*

Auf die Doppelheit der Auferstehung, welche in der Zweiheit von Blut und Leib, bzw. verdichtetem Ätherleib und Auferstehungsleib, besteht, wird in der Apokalypse an der Stelle hingewiesen, wo die Offenbarung der Christus-Sonne zwischen zwei «Feuersäulen» erscheint, von denen die eine auf dem Meer und die andere auf dem Land steht (Apok 10,1-2; siehe auch das vierte apokalyptische Siegel in GA 104). Von diesen beiden Säulen weist die mit der Erde verbundene auf den Auferstehungsleib und die mit dem Wasser verbundene auf den neuen Ätherleib des Auferstandenen hin. (Das Wasser steht immer für die sinnliche Offenbarung des Ätherischen.)

Im weiteren Verlauf der Apokalypse treten diesem zweifachen Mysterium der Auferstehung die beiden Tiere entgegen. So erscheint zuerst das Tier mit sieben Häuptern und zehn Hörnern aus dem Wasser (Apok 13,1). Dieses Tier versucht im Auftrag Sorats, die Menschenseelen an jeglicher Verbindung mit dem neuen Ätherleib zu hindern.[162]

Nach diesem Abgesandten des Sorat erscheint aus dem Erdkern in der Gestalt des zweiten Tieres Sorat selbst: «Und ich sah ein anderes Tier aufsteigen aus der Erde, das hatte zwei Hörner, gleichwie ein Lamm, und redete wie ein Drache» (Apok 13,11). Er wird seine ganze Macht anspornen, um die Menschen an jeglicher Verbindung mit dem Auferstehungsleib zu hindern. Denn derjenige, der diese Verbindung nicht bewusst und frei herstellen wird, findet keinen Weg in das Himmlische Jerusalem bzw. in den nächsten kosmischen Zustand der Erde.

Im 21. Kapitel der Apokalypse, das dem zukünftigen Jupiteräon als Himmlischem Jerusalem gewidmet ist, wird von der Überwindung des ersten und zweiten Todes gesprochen (4 und 8). Wie wir bereits sahen, wird der Mensch den Sieg über den ersten Tod durch das Aufnehmen der Kräfte des Auferstehungsleibes erringen, und der Sieg über den zweiten[163] geschieht durch das Aufnehmen der Kräfte des neuen Ätherleibes des Auferstandenen. Auf dem Weg der Verbindung der Erde mit der Sonne, die den Erdenäon abschließen wird, werden die Kräfte des Auferstehungsleibes bei diesem ersten großen Schritt der Vergeistigung der Erde (bei der Auflösung ihrer physischen Substanzen) eine entscheidende Rolle spielen. Dann jedoch, beim zweiten Schritt ihrer Vergeistigung (dem Auflösen ihrer ätherischen Bestandteile, was bei der Vereinigung mit der Sonne ebenfalls erreicht werden muss; siehe GA 104, 30.6.1908), wird dem neuen Ätherleib des Auferstandenen die entscheidende Rolle zukommen.

Diesem Prozess der Vergeistigung der Erde muss jedoch die totale Verwandlung des Erdinnern aus der moralischen Kraft der Menschen, die sich bis zur weißen Magie oder der reinen Magie der Liebe aufschwingen werden, vorangehen. «Wenn die weiße Magie siegt, gibt es kein Böses mehr in der Welt. So bedeutet also die Evolution des Menschen eine Umgestaltung des Erdinnern ... Zuletzt wird die ganze Erde, durch die Kraft der Menschheit umgewandelt, eine vergeistigte Erde sein» (GA 95, 4.9.1906). Dieses hohe Ziel als Folge der «Höllen-» und anschließenden «Erdenfahrt» des Christus kann aber nur in Verbindung mit den Kräften Seines Auferstehungsleibes erreicht werden.

Wenn in der Auferstehung der Christus als das Alpha und Omega der ganzen Weltentwicklung erscheint, die sich vom alten Saturn bis zum kommenden Vulkan erstreckt, so ist die Auferstehung zugleich der Quell der geistigen Kräfte, mit deren Hilfe auch das Erdinnere verwandelt werden wird, um damit den Weg in den zukünftigen Jupiteräon frei zu machen.

Über die Beziehung des Erdgeistes zum Erdinnern

Der Aufenthalt des Christus im Zentrum der Erde ist mit dem Wesen verbunden, das Rudolf Steiner als Erdgeist bezeichnet. Bei der Beschreibung des Erdinnern erwähnt ihn Rudolf Steiner nur in wenigen Worten. Zwar gehört er ebenfalls der Erdenmitte an, jedoch nicht den dort wirkenden Kräften des Bösen. Rudolf Steiner berichtet diesbezüglich: «Die neunte und letzte Schicht ist sozusagen der Wohnsitz des Planetengeistes. Sie zeigt zwei eigentümliche Erscheinungen. Man könnte sie mit einem Menschen vergleichen, denn sie besitzt ein Organ, das einem Gehirn ähnelt. Ein anderes Organ gleicht einem Herzen» (GA 97, 21.4.1906).

Es ist anzunehmen, dass durch das Erscheinen des Christus im Wohnsitz des Planetengeistes dessen Wesen eine große Metamorphose erfuhr, die auch für ihn den Beginn einer ganz neuen Entwicklung bedeutete. Denn in Zukunft wird der Christus selbst zunehmend dessen Funktion als Herr des Erdenplaneten übernehmen. «Christus wird immer mehr und mehr der Erdgeist, und derjenige, der ein rechter Christ ist, versteht die Worte: ‹Wer mein Brot isset, der tritt mich mit Füßen› [Joh 13,18], der betrachtet den Leib der Erde als den Leib des Christus. Die Erde als planetarischer Körper ist der Leib des Christus, *freilich erst am Anfange*. Es wird erst der Christus Erdgeist, er wird sich völlig mit der Erde vereinigen. Und wenn sich die Erde später mit der Sonne vereinigen wird, wird der große Erdgeist Christus Sonnengeist sein» (GA 104, 30.6.1908).

Was bedeutet aber, dass Christus im Sinne der angeführten Worte immer mehr zum neuen Geist der Erde wird und diese sich folglich bis in ihren Mittelpunkt hinein in Seinen kosmischen Leib verwandelt? Auch bei der Beantwortung dieser Frage kann uns auf entscheidende Weise der Grundsteinspruch helfen. Wie schon beschrieben wurde, geschah die Auferstehung bzw. die Verwandlung des Phantoms in den Auferstehungsleib aus der Verbindung des Christus mit den Kräften der Trinität im Zentrum der Erde. Bei der darauffolgenden «Erdenfahrt» konnte Christus aus diesen Kräften heraus eine neue Beziehung zwischen den neun Hierarchien und den neun Schichten des Erdinnern herstellen. Dadurch war die Grundlage für die zukünftige Verwandlung der Erde in das planetarische

Abbild Seines Auferstehungsleibes gelegt, ein Prozess, der am Ende der Erdenzeit abgeschlossen sein muss. Dies bedeutet im wörtlichen Sinne, dass die Erde einmal zu dem Leib des Christus werden wird. Denn der einzige wahre Leib des Christus ist Sein Auferstehungsleib. Deshalb muss die Erde selbst, um einstmals Sein planetarischer Leib zu sein, dem Wesen des Auferstehungsleibes ähnlich werden.

Das Gesagte kann man sich so vorstellen: Am Ende der Erdenzeiten – um die Vereinigung mit der Sonne und den Übergang zum Jupiterzustand zu erreichen – werden die drei mal drei Schichten des Erdinnern wie folgt verwandelt sein: Die drei untersten Schichten werden von den Kräften der ersten Hierarchie durchdrungen sein; die drei mittleren von der zweiten und die drei oberen von der dritten Hierarchie. (Siehe Seite 134.) Dadurch werden im Sinne des Grundsteinspruchs die drei untersten Schichten zu dem Gliedmaßensystem der Erde als Leib des Christus und in dieser Qualität zu dem neuen Quellort des Guten. Das Gute, das auf diese Weise erzeugt wird, muss bis in das Karma der Menschheit und folglich des ganzen Erdenplaneten bildend wirken. Die drei mittleren Schichten werden in das rhythmische System Seines planetarischen Leibes verwandelt. Was heute der Ursprung von so vielen verheerenden Erdbeben und Vulkanausbrüchen ist, wird einen harmonisch-rhythmischen Charakter erhalten und nur den Gesetzmäßigkeiten der Sternenwelt folgen. Und die drei oberen Schichten werden sich in eine Art Kopfsystem metamorphosieren, welches den Menschen die Inspirationen der dritten Hierarchie vermitteln wird.

Heute erstirbt hinter der festen Knochendecke des menschlichen Schädels jegliches Leben. Und das muss so sein, damit der Mensch im toten Gehirndenken den Freiheitsimpuls ergreifen kann. In unserer Zeit sind die Kräfte des Todes im modernen Intellektualismus schon so weit gediehen, dass auch jegliches Gefühl, das davon durchdrungen wird, erstirbt. Aber wie der Mensch sein Denken auf dem Schulungsweg innerlich zu beleben vermag, um dadurch die Stufe des lebendigen Denkens zu erreichen, so wird es ihm einmal auch möglich sein, die drei oberen Schichten der Erde durch die geistige Arbeit an sich selbst allmählich zu verwandeln.[164]

Auch die Welt der Elementargeister, welche die ganze Natur auf der Erdoberfläche durchdringt, wird in diesen Prozess zunehmend mit einbezogen sein. Deshalb steht im Grundsteinspruch der dreifache Hinweis auf die «Elementargeister», die schon heute diese Verwandlung der Erde als Folge des Mysteriums von Golgatha (die Rosenkreuzerworte) sehnsüchtig erwarten. Der Apostel Paulus drückt es in den bekannten Worten aus: «Denn das ängstliche Harren der Kreatur wartet auf die Offenbarung der Kinder Gottes. Sintemal die Kreatur unterworfen ist der Eitelkeit ohne ihren Willen, sondern um des Willen des, der sie unterworfen hat, auf Hoffnung. Denn auch die Kreatur wird frei werden von dem Dienst des vergänglichen Wesens zu der herrlichen Freiheit der Kinder Gottes. Denn wir wissen, dass alle Kreatur sehnt sich mit uns und ängstet sich noch immerdar» (Röm 8,19–22).

Dieses Ziel der Erde wird aber nur dadurch erreicht, dass die Menschheit zu ihrer vollen Würde als «Kinder Gottes» aufsteigt. Das kann nur geschehen, wenn der einzelne Mensch die Kräfte des Auferstehungsleibes in sein ganzes Wesen voll aufnimmt und lernt, aus diesen Kräften in seinem Kopf «wahrhaft [zu] denken», in seinem Herzen «wahrhaft [zu] fühlen» und in seinen Gliedern «wahrhaft [zu] leben» (das heißt, in die Welt durch seine freien Taten das Gute hineinzutragen). Mit anderen Worten, nur aus seiner bewussten Verbindung mit dem Auferstehungsleib wird der Mensch imstande sein, dasjenige, was durch die Auferstehung des Christus in der Erde veranlagt wurde, zur vollen Entfaltung zu bringen. Wenn er lernen wird, aus der Kraft des Auferstehungsleibes zu denken, wird er die Verwandlung der drei oberen Schichten des Erdinnern bewirken. Wenn er aus dem Auferstehungsleib fühlen wird, kann er die drei mittleren Schichten verwandeln. Und durch seine Taten aus dem Auferstehungsleib heraus, wenn dieser den ganzen Menschen mit wahrem Leben erfüllt, werden die drei tiefsten Schichten bis in die Erdenmitte hinein für die Kräfte der Christus-Sonne frei gemacht.

Nimmt man noch die Verwandlung der Natur aus den Kräften des Auferstehungsleibes hinzu, die in der Zukunft durch die gemeinsame Arbeit des Menschen mit den Elementargeistern möglich wird, dann haben wir in den makrokosmischen Abschnitten des Grundsteinspruchs auch den Schlüssel zum Verständnis der «Erdenfahrt» des Christus: Seine Verbindung mit den Trinitätskräften im Mittelpunkt der Erde; die darauffolgende Verteilung der Kräfte der neun Hierarchien in ihren neun Schichten; und die Verwandlung der Welt der Elementargeister auf ihrer Oberfläche, die schon heute den Menschen das Geheimnis des neuen Geistes der Erde vermitteln möchten: «Menschen mögen es hören!» So sind diese beiden Prozesse nicht voneinander zu trennen: die Verbindung des Menschen mit den drei Systemen des Auferstehungsleibes und die Verwandlung der Erde in den dreigliedrigen Leib des Christus. Dieser planetarische Leib wird dann zum kosmischen Abbild Seines Auferstehungsleibes, wodurch allein die kommende Vereinigung der Erde mit der Sonne geschehen kann und der Ausgangspunkt für den zukünftigen Jupiter geschaffen wird.

Das Gesagte ist auch mit der allmählichen Verwandlung des Erdgeistes verbunden, an der die Menschen ebenfalls aus dem Christus-Impuls heraus mitarbeiten müssen. Dazu ist ihnen der vierte Teil des Grundsteinspruches gegeben, wo es sich zunächst um die Verwandlung der menschlichen Herzen und dann um diejenige der Menschenhäupter aus der Kraft der «Christus-Sonne» handelt. Diese zweifache Verwandlung des Menschenwesens führt zu Veränderungen in dem oben erwähnten Gehirn- und Herzsystem des Erdgeistes, der dadurch mit Christus als dem neuen Erdgeist immer mehr als Seine Hülle verbunden werden wird. Rudolf Steiner sagt diesbezüglich: «Auch der Planetengeist ist Veränderungen unterworfen, die mit der Entwickelung der Menschen in engem Zusammenhange stehen» (GA 97, 21.4.1906). Die im ersten Kapitel beschriebene kosmische Kommunion und ihre zweifache mantrische Ausprägung führen ebenfalls zu diesem Ziel. So werden die Menschen von den beiden angedeuteten Seiten her die zukünftige Vereinigung der Erde mit der Sonne vorbereiten.

Aufgrund der Mitteilungen Rudolf Steiners entsteht an dieser Stelle eine weitere, nicht leicht zu lösende Frage, und zwar über die eigentliche Beschaffenheit des Erdkerns, mit dem sowohl der Erdgeist als auch der Ursprung des Bösen verbunden ist. Für den Versuch, diese Frage auch nur ansatzweise zu beantworten, muss zunächst einiges über das Wesen des Erdgeistes selbst zusammengetragen werden. Am ausführlichsten spricht Rudolf Steiner von ihm in dem Zyklus *Die geistigen Wesenheiten in den Himmelskörpern und Naturreichen* (GA 136). Dort beschreibt er, wie jede der drei Gruppen der göttlich-geistigen Hierarchien im Bereich der Erde eine Art Nachkommenschaft hinterlässt. Aus der dritten Hierarchie (Angeloi, Archangeloi, Archai) gehen die Naturgeister hervor, aus der zweiten Hierarchie (Exusiai, Dynamis, Kyriotetes) die Gruppenseelen der Pflanzen und Tiere, aus der ersten Hierarchie (Throne, Cherubim, Seraphim) die Geister der Umlaufzeiten.

In dem gleichen Zusammenhang spricht Rudolf Steiner von dem Erdgeist sowie von den Geistern der anderen Planeten, die aber auf einer noch höheren Stufe als die Geister der Umlaufzeiten stehen. Bei einem Vergleich mit dem Aufbau des Menschen ergibt sich folgende Entsprechung:

Physischer Leib	–	Sinneswelt
Ätherleib	–	Welt der Naturgeister
Astralleib	–	Geister der Umlaufzeiten
Ich	–	Planetengeist

(Siehe ebd., 4.4.1912.)

Im Reich der wahrnehmbaren Natur wirken die Naturgeister als Naturkräfte; die Geister der Umlaufzeiten offenbaren sich in ihr als die Naturgesetze und der Planetengeist bildet den Sinn der ganzen Natur (ebd.).

Aus dieser Beschreibung ergibt sich die nächste Frage: Zu welcher Nachkommenschaft gehört der Erdgeist, wenn schon die Geister Umlaufzeiten der ersten Hierarchie entstammen, die im hierarchischen Kosmos die höchste ist? In dem erwähnten Zyklus kann man zumindest eine Andeutung auf dessen Ursprung finden. Nachdem Rudolf Steiner die Wirksamkeit der neun Hierarchien beschrieben hat, erwähnt er noch eine ganz andere Art hierarchischer Wesen, die eine weit größere schöpferische Potenz als sogar die Geister der ersten Hierarchie haben. Das sind Wesenheiten, welche aus mehreren Wesen zusammengesetzt sind und damit höher stehen als die einzelnen hierarchischen Ordnungen jede für sich genommen.

In dem Vortrag vom 7. April 1912 bringt Rudolf Steiner ein Beispiel solcher Wesenheiten. Bei ihnen entsprechen die Geister der Form dem physischen Leib, die Geister der Bewegung dem Ätherleib, die Geister der Weisheit dem Astralleib. Weiter haben sie als eine Art Empfindungsseele die Throne, als Verstandesseele die Cherubim und als Bewusstseinsseele die Seraphim. «Und wie wir [Menschen] hinaufschauen zu demjenigen, was wir uns allmählich erst aneignen in zukünftigen Erdentagen, so schauen diese Wesenheiten hinauf zu dem, was überragt das Wesen der Hierarchien. Wie wir von unserem ... Geistselbst, Lebensgeist, Geistesmenschen sprechen, so schaut gleichsam aus seinem seraphischen Glied, wie wir aus unserer Bewusstseinsseele, diese Wesenheit hinauf zu einer Urgeistigkeit» (GA 136).

Aus dem Zusammenhang des Zyklus geht hervor, dass die einzige Art von Wesenheiten, zu deren Nachkommenschaft sowohl der Geist der Erde als auch ähnliche Geister anderer Planeten gehören, eben solche zusammengesetzten Wesen sind. Diese Annahme wird dadurch bekräftigt, dass Rudolf Steiner anschließend beschreibt, wie hinter jedem Planeten unseres Sonnensystems eine aufsteigende Reihe von Hierarchien steht, die mit den Geistern der Form beginnt und bis zu den Seraphim hinaufragt. Und alle diese sechsgliedrigen Wesenheiten haben ihren Wohnsitz auf der Sonne und leiten von dort aus die entsprechenden Planeten. (Siehe ebd., 10.4.1912.)

Und genau von einem dieser zusammengesetzten Wesen, die ihren Wohnsitz auf der Sonne haben, stammt der Erdgeist, welcher der ganzen Natur um uns herum ihren geistigen Sinn gibt. Seine Aufgabe beschreibt

Rudolf Steiner noch folgendermaßen: «So wie das Ich des Menschen die physische Erdenumgebung wahrnimmt, so nimmt der Planetengeist wahr alles dasjenige, was im Umkreis und überhaupt in der Raumeswelt außerhalb des Planeten ist und richtet die Taten des Planeten und auch das Fühlen des Planeten ... ein nach diesen Wahrnehmungen aus dem Weltenraum» (ebd., 4.4.1912). So wird der Erdenkörper von dem Erdgeist belebt und geleitet, der seinen Ursprung in einer dieser besonderen Wesenheiten hat, welche die Sonne bewohnen.

Nach diesen vorbereitenden Bemerkungen kann man nun versuchen, auf die ursprüngliche Frage nach der Beziehung des Christus zu dem Erdgeist einzugehen. Dabei muss man abermals die Analogie zum Menschen als Ausgangspunkt nehmen, so wie Rudolf Steiner sie immer wieder verwendet hat. Der Mensch besteht aus drei Systemen: Hauptes-, Herz/Lungen- und Gliedmaßensystem. In Bezug auf den Erdgeist werden jedoch nur die beiden ersten Systeme erwähnt. Wie verhält es sich bei ihm mit dem dritten? Nun beschreibt Rudolf Steiner, wie jeder Mensch in seinem Leibe etwas trägt, was er den «Zerstörungsherd im Menschen» nennt. Dieser ist notwendig, um im menschlichen Leibe die Materie ständig zu vernichten. Er liegt hinter dem Erinnerungsspiegel und ist ursprünglich für die Bildung und Stärkung des Ich des Menschen nötig. «Dieses Ich, wodurch entsteht es? Dadurch, dass das Menschenwesen in ein Chaos der Zerstörung eintauchen kann, bildet sich dieses Ich. Dieses Ich muss gestählt und erhärtet werden in derjenigen Welt, die im Innern des Menschen als die Welt eines Zerstörungsherdes ist» (GA 207, 23.9.1921). Dieser für die Entwicklung des Menschen an sich so notwendige Zerstörungsherd kann aber jederzeit zu einem mächtigen Quell des Bösen in ihm werden, sofern dessen Kräfte einen Weg nach draußen finden und sich dort ausbreiten: «Wenn das, was im Innern [des Menschen] ist, über die ganze Welt verbreitet würde, was würde in der Welt leben durch den Menschen? Das Böse! Das Böse ist nichts anderes, als das nach außen geworfene, im Innern des Menschen notwendige Chaos» (ebd.).

Zwar erwähnt Rudolf Steiner in demselben Vortrag, dass der Zerstörungsherd eigentlich «über den ganzen menschlichen Organismus ausgebreitet» sei, an anderer Stelle berichtet er aber, dass dieser sich vor allem im Gliedmaßensystem konzentriere.[165] Daraus wird verständlich, warum Rudolf Steiner in den oben angeführten Worten nur von dem Kopf und dem Herzen des Erdgeistes spricht, nicht jedoch von dessen Gliedmaßensystem. Denn in diesem wirkt der Zerstörungsherd im Organismus des Erdenplaneten als die Schichten des Erdinnern mit ihrem Mittelpunkt, wie sie oben in diesem Kapitel beschrieben wurden. Und wie beim Menschen das Ich, wenn es dem Bösen nicht verfällt, von dem Vernichtungsherd nur eine Stärkung erfährt, so steht es auch mit dem Erdgeist. Da er von dem Bösen des Erdinnern unbeeinflusst bleibt und diesem auch nicht erlaubt, die Grenzen des Erdenkörpers zu verlassen, erhält er davon ebenfalls eine Stärkung seines Ich, die er für seine Aufgaben im Kosmos braucht.[166]

Ganz anders sieht es für diejenigen Menschen aus, welche die Kräfte des Zerstörungsherdes in sich nicht in gehörigen Grenzen halten können und dadurch eine unaufhaltbare Tendenz zum Bösen bekommen. «Der schlechte, der böse Mensch trägt es nach außen, der gute Mensch behält es in seinem Innern» (GA 207, 24.9.1921). Solch ein «böser Mensch» wird dann auch anfällig für die Einflüsse des Erdinnern und seiner verschiedenen Schichten, wodurch das Böse in ihm ungemein gesteigert werden kann.

Aus dem Gesagten ergibt sich die besondere Beziehung, welche zwischen dem Inneren des Menschen und dem Inneren der Erde besteht. Das Verständnis dieser Beziehung kann noch vertieft werden, wenn man das Folgende bedenkt: Bei der Charakterisierung des Vernichtungsherdes erwähnt Rudolf Steiner auch, dass sich dieser hinter dem Erinnerungsspiegel befindet, der die Seele des Menschen vor den Einflüssen des Ersteren schützt. «Die Welt also, die sich als ein solcher Zerstörungsherd ankündigt, sie liegt im Inneren [des Menschen] jenseits des Erinnerungsspiegels» (ebd., 23.9.1921). Etwas Ähnliches finden wir im Erdinnern. Hier wird die siebente Schicht als «Erdenspiegel» bezeichnet (GA 97, 21.4.1906). Dieser schützt auch in gewisser Beziehung die oberen Schichten vor den schwarzmagischen Einflüssen des Bösen aus dem Kern der Erde. Dass dieser Spiegel als eine solche undurchlässige Abdichtung wirkt, ergibt sich aus der Tatsache, dass die vertikalen Schächte oder Kanäle, welche die im Innern der Erde liegenden Bereiche mit ihrer Oberfläche verbinden, nur bis zur fünften Schicht (Fruchterde) reichen. Aus diesem Bereich steigen, wie bereits beschrieben, die tektonischen Kräfte – von der sechsten Schicht (Feuererde) hinaufgetrieben – nach oben, wo sie dann Erdbeben und Vulkanausbrüche hervorrufen. Die siebente Schicht ist somit die erste, welche nicht mehr direkt bis auf die Erdoberfläche wirken kann. So bildet diese Schicht eine äußere Hülle für die beiden untersten Schichten, die bereits zum Erdkern gehören. Deshalb sagt Rudolf Steiner, dass die Verwandlung der siebenten Schicht von besonderer Wichtigkeit sei. Und «wenn unser Menschengeschlecht so weit sein wird, dass es die höchste Moral erzeugt haben wird, dann wird alles Antimoralische in diesem Erdspiegel überwunden und in Moralisches verwandelt sein» (GA 96, 16.4.1906). Damit steht für die Menschen schon heute der Weg zur endgültigen Umgestaltung des Erdkerns offen.

Diese Stufe wird aber nur dann erreicht, wenn in der Erdenentwicklung nicht nur die ahrimanischen, sondern auch die asurischen Mächte in genügendem Maße überwunden sind. Denn die Kräfte Ahrimans reichen nur bis zur sechsten Schicht: «Da hat er das Zentrum seines Wirkens» (GA 107, 1.1.1909). Darunter beginnen schon die Gebiete, aus denen vor allem die Asuras ihre Kräfte des Bösen beziehen.[167] Hier geht das gewöhnliche Böse in die schwarze Magie über, die vor allem «im Missbrauch des physischen Leibes besteht» (ebd.). Deshalb sagt Rudolf Steiner: «In gewissen schwarzmagischen Schulen werden in der Tat solche Verrichtungen in dem ausgiebigsten Maße gelehrt. Es gehört zu den furchtbarsten Verführungen des Menschen, wenn der Ausgangspunkt für okkulte Schulung von den physischen Leibeskräften aus genommen wird» (ebd.). Denn dadurch übergibt sich der Mensch nicht nur den ahrimanischen, sondern vor allem den asurischen Mächten, die in einer direkten Verbindung zum Erdkern stehen. Deshalb werden «in Zukunft ... nur jene Menschen unmoralisch sein können, die im Unmoralischen Hilfe bekommen, die von bösen Dämonen, von ahrimanischen, asurischen Mächten besessen werden und diese Besessenheit erstreben» (GA 130, 1.10.1911).

Und so, wie im Innern der Erde sich hinter dem Erdspiegel noch der Zersplitterer und der Erdkern selbst als das Zentrum des Erdenbösen befinden, so liegt auch im Menschen hinter dem Erinnerungsspiegel der Zerstörungsherd und noch tiefer darunter die *potenzielle Neigung* zu jeder Art des Bösen, die heute alle Menschen als mikrokosmisches Abbild des Erdkerns in sich tragen. Rudolf Steiner sagt diesbezüglich: «Derjenige, der die Schwelle zur geistigen Welt überschreitet, der macht die folgende Erfahrung: Es gibt kein Verbrechen in der Welt, zu dem nicht jeder Mensch in seinem Unterbewusstsein, insofern er ein Angehöriger der fünften nachatlantischen Periode ist, die Neigung hat. Die Neigung hat; ob in dem einen oder in dem anderen Fall die Neigung zum Bösen äußerlich zu einer bösen Handlung führt, das hängt von ganz anderen Verhältnissen ab als von dieser Neigung» (GA 185, 26.10.1918). Deshalb versuchen vor allem die ahrimanischen und asurischen Mächte, den Menschen von sich besessen zu machen und damit zur Ausführung der beschriebenen inneren Neigungen zu verführen. Denn nicht in den Neigungen selbst, sondern in dem Drang, sie nach außen zu tragen, wirken die Kräfte des Erdinnern in der menschlichen Seele.[168]

Die Beziehung zu dem Innern der Erde bis in ihren Kern hinein ist aber notwendig, da der Mensch von unserer Zeit an beginnen muss, bewusst an dessen Verwandlung zu arbeiten. Diese Arbeit kann aber nur aufgrund einer neuen Beziehung zu dem Christus-Impuls durchgeführt werden, um, von Ihm gestärkt, die moralischen Kräfte in alle Schichten des Erdinnern hineinzusenden. Denn der Mensch trägt sie alle im Abbild in sich, bis hin zum Erdkern. Und wäre dem nicht so, dann könnte er die Erde auch nie verwandeln. Nur durch die vollkommene Läuterung seiner Seele wird er imstande sein, die Kräfte des höchsten Guten in den Zerstörungsherd in seinem Innern einströmen zu lassen, um dann aus dem Christus-Impuls in seinem Ich die Erde bis in ihre Mitte hinein zu befreien und zu erlösen.[169]

Aus diesem Tatbestand ergibt sich für den Erdenmenschen in Bezug auf den «Zerstörungsherd», und somit auch bezüglich des Erdinnern, eine entscheidende Aufgabe: «In diesem Zerstörungsherd ... wird die Materie wirklich vernichtet. Sie wird in ihr Nichts zurückgeworfen. Und dann können wir innerhalb dieses Nichts, das da entsteht, das Gute entstehen lassen, wenn wir statt unserer Instinkte, unserer Triebe, die nur zur Ausbildung der Egoität wirken müssen, durch eine moralische Seelenverfassung alles das hineingießen in den Zerstörungsherd, was moralische, was ethische Ideale sind. *Dann entsteht ein Neues.* Dann entstehen eben gerade in diesem Zerstörungsherde die Keime für künftige Welten» (GA 207, 24.9.1921).[170] Mit anderen Worten: Wenn der Mensch an der Verwandlung des Zerstörungsherdes in sich selbst arbeitet und dessen Einflüsse ständig zum Guten wendet, dann wirkt er zugleich auf das Erdinnere und seine Veränderung. Und das «Neue», was dabei innerhalb der Erde entsteht, nennt Rudolf Steiner in demselben Vortrag das künftige Jupiterdasein. «In diesem Jupiterdasein wird nur dasjenige sein, was sich heute schon in den Menschen innerhalb dieses Zerstörungsherdes als Neubildung gestaltet aus den moralischen Idealen heraus ...» Und dann fügt er noch wie warnend hinzu: «... Allerdings [wird dort ebenfalls anwesend sein, was] auch aus den antimoralischen Impulsen heraus, aus demjenigen, was eben gerade als das Böse aus der Egoität heraus wirkt» (ebd.). Denn der Mensch als freies Wesen ist heute in sich selbst und in die Welt tatsächlich zwischen Gut und Böse hineingestellt.

Daraus folgt, dass von einer diesbezüglichen Entscheidung des Menschen nicht nur sein eigenes Schicksal, sondern auch das des ganzen

Erdenplaneten abhängig ist. Denn durch seine Arbeit an sich selbst verwandelt er auch die ganze Erde von innen nach außen durch ihre neun Schichten. Auf diese Weise durchdringt der Mensch alle Naturgesetze mit seiner moralischen Kraft. «In unserem Innern wird eben die Materie, und damit alle Naturgesetze, vernichtet. Das materielle Leben mit allen Naturgesetzen wird ins Chaos zurückgeworfen, und aus dem Chaos vermag aufzusteigen eine neue Natur, durchtränkt von den Moralimpulsen, die wir in unserem Innern in sie hineinlegen» (ebd.). Damit wird das ganze Erdinnere allmählich umgestaltet und die Erde selbst für den Jupiterzustand vorbereitet.

Diese Verwandlung der Erde aus der inneren Arbeit des Menschen an sich selbst ist aber nur dann möglich, wenn er frei und bewusst den Christus-Impuls in sich aufnimmt. «In dem Innern des Menschen sind die Keime von Weltenzukünften. Und nehmen die Menschen in diesen Keim den Christus auf, dann können Himmel und Erde vergehen, aber der Logos, der Christus, kann nicht vergehen» (ebd.).

Damit der Mensch heute den Christus-Impuls bewusst in sich aufnehmen kann, ist ihm in der Anthroposophie die moderne «Erkenntnis des Grales» gegeben (GA 13, Seite 413), dass heißt «die Erkenntnis der neuen Einweihung, mit dem Christus-Geheimnis in der Mitte» (ebd., Seite 407). Dadurch kann der Mensch auch das Ziel der Erdenentwicklung allmählich erreichen, das Rudolf Steiner so beschreibt: «Man sieht, dass sich aus der ‹Erkenntnis des Grales› das höchste Ideal menschlicher Entwicklung ergibt, welches für den Menschen denkbar ist: *die Vergeistigung*, welche der Mensch durch seine eigene Arbeit erlangt» (ebd., Seite 413). Und aus dieser Vergeistigung des Menschen wird in der Zukunft durch seine Verbindung mit dem Christus die Vergeistigung der ganzen Erde erreicht werden.

Was in dieser Beziehung Christus für alle Menschen getan hat, das hat Er durch Seine «Höllenfahrt» und die damit verbundene Vereinigung mit der Erde auch für den Erdgeist vollzogen. Auf ganz neue Weise hat Er diesen mit seinem göttlichen Ursprungswesen auf der Sonne verbunden und ihm damit ganz neue Entwicklungsmöglichkeit gegeben, welche er für die kommende Vereinigung der Erde mit der Sonne braucht. Bis zur Zeitenwende war der Erdgeist nur Träger des Sinnes der Natur. Nun hat er den neuen Sonnen-Sinn des Erdenplaneten erhalten. Rudolf Steiner bringt das in folgenden Worten zum Ausdruck: «Der Erdensinn war vor dem Mysterium von Golgatha auf der Sonne. Seit dem Mysterium von Golgatha ist der Erdensinn mit der Erde selbst vereinigt. Das möchte wie ein immerwährendes Pfingstgeheimnis die Anthroposophie an die Menschheit heranbringen» (GA 226, 17.5.1923).

Was für die Menschen durch das Pfingstereignis veranlagt wurde, das geschah für den Erdgeist als eine kosmische Wirklichkeit durch das Hinuntersteigen des Christus in das Innere der Erde. Dadurch nahm die Erde den Sonnen-Impuls in sich auf, um am Ende des Erdenäons unter der Führung des Christus wieder mit der Sonne vereinigt zu werden.

Man kann diesen kosmischen Prozess in das folgende, ganz der Wirklichkeit entsprechende Bild kleiden. Wie der Mensch im Laufe seiner eigenen Entwicklung allmählich durch die Grals-Einweihung selbst zum Christus-Träger werden wird – so, wie in den Grals-Mysterien die Mondenschale die Kräfte der geistigen Sonne in sich birgt –, so wird auch der Erdgeist mit Hilfe derjenigen Menschen, die diesen inneren Weg gehen, sein neues Ziel erreichen. Auch er wird dann, nach der erneuten Verbindung des Mondes mit der Erde, in diese kosmische Mondenschale die geistige Sonne aufnehmen und dadurch die Vereinigung mit der Sonne vollziehen, damit die Erde selbst im Weltenall zum kosmischen Gral werde.

ANHANG

Die Kräfte des Phantoms und die Stigmatisation

> «Aber in diese feineren Eigentümlichkeiten der geistigen Welt wollen eben die Menschen nicht hineinsehen. Sie wollen sehr häufig nicht nur durch innere Erlebnisse, sondern in äußerlicher Anschauung das Geistige vor sich haben. Im äußeren sichtbaren, sinnlichen Wirken wollen sie das Geistige vor sich haben.»
>
> *Rudolf Steiner*
> *Vortrag vom 20. August 1924*

Aus dem im ersten Kapitel Dargestellten folgt, dass das aus der Geschichte der römisch-katholischen Kirche vielfach bekannte Phänomen der sogenannten Stigmatisation[171] an sich noch keine Beziehung zu dem Wesen des Phantoms beinhaltet. Denn die blutigen Wundmale am physischen Körper gehören zu dem Geschehen noch *vor* der Auferstehung. Nach der Auferstehung ist das Phantom mit keiner materiellen Substanz mehr durchdrungen. Es trägt zwar weiterhin die fünf leiblichen Zeichen, diese bedeuten jedoch etwas ganz anderes. Sie sind der Ausdruck des Sieges des Ich über den physischen Leib – und damit über den Tod – und als geistige Kraftquellen des Christus-Ich nur übersinnlich wahrnehmbar. Sie sind nun Zeichen des Sieges und nicht mehr des Leidens. Auch die verdichteten Stellen auf dem Ätherleib des Auferstandenen (ätherische «Narben») sind übersinnlicher, ätherischer Natur und als solche vermögen sie keine materielle Wirkung zu erzeugen.

Das Auftreten der Stigmata auf dem christlich-mystischen Einweihungsweg, den Rudolf Steiner in vielen seiner Vorträge beschreibt, hat eine grundsätzlich andere Bedeutung. Sie zeigen lediglich, dass der Einzuweihende durch sein inneres Üben bis zu einer direkten Einwirkung seiner Seele auf den physischen Leib vorgedrungen ist. Eigentlich wird eine solche Wirkung schon zu Beginn dieses Weges angestrebt. Deshalb kam ein Schüler, insofern er die erste Stufe richtig absolviert hatte, bereits auf dieser zu dem Erleben, «als wenn er seine Füße in Wasser tauchte» (GA 97, 22.2.1907). Dabei ist es Rudolf Steiner wichtig, schon bei der Beschreibung dieser allerersten Stufe auf den *vorübergehenden* Charakter dieser *leiblichen* Empfindungen hinzuweisen: «Niemand braucht sich davor zu fürchten, es vergeht bald wieder» (ebd.). Auf der zweiten Stufe geschieht etwas Ähnliches: Der Schüler «sieht ... sich in der Vision der Geißelung, und am ganzen Körper tritt eine ähnliche Empfindung auf.» Und wiederum fügt Rudolf Steiner hinzu, dass «die ... wieder vergeht.» Auf der dritten Stufe «tritt eine neue Vision auf: Der Schüler sieht sich als dornengekrönt. Er hat als das äußere Symptom eine Art Kopfschmerz ...». Aber auch dieses äußere Symptom vergeht schon bald. Es ist bei diesen und den weiteren Stufen wohl zu bemerken, dass der Einzuweihende nicht Christus, sondern sich selbst in der beschriebenen Situation als Leidenden erlebt.

Nun kommt die vierte Station, auf welcher der Schüler eine ganz objektive Beziehung zu seinem physischen Leib gewinnt: «Wie ein Stück Holz» muss für ihn sein Leib werden, den er wie ein schweres Kreuz trägt. Erst nachdem diese Stufe erreicht und innerlich vollumfänglich absolviert wurde, kommt ein weiteres Erlebnis. Dann erscheint nach «wochen- und monatelang[em]» meditativen Üben eine neue Vision als rein «astralisches Erlebnis: Er sieht sich gekreuzigt.» Nun wird die Tatsache, dass der Schüler wirklich auf diese Stufe aufgestiegen ist, durch das folgende Erleben bezeugt: «Als äußeres Symptom treten *für eine kurze Zeit* während der Meditation die Wundmale, die Stigmata, auf» (ebd.). Und in einem anderen Vortrag präzisiert Rudolf Steiner diesen Prozess so: «In den Zeiten der Meditation kamen diese Symptome [die Stigmata] öfter wieder» (GA 97, 3.2.1907). Das heißt, bei einem richtigen Vollzug dieser Einweihungsstufe – je nach Kraft der Meditation – erscheinen die Stigmata und verschwinden auch wieder.

Wie das genau aussieht, beschreibt Rudolf Steiner in einem weiteren Vortrag mit folgenden Worten: «Der Schüler ist imstande, in der Meditation *willkürlich* die Blutmale an sich hervorzurufen» (GA 100, 27.6.1907). Dass der Schüler ständig seine inneren Erlebnisse selbst in der Hand hat und bewusst kontrollieren kann, ist auf diesem Weg das Entscheidende. Auch die Merkmale, die an seinem Leib sichtbar erscheinen, hat er voll im Griff. Denn nur dadurch kann er seine innere Freiheit behalten und ist in keinem Augenblick Kräften ausgeliefert, die er nicht völlig durchschaut.[172] Und die Stigmata selbst treten bei ihm nicht blutend auf, wie es aus katholischen Zusammenhängen bekannt ist, sondern ganz zart und intim, nur als äußere Zeichen, dass die innere Stufe seiner Entwicklung, um die es hier geht, von ihm tatsächlich erreicht ist. «Da treten die roten Flecken auf, die an die Kreuzeswunden erinnern» (ebd.). An anderer Stelle äußert sich Rudolf Steiner noch konkreter: «Gewisse Rötungen der Haut an bestimmten Stellen treten so auf, dass der Mensch die Wundmale Christi hervorrufen kann, an den Händen, den Füßen und an der rechten Seite der Brust» (GA 99, 6.6.1907).[173] Auch hiermit ist ein «inneres Erleben» verbunden: «Man sieht *sich selbst* am Kreuze hängen in einer astralen Vision» (GA 100, 27.6.1907). Dieses Erlebnis nennt Rudolf Steiner die «Blutsprobe» (ebd.). Und wurde diese Probe richtig bestanden, dann treten die äußeren Merkmale der Stigmata zurück, denn sie gehören nicht zu den weiteren, noch höheren Stufen dieser Einweihung, auf denen – wie wir noch sehen werden – es sich nicht mehr um den Kreuzestod, sondern um die Auferstehung und sogar um die Himmelfahrt handelt.

Fassen wir diese Beschreibungen der «Blutsprobe» (vierte christlich-mystische Einweihungsstufe) zusammen. Wenn sie richtig verlaufen ist, dann sehen die leiblichen Symptome so aus, dass sie nicht als offene, blutende Wunden auftreten, sondern als rote Flecken, die nur während der Meditation für eine kurze Zeit auftreten und dann wieder verschwinden. Sie werden von dem Meditanten durch seine ständigen Übungen willkürlich hervorgerufen und stellen nur eine vorübergehende «Probe» auf dem weiteren Weg zu den höheren Stufen der Einweihung dar.[174] Es ist auch möglich, dass sie überhaupt nicht als leibliche Erscheinung auftreten. Dies könnte jedenfalls aus den folgenden Worten Rudolf Steiners entnommen werden: «Der Schüler erhält dann ... richtige Stigmata, die sich vorübergehend zeigen *können*»; «zeigen können», oder auch nicht (GA 94, 11.7.1906). Im letzteren Fall bleiben sie nur innerlich vorhanden und treten überhaupt nicht in sichtbarer Form nach außen.[175]

Das Entscheidende dabei ist, dass auf dieser Stufe die Rötungen am Leibe allein durch die innere Kraft des Geistesschülers hervorgerufen werden und damit hat er die ganze Situation ständig in seiner Hand. Rudolf Steiner berichtet diesbezüglich: «Genau an den Stellen seines Körpers, die man die Wundmale nennt, ist er imstande, die Rötung seiner Haut durch die innere Kraft seiner Spiritualität hervorzubringen» (GA 284/285, 19.5.1907). Damit hat dieses Erlebnis mit den bleibenden Stigmata, wie sie in der römisch-katholischen Kirche bekannt sind, nichts zu tun.

Auch bezeichnet Rudolf Steiner die jene leiblichen Erlebnisse begleitenden geistigen Erfahrungen eindeutig als «astrale Visionen» (GA 100, 27.6.1907), welche «zuerst im Traum, dann visionär» auftreten (GA 99,

6.6.1907). Dabei sieht der Schüler in ihnen vor allem *sich selbst* gegeißelt, dornengekrönt und gekreuzigt. Denn bei einem richtigen Überschreiten der Schwelle erlebt man die inneren Prozesse der eigenen Seele als objektive Tatsachen, die einem in der geistigen Welt als Erstes begegnen. Weiterhin sagt Rudolf Steiner: «Das ist nicht bloß ein äußerlich-historisches, sondern ein geistiges Bild, das ein jeder [auf diesem Weg] haben kann» (GA 284/285, 19.5.1907).

In Bezug auf die geschilderten leiblichen Erlebnisse betont Rudolf Steiner: «Nicht auf die [äußeren] Symptome kommt es an, aber sie treten ein *als Folge der Übungen*» (GA 103, 30.5.1908-II). Damit ist klar ausgedrückt, dass auf diesem Weg nicht die Stigmata (und andere leibliche Erlebnisse) an sich von Wichtigkeit sind, sondern allein das Ziel des ganzen Weges, das erst auf den beiden letzten Stufen voll erreicht wird.[176] Das beschreibt Rudolf Steiner so: «Ich habe Ihnen geschildert, wie durchgemacht wurde die christliche Einweihung. Dadurch erwarb sich der Schüler das, was man das ‹Christus-Auge› nennt» – ein neues übersinnliches Organ, mit dem Christus auf rein geistige Weise (sinnlichkeitsfrei) geschaut werden kann. «Wenn Sie kein Auge hätten, wäre alles um Sie her finster; ebenso wenig wie Sie ohne Auge eine Sonne sehen könnten, ebenso wenig könnten Sie ohne das Christus-Organ den Christus wahrnehmen ... Der Mensch kann sich die Fähigkeit, den Christus zu schauen, durch die Übungen erwerben, die jetzt angeführt sind» (GA 100, 27.6.1907).

Mehr noch, als unmittelbare Folge des ganzen Einweihungsweges kommt es zu einem Zustand, den Rudolf Steiner wie folgt zusammenfasst: «Wenn der Mensch diese siebente Stufe durchlebt hat, dann ist das Christentum ein innerliches Erlebnis seiner Seele geworden. Er ist dann ganz vereinigt mit dem Christus Jesus; der Christus Jesus ist in ihm» (GA 95, 3.9.1906). Weil bei dieser Beschreibung die letzte, siebente Stufe als diejenige der «Auferstehung» bezeichnet wird, liegt es auf der Hand, dass das Wort «der Christus Jesus ist in ihm» auch im Sinne des Aufnehmens der Kräfte des Auferstehungsleibes verstanden werden muss.

Dabei geht es auf dem gesamten Weg nicht um Visionen der Ereignisse an der Zeitenwende, sondern vielmehr um das Erwerben einer rein geistigen (unvisionären) Beziehung zu dem lebendigen, *gegenwärtigen Christus*, der als geistige Sonne das ganze innere Leben des Schülers von da an erleuchtet. Dadurch werden für ihn die Worte aus dem Evangelium: «Und siehe, ich bin bei euch alle Tage bis an der Welt Ende» (Matth 28,20) zu einer aus eigener Erfahrung erlebten Wirklichkeit.

Die angeführten Worte über das Christus-Auge folgen in dem zitierten Vortrag nach der Stelle, wo Rudolf Steiner die drei weiteren, noch höheren Stufen dieses Einweihungsweges darstellt: den mystischen Tod, die Auferstehung (hier zusammen mit der vorhergehenden Grablegung) und als Letztes die Himmelfahrt. Diese weiteren Stufen haben mit den äußeren Merkmalen einer Stigmatisation nichts mehr zu tun, denn diese tritt, wie bereits erwähnt, «nur vorübergehend» bei der vierten Stufe auf. Schon auf der fünften Stufe geht es um ganz andere innere Prozesse. Im mystischen Tod erlebt der Schüler, wie vor seinem Seelenblick alles «in finsterste Finsternis getaucht» wird. «Die ganze Sinneswelt ist wie ausgelöscht und versunken» (GA 100, 27.6.1907). Und das ganze Böse der Erdenentwicklung erscheint vor seinem inneren Auge. Auf einmal wird wie ein innerer Vorhang vor ihm zerrissen, und er sieht zum ersten Mal voll bewusst «hinauf in die geistige Welt» (ebd.).

Alles bereits Erlebte wird jedoch von den beiden abschließenden Stufen bei Weitem überragt. Auf der sechsten vereinigt sich der Schüler mit der ganzen Erde. Er erlebt, wie «die ganze Erde noch zu ihm gehört» (ebd.). Die Großartigkeit dieses Erlebnisses lässt sich schwer in irdische Worte kleiden. Der Schüler erfährt hier, dass Christus nach seinem Kreuzestod tatsächlich der neue «Geist der Erde geworden ist» (ebd.). Von da an trägt der Einzuweihende die Verantwortung für die ganze Zukunft der Erde mit. Und über die letzte Stufe sagt Rudolf Steiner: «Die siebente Stufe kann nicht weiter geschildert werden, denn alles, was sie an Größe und Erhabenheit bedeutet, kann keine Seele, die mit ihrem Denken noch an das Gehirn gebunden ist, begreifen» (GA 94, 11.7.1906). Denn «sie übersteigt alles, wovon sich der Mensch sonst eine Vorstellung macht» (GA 103, 30.5.1908-II) und bedeutet «die völlige Aufnahme in die geistige Welt» (ebd.).[177]

Auch weist Rudolf Steiner in seinen Beschreibungen des christlich-mystischen Einweihungsweges immer wieder auf Gefahren, die jedoch vor allem durch die persönliche Hilfe und den ständigen Beistand eines erfahrenen geistigen Lehrers, der deshalb bei dieser Art der Einweihung unerlässlich ist, vermieden werden können. Zwar betont Rudolf Steiner auch, dass es bei dieser Einweihung eigentlich nur einen einzigen Hierophanten gibt, und das ist Christus Jesus selbst. Doch geht allein aus der Tatsache, dass Rudolf Steiner fast alle Beschreibungen dieses Weges in Form der Unterweisung eines Lehrer an seine Schüler darstellt, ganz klar auch die Notwendigkeit einer irdischen Führung hervor.[178] Und in dem Vortrag vom 3. Juni 1906 drückt er das ganz deutlich aus: «Die christliche Schulung kann erfolgen auf den Rat eines Lehrers hin, der weiß, was zu tun ist, und der immer bei jedem Schritt zurechtrücken kann, was verfehlt ist» (GA 95).

Was aber die Gefahren dieses Weges betrifft, so sind sie besonders auf der vierten Stufe, der «Blutsprobe» (Stigmatisation), groß. Rudolf Steiner berichtet: «Dann tritt etwas ein, was man nennt die ‹Blutsprobe›. *Was in vielen Fällen ein krankhafter Zustand sein kann*, ist in diesem Falle [bei dem regelrechten Einweihungsweg], weil alles Krankhafte ausgeschaltet sein muss, eine Folge der Meditation» (GA 103, 30.5.1908-II). Allein als Folge einer reinen und selbstlosen Meditation anhand der Inhalte des Johannes-Evangeliums dürfen auf dieser Stufe, und das auch nur für eine kurze Zeit, die Rötungen an den fünf Stellen des Leibes auftreten, sonst droht dem Schüler ein «krankhafter Zustand», der ihn sogar «in vielen Fällen» wie überfallen kann. Deshalb betont Rudolf Steiner in demselben Vortrag: «Es wird auch dafür gesorgt [wohl durch den begleitenden Lehrer], dass von Suggestion und Autosuggestion gar nicht die Rede sein kann.» Aus dieser Bemerkung folgt, dass «Suggestion und Autosuggestion» besonders auf dieser Stufe eine große Gefahr bilden, weil hier mit *leiblichen* Symptomen und Empfindungen gearbeitet wird.

An dieser Stelle darf eine kurze Einschaltung in die laufende Darstellung gemacht werden. Es geht um einen einzigen Fall von Stigmatisation, der, soweit bekannt, in der Anthroposophischen Gesellschaft noch zu Lebzeiten Rudolf Steiners auftrat. Gemeint ist der Maler Richard Pollak (1867-1943), der aus einer wohlhabenden Kaufmannsfamilie jüdischer Herkunft in Prag stammte und einige Jahre mit seiner Frau Hilde an der Deckenmalerei des ersten Goetheanum mitarbeitete. Von früher Jugend an stark christlich orientiert, verfolgte er schon während seines Kunststudiums in München intensiv den christlich-mystischen Schulungsweg. Bald darauf traten bei ihm die Wundmale so auf, wie Rudolf Steiner es für diesen Weg beschreibt. An allen fünf Stellen waren sie klar zu sehen, jedoch ohne das austretende Blut.

Zu Beginn des Jahrhunderts kam Richard Pollak nach Wien und lernte dort den Jugendfreund Rudolf Steiners, Friedrich Eckstein, kennen, der ihn 1905 mit dessen Schriften bekanntmachte. Zwei Jahre später hörte Pollak zum ersten Mal einen Vortrag von Rudolf Steiner und siedelte 1914 auf dessen Anfrage mit seiner Frau für fünf Jahre nach Dornach um. Da Richard Pollak in der engsten Umgebung Rudolf Steiners der einzige Stigmatisierte war, liegt es auf der Hand, dass er dieses Phänomen auch mit Rudolf Steiner besprochen hat. Möglicherweise entnahm Richard Pollak einem solchen Gespräch, dass er in einem früheren Leben ein Franziskaner gewesen sei. Jedenfalls porträtierte seine Frau ihn in den zwanziger Jahren, nachdem sie von Dornach nach Prag zurückgekehrt waren, in Franziskaner-Kleidung. Auf die entsprechende Frage eines Freundes antwortete Hilde Pollak: «Richard hat zwar in dieser Inkarnation eine jüdische Organisation angenommen, aber vor Jahrzehnten sind an seinem Leibe die Wundmale Christi aufgetreten, und damit hat sich gezeigt, wohin er seinem Wesen nach gehört. Doch hat er diese Erscheinungen so weit verborgen wie möglich. Denn nicht aus dem Nachklang einer früheren Inkarnation will er anerkannt sein, sondern aus den Leistungen der gegenwärtigen. Und Sie erleben ja selbst, wie wenig er aus sich macht.»[179] Es spricht vieles dafür, dass diese sachlich-distanzierte Einstellung Richard Pollaks zu seiner eigenen Stigmatisation aufgrund des Gespräches mit Rudolf Steiner entstanden sein könnte bzw. von ihm unterstützt wurde. Es gibt diesbezüglich eine mündliche Überlieferung, dass Rudolf Steiner Richard Pollak sogar eine spezielle Meditation gegeben habe, die zum Verschwinden der Stigmata führen sollte, deren Auftreten außerhalb des regelrecht durchgegangenen christlich-mystischen Einweihungsweges nicht nur unzeitgemäß ist, sondern als eine abnorme Erscheinung betrachtet werden muss.[180]

Was aber an dem Schicksal von Richard Pollak zutiefst berührt, sind nicht seine Stigmata, sondern die moralische Größe und wahre Christlichkeit, die dieser Mensch in späteren Jahren zeigte. Nach dem Einmarsch der Nazis in Prag und dem Beginn der Judenverfolgung wurde dem Ehepaar Pollak von anthroposophischen Freunden die Möglichkeit zur Flucht in Aussicht gestellt. Darauf antwortete Richard Pollak sinngemäß das Folgende: In dieser Inkarnation bin ich in das jüdische Volk hineingeboren. Und in diesen schwierigen Tagen möchte ich mich nicht von seinem Schicksal trennen. Auf die Frage, ob er deshalb traurig sei – denn Richard Pollak wusste wohl, was sein Entschluss bedeutete –, antwortete er: «Ich bin nicht traurig. Wenn man das Glück gehabt hat, Rudolf Steiner im Leben zu begegnen, kann man niemals mehr traurig sein.»

Bald darauf wurden beide verhaftet und zuerst nach Theresienstadt gebracht. Dort und in einem weiteren Lager, wohin Richard Pollak daraufhin kam, hielt er bis zu seinem Märtyrertod vor den Mitgefangenen mehr als einhundert Vorträge über Anthroposophie. Auch seine Frau kam in ein Vernichtungslager, nachdem sie sich geweigert hatte, Uniformen für die deutschen Soldaten zu nähen.

An diesem außergewöhnlichen menschlichen und anthroposophischen Schicksal erlebt man, wie der Christus-Impuls in einem Menschen real wirkt. Nicht in der Stigmatisation, sondern in der moralischen Kraft, in Mut und Treue zeigt sich die tiefste Christlichkeit von Richard Pollak.

*

In dem Zyklus *Von Jesus zu Christus* bringt Rudolf Steiner den christlich-mystischen Einweihungsweg mit dem Wesen des Phantoms in Verbindung. Er sagt, nachdem er die sieben Stufen der christlich-mystischen Einweihung kurz charakterisiert hatte (bezeichnenderweise erschien in dieser Beschreibung die «Auferstehung» als die siebente Stufe), wörtlich: «Wenn wir das tun [‹bis in den physischen Leib die Empfindungen hineintreiben›], machen wir nichts Geringeres, als dass wir uns *bereit machen,* in unserem physischen Leibe das Phantom nach und nach zu empfangen, das ausgeht von dem Grabe auf Golgatha» (GA 131, 14.10.1911). Mit anderen Worten: Auf dieser vierten Stufe hat man sich zunächst nur «bereit gemacht», das Phantom «nach und nach zu empfangen». Es geht hier nur um die *Vorbereitung* dessen, was erst auf den weiteren Stufen seine volle Wirklichkeit erhält. In diesem Sinne fährt Rudolf Steiner fort: «Wir arbeiten deshalb in unseren physischen Leib hinein [auf dem Wege der intensivsten Meditation], um denselben so lebendig zu machen, dass er eine Verwandtschaft, eine Anziehungskraft *fühlt* zu dem Phantom» (ebd.). Auch hier handelt es sich lediglich um das *Gefühl* der «Anziehungskraft», die im physischen Leib erlebt wird und erst eine vorbereitende Stufe darstellt.

Zum Schluss drückt Rudolf Steiner dies noch klarer aus, indem er es so darstellt: «Wie sich der Mensch durch die entsprechenden Gefühlserlebnisse der christlichen Einweihung *reif macht,* um das Phantom zu empfangen, das aus dem Grabe von Golgatha auferstanden ist.» Damit wird dieses «Reifmachen» eigentlich auf den *ganzen* siebenstufigen Weg der christlich-mystischen Einweihung ausgedehnt, an dessen Ende die Stufe der «Auferstehung» steht, in der die Verbindung des Einzuweihenden mit dem Phantom hergestellt wird. Auf der vierten Stufe, der *Kreuztragung,* kann man hingegen noch keinesfalls von einer tatsächlichen Verbindung mit dem Phantom sprechen, schon deshalb nicht – und das muss hier noch einmal wiederholt werden –, weil diese Einweihungsstufe diejenige Etappe des Passionsweges widerspiegelt, welche *vor* der Auferstehung liegt.

In dieser Beziehung ist folgender Hinweis Rudolf Steiners über die geistige Leitung seiner ersten esoterischen Schule von Bedeutung: «Der Meister Jesus und der Meister Christian Rosenkreutz bereiten uns zwei

Wege zur Einweihung, den christlich-esoterischen und den christlich-rosenkreuzerischen Weg. Diese beiden Wege hat es seit dem Mittelalter immer gegeben» (GA 264, 1.6.1907). Daraus folgt, dass der größte Meister des christlich-mystischen Weges bis heute Meister Jesus ist. Er selbst ging diesen Weg vor allem in der Zeit vor der Begründung der rosenkreuzerischen Einweihung. «Für die Zeit bis dahin wurde die christlich-mystische Initiation in der Form dem Abendlande gegeben, in der sie durch den Initiator dem ‹Unbekannten aus dem Oberland› erfloss in St. Victor, Meister Eckart, Tauler usw.» (GA 262, Manuskript von Barr, II). Der «Unbekannte» oder der «Gottesfreund vom Oberland» war die Inkarnation von Meister Jesus im 14. Jahrhundert, der damals mit seinen Schülern den christlich-mystischen Weg ging. Auch Christian Rosenkreutz folgte nach seiner Inkarnation an der Zeitenwende, wo er der wichtigste Zeuge des Mysteriums von Golgatha war, ebenso diesem christlich-mystischen Weg in seinen weiteren Inkarnationen bis zu der Begründung des Rosenkreuzertums im 13. Jahrhundert. Von beiden Meistern wurde jedoch nie überliefert, dass sie je Stigmata bekommen hätten.

Aus dem Gesagten folgt, dass die einzigen Stigmata, von denen auf berechtigte Weise gesprochen werden kann, diejenigen sind, welche nur auf der vierten Stufe des christlich-mystischen Weges vorübergehend auftreten. Sie sind, wie bereits erwähnt, immer willkürlich hervorgerufen und werden als reine Folge der Meditation an dem physischen Leib sichtbar. Ganz anders verhält es sich mit den Stigmata, die bleibend auftreten und dazu noch als offene, blutende Wunden erscheinen.

Der erste geschichtlich nachgewiesene Fall dieser Art ist bekanntlich Franz von Assisi (1181/82-1226). In dieser Beziehung ist es schon bezeichnend, dass überall dort, wo Rudolf Steiner auf die okkulten Hintergründe dieser Individualität zu sprechen kommt, er nirgends deren Stigmatisierung erwähnt. So zum Beispiel auch nicht in dem Vortrag vom 28. Mai 1912, in dem er die Biographie des Franz von Assisi am ausführlichsten behandelt. Dort weist er nur darauf hin, dass in dessen Seele «die ganzen moralischen Impulse ... sich so entwickelt [hatten], dass sie eine besondere Verstärkung erfuhren in den Meditationen und ihm erschienen als das Kreuz mit dem Crucifixus daran. In diesen Zuständen fühlte er eine innere, persönliche Beziehung zu dem Kreuze und zu dem Christus, und davon kamen ihm dann die Kräfte, durch die er so ins Unermessliche steigern konnte die moralischen Impulse, die ihn jetzt durchströmten» (GA 155). Kein Wort über die Stigmatisation! Und das auch in anderen Vorträgen nicht, sondern überall wird der Blick ausschließlich auf die ungewöhnlichen, hervorragenden und kaum sonst anzutreffenden moralischen Impulse gelenkt, die in der Seele des Franz von Assisi lebten und so gewaltig waren, dass er aus den unendlichen Kräften des Mitleids und der Liebe sogar die damals noch unheilbaren Aussätzigen heilen konnte.

Von mehr esoterischer Seite weist Rudolf Steiner vor allem auf zwei okkulte Begebenheiten im Leben Franz von Assisis hin. Die eine ist seine Schülerschaft bei dem Gautama Buddha, der auf übersinnliche Weise in einer esoterischen Schule im 7.-8. christlichen Jahrhundert am Schwarzen Meer lehrte. Damals gehörte der zukünftige Franz von Assisi zu seinen fortgeschrittensten Schülern. «Die eigentümliche Art des Franz von Assisi, die ja so viel Ähnlichkeit hat, auch in dem Leben seiner Mönche, mit den Schülern des Buddha, ergibt sich aus dem Umstand, dass Franz von Assisi ein Schüler des Buddha [in dieser esoterischen Schule] war» (GA 130, 18.12.1912).

Die zweite, noch entscheidendere Begebenheit im Leben des Franz von Assisi bestand darin, dass er in seinen Astralleib das Abbild des Astralleibes des Christus Jesus empfangen durfte. Dieses – und nicht die Stigmata – ist für Rudolf Steiner das Hauptmerkmal des Heiligen Franziskus. In mehreren Vorträgen erwähnt er diese Eigenschaft von dessen Astralleib als dem eigentlichen esoterischen Quell dieses tief christlichen Lebens und der höchsten Liebefähigkeit. Nicht das Auftreten der leiblichen Wundmale, sondern die hohe moralische Kraft, die er durch das Abbild des Astralleibes des Jesus besaß, ist für Rudolf Steiner von zentraler Bedeutung. Bezüglich der Stigmata von Franz von Assisi ist bekannt, dass diese erst zwei Jahre vor seinem Tod auftraten und er sie so sorgfältig verbarg, dass man sie erst nach seinem Hinscheiden an dem schon toten Leib entdeckte.[180a] – Auch ist bezeichnend, dass diese Individualität nach dem Leben als Franz von Assisi in ihrer nächsten Inkarnation bereits als kleines Kind starb und danach nicht mehr auf der Erde erschien, sondern ihrem Meister Gautama Buddha auf den Mars folgte, um dort mit ihm weiter zu wirken. (Siehe GA 130, 18.12.1912.)

Zu seiner Zeit war Franz von Assisi nicht der Einzige, der dieses astralische Abbild empfangen durfte. Elisabeth von Thüringen (1207–1231) – und auf etwas andere Weise Thomas von Aquino (1225/7–1274) und sicher noch einige andere – trugen es in dieser Epoche in sich. Von den Zeitgenossen Franz von Assisis gehörte auch die Heilige Klara (1194–1253) dazu. Die Überlieferung berichtet, dass, als sich die beiden zu einem Gespräch über geistige Dinge trafen, die ganze Gegend wie von einem himmlischen Licht überstrahlt war. Dieses wurde hervorgerufen durch die real wirkende moralische Atmosphäre um sie herum. Deshalb wird Franz von Assisi in der Geistesgeschichte des Abendlandes besonders wegen seiner Moralität so hoch eingestuft.

Die moralische Höhe, welche diese Individualität in ihrer Inkarnation als Franz von Assisi erreicht hatte, war jedoch an sich noch keine Bürgschaft dafür, dass dasjenige, was er damals als Gedankeninhalt in seinem Kopf trug, sich mit dieser Moralität auf der gleichen Ebene befand. Rudolf Steiner sagt diesbezüglich: «Was uns manchmal gerade bei diesen Persönlichkeiten [die Träger des Abbildes des Astralleibes von Christus Jesus waren] so sonderbar anmuten muss, das ist, dass sie in ihrem Ich oft gar nicht gewachsen waren dem, was ihr astralischer Leib enthielt. ... Grotesk erscheint manchmal das, was ihr Ich tat, großartig und erhaben aber die Welt ihrer Stimmungen und Gefühle, ihrer Inbrunst. Eine solche Persönlichkeit ist Franz von Assisi» (GA 109/111, 15.2.1909). Auch an anderer Stelle erwähnt Rudolf Steiner «alle seine Irrtümer» (ebd., 6.4.1909), weil seine mit dem Ich verbundenen Erkenntniskräfte nicht annähernd auf der Höhe seines Astralleibes waren. Daraus folgt, dass auch die Stigmata als solche nie einen Beweis für dasjenige erbringen können, was ein Mensch allein durch die freie Entwicklung der höheren Erkenntniskräfte selbst erreichen kann.

Dieser Widerspruch zwischen einem unvollkommenen Ich und einem vollkommenen Astralleib, wie es bei Franz von Assisi der Fall war, ergab sich aus der Tatsache, dass er in seinem Erdenleben im 13. Jahrhundert keine regelrechte christliche Einweihung durchgemacht hatte, sondern seine außergewöhnlichen seelischen Fähigkeiten vor allem aus dem astralischen Abbild schöpfte, das er in sich trug. Auch während seiner Schulung bei dem Gautama Buddha in seiner früheren Inkarnation ging es mehr um die Ausbildung moralischer Qualitäten als um diejenige wirklicher Erkenntnis.[181]

So bestätigt vor allem die beschriebene Diskrepanz, die in dem Wesen des Franz von Assisi bestand, dass schon zu seiner Zeit eine echte christlich-mystische Einweihung in vollem Umfang nicht mehr möglich war. Ihre Blütezeit lag in noch früheren Jahrhunderten.[182] Daher wurde durch die geistige Lenkung der Menschheit beschlossen,[183] in der Mitte des 13. Jahrhunderts eine neue esoterische Strömung innerhalb des Christentums zu begründen, die auch den gegenwärtigen, modernen Menschen und ihren ganz anderen inneren Fähigkeiten entsprechen sollte. Und das ist die Rosenkreuzer-Strömung, aus der auch der siebenstufige Einweihungsweg der Anthroposophie hervorgegangen ist. Diese Einweihung ist heute die einzige, welche dem westlichen Menschen, der den Christus sucht, angemessen ist. Denn den christlich-mystischen Einweihungsweg kann man heute kaum mehr gehen, vor allem aus drei Gründen:

1. Er fordert eine völlige Isolation des Schülers von der äußeren Welt, was dem heutigen Menschen nicht angemessen ist.
2. Er verlangt eine Intensität des Gefühlslebens, die dem heutigen Menschen, der zunehmend auf Erkenntnis hin orientiert ist, nicht mehr zugänglich ist.
3. Er arbeitet auf direkte Weise mit den Kräften des physischen Leibes, was große Gefahren in sich birgt und deshalb die persönliche Führung eines erfahrenen Lehrers notwendig macht, welche heute nicht mehr zeitgemäß ist.

   Um vor allem die großen Gefahren zu vermeiden, die mit dem *unmittelbaren* Einfluss auf den physischen Leib verbunden sind, wurde von den wahren Rosenkreuzern der umgekehrte Weg begründet, welcher jeglichen *direkten* Einfluss auf den physischen Leib von Anfang an aufs Strengste ausschließt. (In der christlich-mystischen Einweihung hingegen wirkte man direkt aus dem Bereich des Fühlens auf den physischen Leib, um dadurch die beschriebenen leiblichen Erlebnisse zu bewirken – die heute ebenfalls nicht mehr zeitgemäß sind.) Selbstverständlich war die Verwandlung und Vergeistigung des physischen Leibes auch das letzte Ziel des rosenkreuzerischen Weges. Nur geschah dies bei der Rosenkreuzereinweihung auf dem Wege der gereinigten Erkenntniskräfte *durch die Vermittlung des Geistes*, unter voller Aufrechterhaltung der individuellen Freiheit.[184]

Auch der anthroposophische Schulungsweg (als moderne Ausgestaltung und Fortsetzung des rosenkreuzerischen) führt zu dem gleichen Ziel wie die christlich-mystische Einweihung. Jedoch entspricht er allen Eigenschaften und Lebensbedingungen des gegenwärtigen Menschen: Kein leiblicher Lehrer wird mehr benötigt, die individuelle Freiheit wird vollumfänglich respektiert, und es wird nie direkt (auch nicht mit dem Gefühl) auf den physischen Leib eingewirkt.[185] Denn die Grundlage und der Ausgangspunkt der modernen Einweihung ist die Entwicklung und Betätigung des reinen, sinnlichkeitsfreien Denkens, welches den Menschen aus dem Leib mit seinen Sinneswahrnehmungen auf bewusste Weise herausführt,[186] um auf diesem ganz neuen Weg zum gleichen großen Ziel zu führen: zur Verbindung mit dem Auferstehungsleib des Christus.

Wie der rosenkreuzerische und folglich auch der anthroposophische

Weg, aber mit anderen Mitteln, zu eben diesem Ziel führt, beschreibt Rudolf Steiner in folgenden Worten: «Durch das, was als rosenkreuzerische Einweihung charakterisiert worden ist, und durch das, was überhaupt heute ein Mensch als Einweihung haben kann, wird nun auch in einer gewissen Weise, nur mit etwas anderen Mitteln, dasselbe erlangt: dass ein Anziehungsband geschaffen wird zwischen dem Menschen, insofern er in einem physischen Leibe verkörpert ist, und dem, was als das eigentliche Urbild des physischen Leibes auferstanden ist aus dem Grabe von Golgatha» (GA 131, 14.10.1911). Schon in der Formulierung wird der Unterschied zum christlich-mystischen Weg sichtbar. Dort geht es darum, dass der Schüler zunächst «eine Anziehungskraft» zu dem Phantom «fühlt». Auf dem rosenkreuzerischen Weg hingegen wird ein reales «Anziehungsband [zu ihm] *geschaffen*».[187]

Noch größer ist der diesbezügliche Unterschied zwischen dem christlich-mystischen Weg und der modernen Fortsetzung des rosenkreuzerischen Weges in der Anthroposophie. In diesem Sinne ist das Auftreten von Blutmalen, besonders wenn sie nicht von der Art sind, wie sie zu einem regelrechten christlich-mystischen Weg gehören, anders zu beurteilen und als nicht mehr zeitgemäß zu erachten. Vor allem aber haben sie, wenn sie heute auftreten, mit dem rosenkreuzerischen und folglich auch mit dem anthroposophischen Einweihungsweg nichts zu tun.

*

Alles zuvor Gesagte kann an dem konkreten Beispiel der vielleicht berühmtesten katholischen Stigmatisierten untersucht werden. Gemeint ist Anna Katharina Emmerich (1774–1824), die an der Wende vom 18. zum 19. Jahrhundert in Deutschland lebte und deren Visionen vor allem durch die Aufzeichnungen von Clemens Brentano (1778–1842) bekannt geworden sind. Dabei ist die einzige von Rudolf Steiner überlieferte Äußerung über sie von entscheidender Bedeutung. Es ist auffallend, dass er in seinem gewaltigen Werk von sich aus nirgendwo über Anna Katharina Emmerich spricht. Die einzige Äußerung wurde durch eine Frage veranlasst, die Rudolf Steiner nach dem Zyklus in Leipzig über *Ägyptische Mythen und Mysterien* (GA 106) am 14. September 1908 von einem Zuhörer diesbezüglich direkt gestellt wurde. Darauf gab er eine bemerkenswerte Antwort, die wie folgt festgehalten wurde: «‹Katharina Emmerich› von Clemens v. Brentano? – Darin sind Gesichte einer außerordentlich guten Somnambule wiedergegeben. Namentlich sind es die Teile, die sich beziehen auf das Spiegelsehen, darin ist unzweifelhaft außerordentlich Richtiges.»[188]

Nun berichtet Anna Katharina Emmerich, dass sie sich immer wieder wie auf einer «Zeitreise» – so könnte man es nennen – zu den Ereignissen der Zeitenwende befand, um diese in *sinnlichen Wahrnehmungen* mitzuerleben, dass heißt mit allen fünf leiblichen Sinnen: sehend, hörend, riechend und so weiter. Diese «sinnlichen» Erlebnisse aus der Vergangenheit teilte sie dann Clemens von Brentano mit, der sie zu Papier brachte und später veröffentlichte. Solche «Zeitreisen» sind aber vom Gesichtspunkt der modernen Geisteswissenschaft nichts anderes als eine besondere Form des Somnambulismus.

In einem Vortrag, wo Rudolf Steiner das Entstehen und Wesen des Somnambulismus vom geisteswissenschaftlichen Gesichtspunkt her erläutert, erwähnt er, wie bei bestimmten Formen desselben Folgendes geschieht: «Dann kommt das Ich [des somnambulen Menschen] dazu, in freierer Weise mit der Umgebung zu korrespondieren: Es ist dann nicht eingelagert in das Gangliensystem und kann daher jene Verbindungskanäle mit der Welt benutzen, die es ihm möglich machen, im Raume und *in der Zeit* allerlei von ferne zu sehen, was normalerweise in das Ich, in das Gangliensystem eingebettet ist, wodurch diese Prozesse nicht wahrgenommen werden können» (GA 174, 14.1.1917). In dieser Art konnte auch Anna Katharina Emmerich als «eine außerordentlich gute Somnambule» ihre «Zeitreisen» an die Zeitenwende und darüber hinaus, bis zur Erschaffung des Menschen im Paradies, vornehmen. Deshalb benutzt Rudolf Steiner, um das Wesen der geistigen Erlebnisse der Anna Katharina Emmerich zu charakterisieren, nicht das Wort «Visionen», sondern «Gesichte». Denn die Ersteren können sich auch auf die rein geistige Welt beziehen, Letztere sind aber meist einzig mit Schauungen aus der sinnlichen Welt verbunden, wodurch sich ihre verstärkte Leibgebundenheit erweist.

In dieser Hinsicht charakterisiert Rudolf Steiner in einem anderen Vortrag das Wesen des Somnambulismus noch in folgenden Worten: «Während sonst der Mensch im normalen Leben nur durch seine Sinne mit der Umwelt in Berührung steht, kommt beim Somnambulen ... der ganze Mensch durch seinen Willensmechanismus mit der Umwelt in Beziehung. Dadurch können Fernwirkungen eintreten, der Gedanke kann in die Ferne wirken, es können auch räumliche und *zeitliche Ferngesichte* auftreten und so weiter.»[189] So tritt bei einigen von ihnen der innere Zustand auf, «dass gewissermaßen der ganze Mensch zu Sinnesorganen umgewandelt wird und dadurch *automatische und zeitliche Ferngesichte* auftauchen. Ihre

Grundlage ist stets ein krankes oder schwaches Seelenleben. Sie haben nichts zu tun mit derjenigen Welt, der der Mensch mit seinem unsterblichen Teil angehört, aber sie haben zu tun mit dem, was als physische, sinnliche Umgebung geistig ist, was sich namentlich darinnen durch den Willen des Menschen zuträgt» (ebd.).

In beiden Zitaten spricht Rudolf Steiner entweder vom «Willensmechanismus» oder von «automatisch» auftretenden Gesichten. Denn wie es sich vor allem bei Anna Katharina Emmerich, aber auch bei der im 20. Jahrhundert ebenfalls stigmatisierten Theresa Neumann aus Konnersreuth (1898–1962) zeigte, können solche Menschen nie ihrer «Gesichte» Herr werden, die vor allem während der Passionszeit, manchmal jedoch jede Woche mit der Gewalt von Naturereignissen über sie hereinbrechen und alle physischen, seelischen und geistigen Kräfte für Stunden oder sogar Tage total in Anspruch nehmen. Bei solchen Zuständen kann selbstverständlich von menschlicher Freiheit überhaupt keine Rede sein, was jedoch das höchste Gebot jeder modernen Einweihung von Beginn an und auf allen ihren Stufen sein muss.

Man kann als heutiger Mensch selbstverständlich eine eigene Meinung zu den «Gesichten» von Anna Katharina Emmerich oder Theresa Neumann haben: Man kann sie faszinierend, ja sogar bewundernswert finden, für authentisch und wahr halten, weil als Beweis für deren Richtigkeit die Stigmata vorgewiesen werden. Jedoch kann man ihre Beschreibungen aber auch, zumindest teilweise, als recht befremdlich empfinden, vor allem dadurch, dass in ihnen die spirituelle Dimension des Christus-Ereignisses – was für Rudolf Steiner immer das Wichtigste war – nur sehr eingeschränkt zur Geltung kommt. Offensichtlich haben für Anna Katharina Emmerich die Leiden des Menschen Jesus mehr Gewicht und Bedeutung als das eigentliche Mysterium des Christus.[190] Man vermag sich bei dem Bekanntwerden mit ihren Gesichten kaum des Eindrucks zu erwehren, dass der eigentliche Schritt von Jesus zu Christus in der inneren Erfahrung hier noch nicht vollzogen wurde.[191]

Dagegen versucht Rudolf Steiner, vor allem in den Vorträgen über das Fünfte Evangelium, mit aller Kraft darauf hinzuweisen, dass das Mysterium von Golgatha nicht allein eine Angelegenheit der Menschen auf der Erde, sondern auch und besonders die der Götter selbst ist – eine Angelegenheit der geistigen Welt. «Immer tiefer und tiefer sollen wir uns mit dieser Idee durchdringen, dass wir Zuschauer sind durch das Mysterium von Golgatha bei einer Götterangelegenheit» (GA 148, 18.12.1913). Rudolf Steiner spricht diesbezüglich von der «Angst und Furcht» der Götter (ebd.) zur

Zeit des Mysteriums von Golgatha, dass ihnen die ganze Menschheitsevolution wegen der zunehmenden Wirkung der Gegenmächte abhanden kommen könne. Und in dem «Angstschweiß auf der Stirn» des Christus Jesus auf dem Ölberg (GA 148, 3.10.1913) müssen wir auch wie ein Abbild dieser Angst der Götter über die Zukunft der ganzen Menschheit sehen. Diese entscheidende kosmische Dimension der Ereignisse der Zeitenwende fehlt fast völlig den Gesichten Anna Katharina Emmerichs und Theresa Neumanns.

Deshalb, aber auch aus vielen anderen Gründen, muss man aus anthroposophischer Sicht die durchaus notwendige Frage stellen: Warum sind diese Gesichte nicht nur in dem oben erwähnten Punkt, sondern auch in vielen anderen von den Geistesforschungen Rudolf Steiners inhaltlich an vielen Stellen derart verschieden, ja ihnen oft sogar entgegengesetzt?

Aus den vielen Beispielen, die zeigen, dass die Gesichte Anna Katharina Emmerichs den Forschungsergebnissen Rudolf Steiners widersprechen, seien hier nur vier erwähnt:

– Sie beschreibt, dass die Form des Kreuzes, auf dem Jesus gekreuzigt wurde, keine Kreuzesform hatte, sondern die des Buchstabens «Y». Das entspricht aber weder der Tradition des Christentums noch den Forschungsergebnissen Rudolf Steiners. Auf allen seinen Bildern und Skizzen verwendete Rudolf Steiner konsequent nur die wahre Form des Kreuzes: †. (Siehe sein Aquarell «Drei Kreuze (Ostern)», seine Pastellskizze zu dem Christus-Motiv in der kleinen Kuppel sowie die Skizzen zu dem rosa und violetten Fenster im Norden.) Auch die entsprechende Kunsttradition bestätigt Rudolf Steiner durch die geisteswissenschaftlich erforschte Tatsache, dass die Maler, welche sie begründeten, in sich das Abbild des Ätherleibes des Jesus trugen und dadurch die wahren Imaginationen der Geschehnisse der Zeitenwende schauen konnten. (Siehe GA 109/111, 7.3.1909.) Die Tradition des Kreuzes ist jedoch noch älter und geht zurück auf die Mysterienvorstellung Platos über das Weltenkreuz mit der auf diesem gekreuzigten Weltenseele. (Siehe GA 105, 12.8.1908.) Wichtig in diesem Zusammenhang ist, dass Christian Rosenkreutz diese bekannte Form des Kreuzes, jedoch von sieben Rosen umgeben, seinen Schülern bei der Begründung des Rosenkreuzer-Ordens im 14. Jahrhundert gegeben hat. Rudolf Steiner knüpft in seinem Buch *Die Geheimwissenschaft im Umriss* mit der Rosenkreuz-Meditation daran an. Wenn man nun bedenkt, dass Christian Rosenkreutz persönlich «bei dem Mysterium von Golgatha dabei war» (GA 130, 27.1.1912), das heißt das Kreuz mit eigenen Augen gesehen und dessen wahre Form seinen Schülern weitergegeben hat, wie ist es dann möglich, dass Anna Katharina Emmerich von einer ganz anderen Form des Kreuzes spricht? Es liegt hier wohl auf der Hand, dass sie, obwohl sie ihre Gesichte mit sinnlichen Augen schaut, dennoch falsch sieht.

- Die spätere Gralsschale, welche von Christus Jesus während des Abendmahls verwendet wurde, beschreibt Anna Katharina Emmerich auch im Gegensatz zu der esoterischen Gralstradition als ein höchst kompliziertes Gebilde. Sie sei aus einem unbekannten metallartigen Stoff gefertigt, mit Gold belegt, habe Birnen-Form und beinhalte in sich noch eine kleinere Schale. Auch finde sich im Fuß des großen Kelches Platz für einen kleinen Löffel und ein ausziehbares Täfelchen. Der große Kelch ist noch zusätzlich von sechs kleinen Bechern umgeben. Im Einklang mit allen Grals-Überlieferungen berichtet Rudolf Steiner jedoch eindeutig: «Die heilige Jaspisschale des Grals, deren sich Christus bediente, als er das Brot brach ...» (GA 26, Seite 211). Es geht dabei um eine einfache Schale, wie sie von frühchristlichen Zeiten an immer dargestellt wurde. (Siehe auch GA 112, 24.6.1909.)
- Die Taufe Jesu, die, allen vier Evangelien, der Geistesforschung Rudolf Steiners und unzähligen Kunstwerken entsprechend, im Jordan-Fluss stattgefunden hat, geschah nach Anna Katharina Emmerich auf einer Insel, die auf wunderbare Weise für diesen Zweck entstanden sei, mit einem natürlichen Becken in der Mitte, in dem die Taufe vollzogen wurde. Hinter vielen, oft phantastisch anmutenden Einzelheiten kann Anna Katharina Emmerich das Eigentliche, um das es bei der Taufe geht, nämlich die Verbindung des kosmischen Christus mit den leiblichen Hüllen des Jesus von Nazareth, nicht durchschauen. In ihren Gesichten kam Christus nicht mit der Taufe, sondern bei Jesu Geburt auf die Erde. Mit anderen Worten, sie kennt den Unterschied zwischen Christus und Jesus nicht.
- Die Szene in Gethsemane schaut Anna Katharina Emmerich so, dass Christus alle subjektiven Sünden der Menschen in Vergangenheit, Gegenwart und Zukunft auf sich nehmen wird. Dabei wird deutlich, dass sie den entscheidenden Unterschied zwischen dem subjektiven Karma, das jeder Mensch selbst auszugleichen hat, und dem objektiven Karma, das Christus auf sich nimmt, nicht unterscheiden kann. (Siehe diesbezüglich GA 155, 15.7.1914).[192]

Vor allem wird jeder Anthroposoph, der die christologischen Geistesforschungen Rudolf Steiners gut kennt – besonders seine Berichte aus dem Fünften Evangelium (GA 148) – in ihnen sofort einen *ganz anderen Geist* erkennen als in den Gesichten, die Anna Katharina Emmerich schaut und beschreibt. Es ist auch auffallend, wie sehr der reine Geist, der in den diesbezüglichen Forschungen Rudolf Steiners herrscht, ganz und gar der gleiche ist, wie derjenige der vier anderen Evangelien, weshalb der Name «Fünftes» Evangelium absolut berechtigt ist. Die Beschreibungen Anna Katharina Emmerichs und Theresa Neumanns sind hingegen von anderer Art und von einem Geist durchdrungen, der den fünf Evangelien fremd ist.[193]

Auch kann in Bezug auf die Gesichte der Anna Katharina Emmerich nicht das Argument ins Spiel gebracht werden, sie sei an der Zeitenwende vielleicht selbst inkarniert gewesen und habe in ihrem Ätherleib Erinnerungen an diese Zeit getragen.[194] Denn sie gibt in ihren Mitteilungen oft Szenen und Gespräche wieder, die kein Dritter in der Umgebung des Christus Jesus erfahren oder miterlebt haben konnte. Ebenso beschreibt sie ausführlich die Jugend von Maria und Jesus, Episoden aus dem Leben der Patriarchen, sogar die Erfahrungen von Adam vor dem Sündenfall – und dies alles auf die gleiche sinnlich wahrnehmbare Weise wie die Gesichte der Ereignisse an der Zeitenwende. Nur auf diese sinnliche Art vermag Anna Katharina Emmerich sowohl die physischen als auch die geistigen Ereignisse (zum Beispiel die Geschehnisse im Paradies) wahrzunehmen. Daraus folgt, dass es sich bei ihr nicht um Erinnerungen aus ihrem eigenen Ätherleib handelt, sondern um eine bestimmte Form somnambuler Erlebnisse.

So bleiben bezüglich solch sinnlich wahrnehmbarer «Gesichte» zunächst viele Fragen offen. Eines lässt sich für einen Anthroposophen dabei jedoch eindeutig feststellen: *Mit der Anthroposophie und ihren geisteswissenschaftlichen Forschungen hat das alles nichts zu tun*! Und wenn derartige «Forschungsmethoden» in die Anthroposophie eindringen und sich in ihr breitmachen würden, dann wäre das die Preisgabe der geisteswissenschaftlichen Forschungsmethode als solcher und damit das Ende der Anthroposophie als Geisteswissenschaft.

Rudolf Steiner selbst weist in Bezug auf solche Phänomene klar auf zwei Gefahren hin, die sich hier ergeben. Zum Ersten diejenige der Sensation: Denn «dasjenige, was der Geistesforscher zu tun hat, um in die wirkliche Geisteswelt einzudringen, das ist nicht so kurzweilig, interessant, die Aufmerksamkeit herausfordernd, wie die Erlebnisse des Somnambulen» (GA 72, 28.11.1917). Deshalb kann es leicht passieren, dass jemand die

Beschreibungen von der Art einer Anna Katharina Emmerich – vor allem, weil sie direkt auf das Gefühl wirken – viel eindrucksvoller findet als die Inhalte des Fünften Evangeliums.

Zum Zweiten liegt eine weitaus größere Gefahr darin, dass solch eine Seherin an einigen Stellen durchaus richtige Tatsachen mitteilen würde. Da diese von ihr jedoch nie kontrolliert werden können und sie deren Ursprung nicht kennt, erscheinen ihre Mitteilungen zumeist mit vielfältigen Fehlern und Irrtümern vermischt. Denn schon im *Entstehungsprozess* solcher Gesichte können fremde Einflüsse und Einmischungen nie ganz ausgeschlossen werden. «Das somnambule Bewusstsein liefert in gewisser Beziehung ähnliche Lehren [wie die «theosophische»,[195]] und dasjenige, was eine somnambule Persönlichkeit sehen kann mit Ausschaltung des hellen Tagesbewusstseins, ist oftmals dasselbe, das der [richtig geschulte] Hellseher bei seinem hellen Tagesbewusstsein sieht. Aber die Somnambule kann das, was sie sieht, niemals kontrollieren ... Sie kann nicht einmal kontrollieren, ob dasjenige, was sie wahrnimmt, wirklich Wahrheit ist, so wie sie es wahrnimmt.»[196] Dennoch – und das gehört auch zu den psychischen Eigenschaften des Somnambulismus – ist der Betreffende zumeist absolut von der «Wahrheit» alles dessen überzeugt, was ihm auf diese Weise aus den Quellen, die er nicht durchschaut, offenbart wird. Dies war genau der Zustand, in dem sich auch Anna Katharina Emmerich in Bezug auf ihre Gesichte befand. Die Zeiten, in denen sie aus ihrer irdischen Umgebung innerlich ganz weggerissen ihre Gesichte hatte, erlebte sie als Augenblicke höchster Gnade, an denen man nie zweifeln könne und dürfe.

Und das, was sie sah – vor allem, weil sie ihre Gesichte mit «physischen Augen» und anderen Sinnesorganen direkt wahrnahm –, konnte sie keinen Augenblick in Frage stellen, so wie auch jeder gewöhnliche Mensch seine Sinneswahrnehmungen nie bezweifelt,[197] sondern für die volle Wirklichkeit hält. Was aber die betreffende Persönlichkeit dabei nicht bemerkt, ist, dass «dadurch ... im Menschen wirklich ein Zustand herbeigeführt [wird], der ihm etwas offenbart, was sonst verborgen bleibt, der ihn aber selbst von einer Stufe, die er einmal erreicht hat [in seinem Tagesbewusstsein], herunterdrängt» (ebd.).

Aus diesem Grund betont Rudolf Steiner immer wieder, dass es, besonders in unserer Zeit, bei Wahrnehmungen der geistigen Welt nicht allein darum geht, ob diese richtig oder falsch seien, sondern vor allem, auf welchem Wege sie erreicht wurden. Deshalb kann jede Vermischung von dem, was auf somnambulischen Wegen erhalten wurde, mit den geisteswissenschaftlichen Forschungsergebnissen der Anthroposophie für diese nur zerstörend wirken.

Und im Falle von Anna Katharina Emmerich, deren Gesichte unverkennbar von römisch-katholischem Geist geprägt waren, entsteht die zusätzliche Gefahr, auf die Rudolf Steiner ebenfalls hingewiesen hat, nämlich der Katholisierung der Anthroposophie selbst, was mit aller Kraft zu verhindern ist.[198]

*

Es ist in dieser Beziehung aufschlussreich, dass Anna Katharina Emmerich mit ihren sinnlichen Wahrnehmungen der Zeitenwende eine fast gleichaltrige Zeitgenossin von Novalis war. Und Clemens von Brentano, der später ihre Gesichte aufschrieb, gehörte in seiner Jugend zu dem Kreis der frühen Jenaer Romantiker, in welchem er vielleicht dem etwas älteren Novalis sogar persönlich begegnete.

Dieser erlebte nach der plötzlichen Einweihung am Grab seiner verstorbenen Braut Sophie von Kühn eine Fülle von Imaginationen, Inspirationen und sogar Intuitionen in Bezug auf die Ereignisse der Zeitenwende. Seine geistigen Erlebnisse waren jedoch keine «Zeitreisen», sondern die berechtigten Folgen einer besonderen christlichen Einweihung. Nicht mit den physischen Sinnen, sondern mit seinem ihm wie durch Gnade verliehenen «Christus-Auge» konnte Novalis auf rein übersinnliche Weise die Geheimnisse des Christus-Lebens sowie des Lebens der Maria und des Mysteriums von Golgatha schauen und in wunderbaren Gedichten und Prosawerken zum Ausdruck bringen. So widmet Rudolf Steiner Novalis und dessen Einweihungserlebnissen Dutzende von Vorträgen, bis hin zu der vermächtnishaften «Letzten Ansprache», in der er ihn als «einen glänzenden Vorboten ... [der] Michael-Strömung» und damit der ganzen Anthroposophie bezeichnet (GA 238, 28.9.1924). Denn die geistigen Erfahrungen von Novalis liegen durchaus in der Grundausrichtung des anthroposophischen Schulungsweges – diejenigen von Anna Katharina Emmerich hingegen sind diesem Weg wesensfremd. Der Grund liegt darin, dass Novalis in keinem Augenblick seines Lebens in einen somnambulen Zustand verfiel, um die Ereignisse der Zeitenwende wie sinnliche Gesichte zu schauen, sondern er erlebte sie stets durch die in ihm erwachten höheren Erkenntniskräfte, von denen er selbst sprach und schrieb.[199] Auch geschah bei seinen geistigen Erfahrungen nie die geringste Trübung seines Ich-Bewusstseins, das wie ein lichter Stern alles in der geistigen Welt um ihn herum beleuchtete.

Aus dem Gesagten wird verständlich, warum Rudolf Steiner Anna Katharina Emmerich nirgendwo in seinem gesamten Werk erwähnt. Abgesehen von der Richtigkeit oder Irrtümlichkeit ihrer Gesichte, war vor allem *die Art*, wie sie zu ihren Schauungen gelangte, von den anthroposophischen Forschungsmethoden nicht nur grundsätzlich verschieden, sondern ihnen vollkommen entgegengesetzt.[200] Denn bei Anna Katharina Emmerich (und später auch bei Theresa Neumann) ging alles Geschaute durch die physischen Sinne und war somit leibgebunden, wie es für diese Art von Somnambulismus charakteristisch ist. Deshalb wurde für die Augenblicke solcher Zeitreisen ihr gewöhnliches Tagesbewusstsein auf eine tiefere Stufe «heruntergedrängt», wie Rudolf Steiner es ausdrückt.

Der anthroposophische Schulungsweg geht jedoch gerade in die umgekehrte Richtung. Auf ihm kommt der Schüler, wie wir gesehen haben, auf dem Weg des reinen Denkens zu einer rein geistigen, sinnlichkeitsfreien Wahrnehmung der geistigen Welt und aus dieser durch das Lesen in der Akasha-Chronik auch zum Miterleben der irdischen Ereignisse.

An dem Beispiel des Entstehens der Zentralgestalt der Skulpturgruppe Rudolf Steiners kann man dies genau verfolgen. In einem Gespräch im Frühjahr 1915 mit Friedrich Rittelmeyer (1872–1938) bestätigte Rudolf Steiner dessen Erfahrung, dass man durch reine Meditation zu dem inneren Erleben kommen kann, wie Christus in Palästina tatsächlich ausgesehen hat. Auf weitere Fragen Rittelmeyers begann Rudolf Steiner ihm das Aussehen des Christus zu beschreiben.[201] So sagte er unter anderem über Seinen Mund: «*Als ich ihn zum ersten Mal sah*, hatte ich den Eindruck, dieser Mund sieht aus, als ob er nie gegessen, sondern von Ewigkeit her göttliche Wahrheiten verkündet habe.»[202] Und auf die weitere Bemerkung von Rittelmeyer, ob ein solches Bild bereits existiere und zu sehen sei, erwiderte Rudolf Steiner: «Jawohl, darum habe ich auch einer Künstlerin in Dornach den Auftrag gegeben, ein Christusbild *nach meinen Angaben* herzustellen» (ebd.). Damit war die Bildhauerin Edith Maryon (1872–1924) gemeint, die sich als selbstlose und ausführende Hand Rudolf Steiners dieser Aufgabe gewidmet hatte. Wo es jedoch um die Gestalt des Christus selbst ging, arbeitete Rudolf Steiner stets allein, ohne jegliche Hilfe. So schuf er *eigenhändig* alle drei Plastiken des Christus-Kopfes: die erste, kleine im Herbst 1914, diejenige in Naturgröße, ebenfalls aus Plastilin, um Ostern 1915 und zum Schluss nach diesem Vorbild diejenige aus Holz als Zentralfigur der Skulpturgruppe. Das bezeugen die beiden Fotos, die ihn bei dieser Arbeit zeigen.[203]

Diese Christus-Gestalt konnte Rudolf Steiner unmittelbar in der geistigen Welt durch das «Christus-Auge» schauen, welches oben im Zusammenhang mit dem christlich-mystischen Weg erwähnt wurde. Nur hatte Rudolf Steiner es sich selbst auf dem modernen rosenkreuzerischen Weg erworben. Aus dieser Anschauung entstand vor allem die Christus-Büste in Naturgröße, die daraufhin in das Holz der Gruppe übertragen wurde. Friedrich Rittelmeyer berichtet: «Es war damals [Sommer 1915] erst eine Christus-Büste in Plastilin da, die Rudolf Steiner schließlich selbst modelliert hatte» (ebd.). So hatte er das Antlitz des Christus unmittelbar aus seiner übersinnlichen Schau der irdischen Substanz eingeprägt. Deshalb sagte er den Besuchern seines Ateliers, auf diese Büste und später auf die Zentralgestalt der Skulpturgruppe weisend, immer wieder: «So sehe ich Ihn».[204]

Auch in dem öffentlichen Vortrag vom 29. Juni 1921 «Goethe und das Goetheanum» äußerte er sich in Bezug auf das gleiche Motiv in dem im Ostteil der kleinen Kuppel von ihm Gemalten unmissverständlich: «Man kann sich ihn [auf dem gemalten Bild des Menschheitsrepräsentanten] als den Christus vorstellen. Ich habe ihn durchaus aus meinem Schauen heraus als Christusgestalt gebildet. ... Es ist das der Christus, wie er sich mir im geistigen Schauen darstellte.»[205]

Mit anderen Worten, es handelt sich hier stets um das *gegenwärtige* Erleben des Christus, aus dem der größte christliche Eingeweihte unserer Zeit Sein Antlitz schaut und in dieser künstlerisch-freilassenden Form allen Menschen vermitteln will.[206] Auch beschreibt Rudolf Steiner, wie die ganze Skulpturgruppe mit all ihren Figuren als eine gewaltige Oster-Imagination aus dem geistigen Miterleben des Jahreslaufs von ihm gestaltet wurde. In diesem Sinne stellen die beiden Christus-Motive des ersten Goetheanum, das malerische und das plastische, «die Gestalt des sich von der Materie befreienden Christus» dar, der auch heute und immer wieder die Kräfte Luzifers und Ahrimans in der Naturwelt überwindet. Es ist «das Christus-Bild ... , das ... aus dem kosmischen Werden im Jahreslaufe herausgeboren» ist (GA 229, 7.10.1923).

Das hier Geäußerte steht nicht im Gegensatz zu der Tatsache, dass Rudolf Steiner von der gleichen Gestalt der Skulpturgruppe auch sagte: «So hat wirklich der Christus in dem Menschen Jesus von Nazareth gewandelt im Beginne unserer Zeitrechnung in Palästina. ... Das ist versucht worden: einen porträtgetreuen Christus zu schaffen» (GA 194, 13.12.1919). Dieser scheinbare Widerspruch löst sich durch die Worte Rudolf Steiners, die von Heinz Müller über seinen Besuch im Atelier übermittelt wurden: «Dann sprach Rudolf Steiner auch über die Ähnlichkeit zwischen seiner [Plastilin-]Studie und dem Antlitz des Christus. Wenn man Ihm in der geistigen Welt begegne, so sei der erste Eindruck, dass er sich bei jedem Gedanken, Gefühl und Willensimpuls in ganz überraschend starker Weise verändere ... Jetzt, da sein Wesen unabhängig von Leibe des Jesus von Nazareth frei in Ätherhöhen walte, sei dieser ständige Wandel seines Antlitzes, ja seiner ganzen Gestalt noch vermehrt.»[207] Durch diese Beschreibung lösen sich auch alle weiteren «Widersprüche» auf, die sich aus den verschiedenen Zeugnissen Rudolf Steiners über seine Skulpturgruppe ergeben können. So zum Beispiel, dass in ihrer Zentralgestalt der Christus unmittelbar nach der Taufe im Jordan, dann aber auch bei der Versuchung in der Wüste sowie während der drei Jahre Seines Erdenlebens und schließlich nach der Auferstehung dargestellt sei. Denn in dem Ätherleib des Auferstandenen lebt als Erinnerung das ganze Leben des Christus-Jesus auf der Erde. Und geistig von dem Phantom gespiegelt erscheint diese Erinnerung in all ihren Phasen in dem «ständigen Wandel seines Antlitzes». «Trotzdem aber» – so fährt Heinz Müller fort – «versicherte Rudolf Steiner, seien sowohl die Plastik als auch die farbigen Darstellungen des Menschheitsrepräsentanten [gemeint ist die Christus-Gestalt in der Deckenmalerei] so gestaltet, dass man diesen, wenn man Ihm begegne, sofort erkennen müsse. Also auch hier [wie bei der Darstellung der Gegenmächte] dürfe man durchaus von einer Art von Porträtähnlichkeit sprechen» (ebd.).

«Wenn man Ihm begegne» – mit diesen Worten weist Rudolf Steiner abermals auf seine unmittelbare und für unsere Zeit ganz einmalige Beziehung zu dem lebendigen Christus in der geistigen Welt hin, das heißt zu dem auferstandenen Christus in Seiner *ewigen Gegenwart* im Sinne des Wortes, das Rudolf Steiner so oft zitierte: «Und siehe, Ich bin bei euch alle Tage bis an der Welt Ende» (Matth 28,20). So umschließt diese Gegenwart des Christus durch die immerwährende Wandelbarkeit Seines Antlitzes auch alle Stufen Seines Erdenlebens an der Zeitenwende.

Das Gesagte schließt keinesfalls aus, dass Rudolf Steiner in der Akasha-Chronik auch nach dem Aussehen des Christus Jesus zur Zeit Seines Lebens in Palästina forschte. Dies hat er sicherlich getan. Das Wichtigste dabei war jedoch, dass er diese Forschungen stets aus der inneren Verbindung mit dem *gegenwärtigen* Christus tat. Einmal äußerte er sich darüber sogar ganz eindeutig: «In dem Augenblick, wo ich mich mit dem Christus durchdringe, wo ich mit dem Christus die Akasha-Chronik durchforsche, finde ich die Tatsache! ... Denn erst das Durchdrungensein mit dem Christus-Impuls macht die Seele fähig, die Dinge [in der

Akasha-Chronik] wirklich zu sehen, wie sie sind» (GA 155, 15.7.1914). So vermochte er aus dieser ständigen Anwesenheit des Christus in seiner Seele dann die ganze Vergangenheit und Zukunft der Menschheitsgeschichte, oft sogar bis in die kleinsten physischen Details, darzustellen. Deshalb fühlten viele Menschen, vor allem diejenigen, welche seine Ausführungen über das Fünfte Evangelium hören konnten (aber auch seine anderen christologischen Vorträge), das, was Friedrich Rittelmeyer auf folgende Weise zum Ausdruck brachte: «Damals habe ich erlebt, wie man in der Gegenwart Christi von Christus spricht.»[208]

Hier haben wir es mit dem für unsere Zeit entscheidenden Grundsatz auf dem Weg zur wahren Erkenntnis der Christus-Wesenheit zu tun. Der Christus muss zuerst immer in Seiner ewigen *Gegenwart* gefunden werden. Nur wenn Er in *dieser* Form als höchster Gott des menschlichen Ich erlebt wird, kann aufgrund dieses Erlebnisses ein geistgemäßes Verständnis für das Mysterium von Golgatha und die ganze Zukunftsentwicklung, die aus diesem hervorgeht, erreicht werden. Denn nur in Anwesenheit des *lebendigen Christus* offenbart sich der wahre Einblick in die Vergangenheit und Zukunft der Weltentwicklung und Menschheitsgeschichte. Sonst ist der Geistesforscher nie sicher, ob sich Luzifer oder Ahriman unbemerkt einschleichen und seinen Blick trüben oder sogar entstellen.

Daraus folgt, dass Rudolf Steiner den Christus in Verbindung mit Seinem Auferstehungsleib stets *in der Gegenwart* schaute. Dass er dies vermochte, ist in dem abschließenden Erlebnis seiner christlich-rosenkreuzerischen Einweihung zu suchen, bei der er an der Jahrhundertwende den Christus in der Intuition erleben konnte. Weil diese aber als die höchste Erkenntnisart bis zum Erleben des Physischen (jedoch von der geistigen Seite her) führt, war er daraufhin imstande, die ganze Bedeutung des Mysteriums von Golgatha aus eigener Erfahrung zu erkennen. «Ist auf solche Art durch Intuition der Christus in der geistigen Welt erkannt, dann wird auch verständlich, was sich auf der Erde geschichtlich abgespielt hat in der vierten nachatlantischen Entwicklungsperiode der Erde.» – So beschrieb er dieses Erlebnis selbst in ganz objektiver Form in dem Buch *Die Geheimwissenschaft im Umriss* (GA 13, S. 395). Wie konkret dies bei der Einweihung Rudolf Steiners selbst geschah, geht aus seinem persönlichen Zeugnis hervor: «Auf das geistige Gestanden-Haben vor dem Mysterium von Golgatha in innerster, ernstester Erkenntnis-Feier kam es bei meiner Seelen-Entwickelung an» (GA 28, Kap. XXVI).[209]

Esoterisch gesehen kann man vor dem Mysterium von Golgatha *im Geiste* nur dann stehen, wenn man die Kräfte des Auferstehungsleibes voll bewusst in sich aufgenommen und in neue Erkenntniskräfte umgewandelt hat. Deshalb spricht Rudolf Steiner in dieser Beziehung von «Erkenntnis-Feier». Hier haben wir den Hauptquell aller anthroposophischen Geistesforschung Rudolf Steiners.[210] Nicht mit physischen Sinnen wie die «außerordentlich gute Somnambule» Anna Katharina Emmerich, sondern mit den geistigen Wahrnehmungsorganen des Auferstehungsleibes konnte Rudolf Steiner alle Bereiche der geistigen Welt bewusst und eigenständig erforschen und auch die irdischen Begebenheiten der Geschehnisse an der Zeitenwende aus seiner intuitiven Erkenntnis genau und tatsachengetreu beschreiben. Ein Zeugnis dafür sind vor allem die Vorträge über das Fünfte Evangelium. Mehr noch, durch das Erschaffen des übersinnlichen Grundsteins der Liebe an der Weihnachtstagung und der mit ihm untrennbar verbundenen Grundsteinmeditation eröffnete Rudolf Steiner allen Menschen den modernen meditativen Weg zur geistigen Kommunion, damit sie aus eigener Erfahrung die ganze Wirklichkeit der Auferstehung innerlich erkennen und miterleben können.

An dieser Stelle muss noch einmal hervorgehoben werden: Die wahre Beziehung des Menschen zu dem Auferstehungsleib des Christus bewirkt in Wirklichkeit genau das Gegenteil dessen, was bei Anna Katharina Emmerich beobachtet werden kann. Nicht mit physischen Augen und anderen leiblichen Sinnen nimmt man durch die Vereinigung mit dem Auferstehungsleib die Ereignisse der Zeitenwende wahr, sondern *auf rein geistige Art,* mit den höchsten übersinnlichen Kräften, die Christus selbst aus dem Gebiet der Weltenmitternachtsstunde auf die Erde gebracht hat. (Siehe Kapitel I und II.) Was das wirklich bedeutet, dafür steht als Zeugnis die gesamte Geistesforschung Rudolf Steiners da – und allem voran seine Mitteilungen über das Erdenleben des Christus Jesus aus dem Fünften Evangelium.

Die Gesichte der Anna Katharina Emmerich kann man aus anthroposophischer Sicht folgendermaßen verstehen. Nach Rudolf Steiner offenbart sich die *wahre* Akasha-Chronik erst vom vierten Gebiet des Geisterlandes an.[211] Ihr Ursprung liegt jedoch in noch höheren Sphären. Dieser sicherste Aspekt wird dem Geistesforscher zugänglich, wenn er die Stufe der modernen Einweihung erreicht, auf der es ihm möglich wird, die Akasha-Chronik nicht von der irdischen, sondern von der kosmischen Seite her zu lesen, das heißt von einem Standort, der jenseits der Fixsterne liegt. Rudolf Steiner berichtet diesbezüglich: «Man liest die Akasha-Chronik nicht mehr von der Erdenseite, sondern von der Himmelsseite her; sie wird zur okkulten Sternenschrift. Man sieht in das Innere der

Sternensphäre hinein, und man empfindet die Ursprungsquelle des Universums, des Logos» (GA 94, 8.6.1906). Das ist die Ebene der Akasha-Chronik, wo diese selbst von den Kräften des Weltenwortes durchdrungen ist und in der Rudolf Steiner vorwiegend forschte, weil diese Ebene die größere Sicherheit für den Geistesforscher bietet. «Die Akasha-Chronik ist zwar zu finden im Devachan, doch sie erstreckt sich herunter bis in die astrale Welt, sodass man in dieser oft Bilder der Akasha-Chronik wie eine Fata Morgana finden kann» (GA 99, 28.5.1907). Es liegt auf der Hand, dass die Unterscheidung von wahr oder falsch in dieser astralischen Spiegelung der Akasha-Chronik außerordentlich schwierig ist.

Nun kann sich diese «Fata Morgana» der Akasha-Chronik aber noch tiefer heruntersenken. Sie kann nämlich wie von unten durch die Mondensphäre zurückgespiegelt sein. Denn das Charakteristische dieser Mondensphäre ist eben, «dass der Mond eigentlich *alles* zurückstrahlt, was im Kosmos ist, nicht bloß das Licht der Sonne, sondern eigentlich alles zurückstrahlt» (GA 225, 23.9.1923). Und weil diese Mondensphäre selbst zu den untersten Regionen der Astralwelt gehört, spiegelt sie unter anderem auch die niedrige (astralische) Akasha-Chronik wider. Deshalb spricht Rudolf Steiner bei der Charakterisierung der Gesichte der Anna Katharina Emmerich von einem «Spiegelsehen», weil sie in der Mondensphäre nur die astralischen Spiegelbilder der wahren Akasha-Chronik sieht (und sogar nur einzelne «Teile» davon).

Was die Mondensphäre als solche betrifft, so hat sie, weil sie direkt an die physisch-sinnliche Welt angrenzt, noch eine weitere Eigenschaft: Alles, was widergespiegelt wird, ist irdischen Sinneswahrnehmungen ähnlich. Alles von ihr Gespiegelte erscheint wie materiell bzw. so, als ob man diese Spiegelbilder tatsächlich mit physischen Augen und anderen leiblichen Sinnen wahrnehmen könnte. Und weil eine somnambule Persönlichkeit es durch ihre ganze leiblich-seelische Konstitution mit den Mondenkräften zu tun hat, wird sie besonders leicht von diesen ergriffen und in ihrem Unterbewusstsein durchdrungen.

In dem Falle, wo bei einer somnambulen Persönlichkeit eine konstitutionelle Schwäche zwischen dem ätherischen und astralischen Leib vorliegt, das heißt, wenn ihr Ich von den Mondenkräften angezogen ist und nur den Astralleib mitnimmt, nicht aber den Ätherleib, fällt diese in eine Art Wachtraum und kann mit ihrem physischen und ätherischen Leib alles Mögliche, ohne davon zu wissen, in der irdischen Welt ausführen.

Liegt jedoch eine organische Schwäche zwischen dem physischen und dem Ätherleib vor,[212] dann führt eine solche Persönlichkeit nicht mehr traumhafte äußere Bewegungen aus, sondern sie beginnt, verschiedene Tatsachen aus der Spiegelung der Mondensphäre wahrzunehmen bzw. die erwähnten Ferngesichte im Raum oder Zeitgesichte aus der Vergangenheit in der gespiegelten Akasha-Chronik wahrzunehmen. Dann dringt das im Mondenspiegel Geschaute in den physischen Leib ein, jetzt aber nicht als Sinneseindrücke von außen, sondern es tritt an die Sinne von innen heran, sodass auch das in der Akasha-Chronik Geschaute, was man sonst nicht physisch wahrnehmen kann, in Form von sinnlich Wahrgenommenem vor der Seele erscheint.[213]

Was in der wahren Akasha-Chronik in den oberen Gebieten des Devachan längst geistig geworden ist und nur auf geistige Art erlebt werden kann, das wird in dem beschriebenen Prozess quasi mit physischen Sinnen wahrnehmbar. Folglich, wie es in der dauerhaften Stigmatisation der Fall ist, erscheint das Geistige wie mit Eigenschaften des Physischen behaftet. Und die somnambule Persönlichkeit, welche solche sinnlichen Gesichte wahrnimmt, kommt dadurch in die Situation, dass sie, anstatt in die geistige Welt zu gelangen, noch stärker von dem physischen Leib beeinflusst wird und sich noch enger mit diesem verbindet, als das dem Menschen gewöhnlichermaßen eigen ist. Sie rutscht während der Zeit ihrer Gesichte mit ihren Erfahrungen tatsächlich eine Stufe tiefer als das normale Tagesbewusstsein. Deshalb betont Rudolf Steiner: «Das Hauptsächlichste, was auf diesem Wege [wo «zeitliche Ferngesichte» auftreten] zum Ausdruck kommt, stammt aus der physischen Umgebung», auch wenn diese Umgebung durch die beschriebene Mondenspiegelung der Akasha-Chronik als die Ereignisse der Zeitenwende erscheint. Aus dem Physischen, ob die Gegenwart oder die Vergangenheit anschaubar wird, kommt man somit nicht heraus.[214] Dadurch bleibt derjenige, der diese Gesichte wahrnimmt, in ihnen unfrei. «Die Folge ist, dass der Mensch mit Ausschaltung des Bewusstseins [für die Zeit, wo er die Gesichte erlebt] wie zum Automaten wird, und dass doch eigentlich nur das, was äußerlich dem Kulturleben oder dem moralischen Leben angehört, in diesem automatisch werdenden Menschen sich ausdrückt» (GA 67, 21.3.1918).[215]

In der inneren Unfreiheit, in die der Mensch hier gerät, liegt eigentlich das tief unchristliche Element eines solchen Zuganges auch zu den Ereignissen der Zeitenwende. Denn der lebendige, gegenwärtige Christus respektiert vollumfänglich die menschliche Freiheit und vollzieht heute nichts, was im Widerspruch zu ihr steht. So gehört zu den höchsten christologischen Forschungsergebnissen Rudolf Steiners, was er in die Worte kleidet: «Dass wir freie Wesen sein können, das verdanken wir einer göttlichen Liebestat. So dürfen wir uns als Menschen fühlen wie freie Wesen, dürfen aber nie vergessen, dass wir ... unsere Freiheit dem Christus ... verdanken!» (GA 131, 14.10.1911). Kann man sich dann überhaupt noch vorstellen, dass derjenige, der uns Menschen durch Sein unermessliches Opfer die Freiheit gebracht hat, sie uns in irgendeiner Form wieder wegnehmen würde? Aber gerade das geschieht in den Augenblicken ihrer «Zeitreisen» bei Anna Katharina Emmerich und Theresa Neumann. Denn in solchen Momenten sind sie voll von ihren Gesichten in Anspruch genommen und ganz von ihnen überwältigt.[216] Die sinnlichen Gesichte stellen sich vor ihre Seelen wie mit eiserner Notwendigkeit, ob die Persönlichkeit sie sehen will oder nicht. Daraus folgt, dass in solchen Gesichten nicht die reinen Christus-Kräfte wirken, welchen die Sonnen-Natur eigen ist, sondern die sie im Kosmos spiegelnden Monden-Kräfte.[217]

Nichtsdestoweniger können gerade solche sinnlichen Gesichte auf die gegenwärtigen Menschen deshalb so faszinierend wirken, weil sie dabei voll und ganz Materialisten bleiben dürfen, die es ja gewohnt sind, die Umgebung mit ihren fünf Sinnen wahrzunehmen und nur von diesem *leiblichen* Gesichtspunkt aus zu beurteilen. Solche Menschen sind dann gerne bereit, auch die Ereignisse der Zeitenwende aus diesem rein physischen Gesichtspunkt zu akzeptieren und sich sogar dafür zu begeistern. Jedoch fördert dies nur die weitere Ausbreitung des Materialismus in der Menschheit und wirkt deshalb nicht im Sinne des gegenwärtigen lebendigen Christus.

Die moderne Geisteswissenschaft aber strebt dahin, den Menschen auf eine dem heutigen michaelischen Zeitgeist angemessenen Weise – nämlich durch das reine Denken – zur leibfreien Wahrnehmung der geistigen Welt zu bringen. Das heißt, sie sucht in ausgesprochenem Maße dasjenige, was mit der Betätigung der fünf Sinne verbunden ist, zu überwinden, um zum sinnlichkeitsfreien Erleben des Geistes zu gelangen. Dass dies heute überhaupt möglich ist, haben die Menschen der Himmelfahrt des Christus zu verdanken. (Siehe Kapitel II.) Und die Folge alles dessen ist die Begegnung mit dem ätherischen Christus. Aus dem Gesagten folgt, dass man die Gesichte der Anna Katharina Emmerich auf keinen Fall mit den geistigen Erlebnissen, auf die Theodora in den Mysteriendramen Rudolf Steiners (GA 14) prophetisch hinweist, vergleichen kann. Denn bei Ersteren geht es um das eigenartige Rezidiv atavistischer Kräfte der Vergangenheit. Theodora hingegen verkündet ganz neue hellseherische Kräfte, die sich in der Menschheit während der nächsten dreitausend

Jahre entwickeln und zu dem *gegenwärtigen* Erleben des Christus führen werden. Deshalb auch müssen sie in der Anthroposophischen Gesellschaft verstanden und gepflegt werden. Ihre Grundlage ist nicht eine stärkere Bindung an die physische Leiblichkeit, sondern die Befreiung davon, so wie es auf etwas andere Weise auch auf dem modernen Einweihungsweg angestrebt wird. Damit entsprechen die neuen Erlebnisse, die Theodora verkündet, dem Grundcharakter der geistigen Erfahrungen der Zukunft, die nicht mit den leiblichen Sinnen, sondern mit dem inneren Erleben des leibfreien Geistes verbunden sein werden: «Gott ist Geist, und die ihn anbeten, sie müssen ihn im Geist und in der Wahrheit anbeten» (Joh 4,24). Denn die Wahrheit in der geistigen Forschung kann allein durch den Geist und nie durch sinnesähnliche Wahrnehmungen erreicht werden.

Deshalb fordert die moderne Einweihung, um die Stufe der imaginativen Erkenntnis zu erreichen, die vollkommene Trennung von allen Sinneswahrnehmungen als ihre Grundbedingung.[218] Wer das nicht weiß, hat noch nicht ganz begriffen, was es bedeutet, im modernen michaelischen Sinne an die geistige Welt heranzutreten. Denn Michael will heute mit gar nichts, was im Menschen aus bloßen Sinneseindrücken hervorgeht, oder diesen ähnlich ist, in Berührung kommen. Das würde für ihn «eine Verunreinigung seiner Wesenheit» bedeuten.[219] Das wussten auch die alten Rosenkreuzer, weil sie schon zu ihrer Zeit einen michaelischen Weg zu Christus suchten.[220]

Demgegenüber ist, was eine somnambule Persönlichkeit als eine Art «Zeitreise» unternimmt, bei der alles nur sinnlich wahrgenommen wird, gerade dasjenige, was auf dem modernen Schulungsweg vollkommen überwunden werden muss. Auf ihm wird das sinnlichkeitsfreie Denken zum geistigen Wahrnehmungsorgan, mit dem der Mensch zunächst die wahren Imaginationen der geistigen Welt schauen kann. Daraufhin steigt er zu den weiteren Einweihungsstufen auf: der Inspiration, die allein ihm Erkenntnissicherheit in der geistigen Welt zu geben vermag; und endlich erreicht er die Stufe der Intuition, mit der er die ganze Weltevolution, vom Saturn bis zum Vulkan, erforschen kann.[221] Nun hat er das «Weltenbewusstsein» erreicht (GA 105, 12.8.1908). Erst jetzt offenbaren sich ihm auch die geistigen Grundlagen der ganzen physisch-sinnlichen Welt, die auf dem Saturn entstanden ist und auf dem Vulkan endgültig in eine rein geistige Daseinsform übergehen wird. Nun kehrt der Eingeweihte mit seinem geistigen Bewusstsein sozusagen zurück in die physisch-sinnliche Welt, jedoch von der anderen, geistigen Seite her. Auf dieser Stufe kann er auch die einzelnen Tatsachen der Erdengeschichte in der Akasha-Chronik genau erforschen. Was dies bedeutet, zum Beispiel das Erforschen der tatsächlichen Begebenheiten in dem Leben des Jesus von Nazareth aus dem Bereich des Fünften Evangeliums, das beschreibt Rudolf Steiner in folgenden Worten ganz genau: «Die Seele reicht sich als Speise dar ... den Archai», sie wird von ihnen geistig «verzehrt», denn nur dadurch kann man «sich in das Bewusstsein der Archai versetzen» (GA 148, 18.12.1913). Nur dann ist man in der Lage, in dem Erdenleben des Christus Jesus, wie es in der Akasha-Chronik aufbewahrt ist, wirklich zu forschen.

Und so verbinden sich bei solchen Forschungen Gegenwart und Vergangenheit. Aus der Gegenwart des Archai-Bewusstseins dringt man auf ganz spirituelle Art zu den gesuchten Tatsachen der vergangenen Menschheitsgeschichte durch. Das ist allein mit der Christus-Kraft in der Seele möglich. Und auf diese Weise, das heißt aus dem Christus-Bewusstsein heraus, hat Rudolf Steiner die Inhalte des Fünften Evangeliums erforscht.

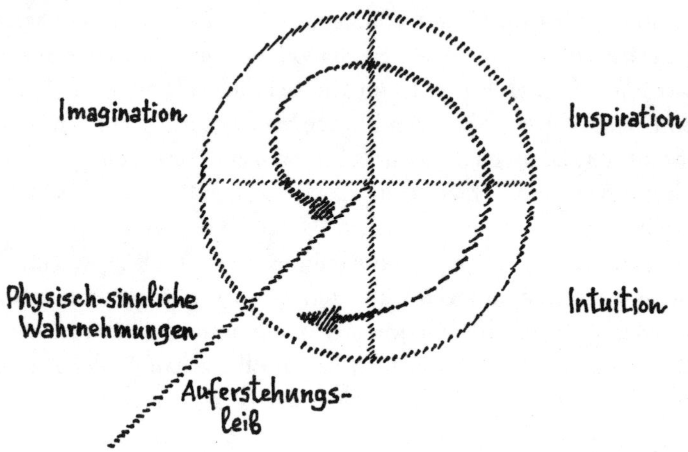

Erst auf der beschriebenen höheren Stufe der Einweihung, wo die voll entwickelte Intuition des christlichen Eingeweihten auch von moralisch-geistiger Seite her die Begebenheiten des physischen-sinnlichen Lebens zu erforschen beginnt, kann man auch das Wesen des Auferstehungsleibes erkennen. Denn der Auferstehungsleib umfasst in seiner kosmischen Dimension die ganze Weltentwicklung vom alten Saturn bis zum Vulkan. (Siehe Kapitel I und II.) Deshalb nimmt sich für denjenigen, der mit diesen Kräften wirklich erfüllt ist, die Welt so aus, dass alles Materielle für ihn wie geistig durchsichtig wird, und er alles Sinnliche, bis zu den kleinsten alltäglichen Begebenheiten, *aus dem reinen Geiste* heraus wahrnehmen und beschreiben kann. Nicht eine Verfeinerung der Sinneswahrnehmungen geschieht dadurch, sondern deren totale Vergeistigung. Denn auf dieser Stufe der Einweihung kann der Mensch aus der Welt der Urbilder (oberes Devachan) die irdischen Abbilder genau beschreiben und damit den ganzen Prozess der Geistesforschung ständig der strengsten Prüfung und Kontrolle unterziehen, weil die Täuschung und der Irrtum nicht bei den Urbildern, sondern nur auf der Ebene der Abbilder liegt.

Demgegenüber ist es kaum nötig zu bemerken, dass der Mensch bei allen sinnlichen Wahrnehmungen von Spiegelungen in der Mondensphäre ständig unzähligen Möglichkeiten von Fehlern und Irrtümern ausgeliefert ist. Und er kann dabei selbst dasjenige, was er auf seinen «Zeitreisen» wahrnimmt, keinesfalls kontrollieren, geschweige denn prüfen. Außerdem ist er ständig in einer gefährlichen Illusion befangen, die er schwerlich durchschauen kann. Denn seine Gesichte treten mit der Überzeugungskraft der sinnlichen Wirklichkeit vor ihm auf, ohne diese jedoch zu sein. Die Situation wird noch dadurch erschwert, dass alles Beschriebene ausschließlich mit der Mondensphäre verbunden bleibt, die in dieser Hinsicht eine besondere Gefahr darstellt, da in ihr die Wirksamkeit der Gegenmächte außerordentlich stark ist.[222]

Eben aus diesem Grund war es für Rudolf Steiner so wichtig, immer wieder zu betonen, dass die Evangelisten ihre Berichte nicht aus physischen Dokumenten, Erzählungen anderer Menschen oder eigenen Erinnerungen als physisch-sinnliche Zeitzeugen geschrieben haben, sondern aus dem fehlerfreien Lesen in der Akasha-Chronik, «wo man dann tatsächlich alles, was zu jener Zeit [an der Zeitenwende] geschehen ist, erlebt» (GA 95, 3.9.1906). Deshalb haben auch ihre Berichte mit den sinnlichen Gesichten der «Zeitreisen» nichts gemein. Denn nicht aus sinnlichen, sondern aus geistigen Wahrnehmungen heraus verfolgten und beschrieben sie die Ereignisse der Zeitenwende. Dass ihre Quellen dabei die gleichen waren wie bei dem heutigen Geistesforscher, ergibt sich aus den folgenden Worten Rudolf Steiners: «Was auf Golgatha geschehen ist, das können die Initiierten heute noch wahrnehmen, das können die Menschen, die das Initiationsprinzip durchmachen, noch heute sehen in der Akasha-Chronik. Die Evangelienschreiber haben es auch nur aus der Akasha-Chronik heraus geschrieben. Ein Ereignis ist beschrieben, aber die ursprünglichen Evangelienschreiber haben nicht daran gedacht, die Wahrnehmungen des physischen Planes dabei zu Rate zu ziehen. So stark war damals schon das Bewusstsein, dass man es zu tun habe mit etwas, das in Beziehung steht zu den übersinnlichen Welten, und dass es das Wichtigste sei, ein Verhältnis zu gewinnen zu den übersinnlichen Welten. *Von der sinnlichen Welt aus kann ein richtiges Verhältnis zu diesen Ereignissen nicht gewonnen werden»* (GA 143, 17.4.1912). Und das vor allem dann nicht, wenn diese in Gesichten auftreten, die wie sinnliche Wahrnehmungen erscheinen. Denn auch in einem solchen Fall bleibt die Beziehung zur geistigen Welt gestört, und ohne diese Beziehung kann das Wesen des Mysteriums von Golgatha niemals richtig erfasst werden.

Deshalb kann jeder Anthroposoph, der sich auf meditative Weise mit dem Inhalt des Fünften Evangeliums verbindet, sofort seine tiefe Beziehung zu den vier anderen Evangelien nachempfinden. Denn *alle fünf* haben in der geistigen Welt den gleichen Ursprung in der wahren Akasha-Chronik, aus der heraus sie auf die Erde gebracht wurden. Dagegen entstammen die Gesichte Anna Katharina Emmerichs und Theresa Neumanns, auch wenn darin einige richtige Tatsachen enthalten sein können, einer ganz anderen Sphäre.

Zusammenfassend kann man die Wahrnehmungsart, die sich durch die Verbindung des Menschen mit dem Auferstehungsleib ergibt, folgendermaßen charakterisieren: Zuerst wird durch die Wiederherstellung des Phantoms der physische Leib in seine ursprüngliche Form, die ihm auf dem alten Saturn eigen war, zurückgeführt. Auf dieser Entwicklungsstufe noch ganz durchsichtig, lebte das Phantom in dem sogenannten Paradies und war solchermaßen noch nicht mit irdischen Sinnen wahrnehmbar. Auch konnte der Mensch selbst dort nichts Sinnliches wahrnehmen. Erst nach dem Sündenfall wurden seine irdischen Augen geöffnet («So werden eure Augen aufgetan», Mose 3,5), und er vermochte die physischen Gegenstände zu sehen (hören, riechen usw.). In dem Zyklus *Von Jesus zu Christus* nennt Rudolf Steiner das Phantom auch «Geistleib», mit dem man selbstverständlich nur Geistiges wahrnehmen kann, und das Physisch-Sinnliche auch nur von der geistigen Seite her. Weiter im gleichen Zyklus wird das Phantom auch «als der reale Gedanke in der Außenwelt» bezeichnet (10.10.1911). Auch diese Formulierung schließt die Möglichkeit völlig aus, dass man davon einen sinnlichen Eindruck haben kann. Das ist wohl jedem Geistesschüler bekannt, der durch das reine Denken in die Welt der Imaginationen aufsteigt, sodass das Denken selbst ihm zum Wahrnehmungsorgan wird, mit dem er in die übersinnliche Welt schauen kann. Und noch weniger ist es möglich, mit dem Auferstehungsleib sinnliche Wahrnehmungen zu haben. Denn dieser entspricht dem Zustand des Vulkan, wo die höchste Vergeistigung erreicht sein wird, deren Wesen mit irdischen Vorstellungen überhaupt nicht zu fassen ist.[223]

Mit anderen Worten: Bei der Verbindung mit den Kräften des Auferstehungsleibes geht es nicht um Stigmata oder andere äußere Zeichen, sondern um eine völlig neue Vereinigung des Menschen mit Christus und der geistigen Welt. Was der physische Leib auf der Erde sinnlich wahrnimmt, das schaut eben der Auferstehungsleib rein geistig,[224] so, wie es Rudolf Steiner in seiner Geistesforschung vermochte. Denn diese Fähigkeit geht, wie wir bereits sahen, auf seine unmittelbare und bewusste Verbindung mit dem Auferstehungsleib zurück.

*

Aufgrund des zuvor im ersten Kapitel dieses Buches Gesagten, kann man die einmalige Fähigkeit Rudolf Steiners, in allen Gebieten der geistigen Welt unter Aufrechterhalten des vollen Ich-Bewusstseins frei zu forschen, am besten aus dem Wesen des Grundsteinspruchs verstehen. So ist in dessen drei mikrokosmischen Abschnitten der Weg der modernen Einweihung dargestellt, der durch die dreifache Übung dem freien Ich des Menschen die Möglichkeit gibt, sein Denken, Fühlen und Wollen (Leben) bzw. Geist, Seele und Leib (den Letzteren zunächst in seinen übersinnlichen Teilen), zu verwandeln und zur Aufnahme der Kräfte des Auferstehungsleibes reif zu machen. Daraufhin beschreiben die drei makrokosmischen Abschnitte dasjenige, was aus dieser Verbindung mit dem Auferstehungsleib den Erkenntniskräften des Menschen in der geistigen Welt zugänglich wird.

Da erscheinen zuerst die höchsten Kräfte, die der Trinität, aus denen Rudolf Steiner bei der Weihnachtstagung den dreigliedrigen Liebesgrundstein schuf.[225] Dann tritt uns der ganze Kosmos der neun göttlich-geistigen Hierarchien in ihrer mannigfaltigen, schöpferischen Tätigkeit entgegen, die Rudolf Steiner aus seiner Geistesforschung nach allen Richtungen hin – Vergangenheit, Gegenwart und Zukunft – in seinem anthroposophischen Werk erforscht hat. Diese Welt der Hierarchien bildet zugleich die kosmischen Stufen, auf denen der Christus als der göttliche Sohn und das Welten-Wort aus dem Bereich der Trinität auf die Erde herabgestiegen ist.[226] Denn Christus ist von Beginn an «der Führer und Lenker auch *aller* Wesenheiten der höheren Hierarchien» (GA 129, 21.8.1911).

Dann kommen die drei Rosenkreuzersprüche, welche die Quintessenz der ganzen inneren Arbeit aller wahren Rosenkreuzer in Bezug auf das Ziel ihrer Einweihung – das Erwerben der Kräfte des Phantoms – beschreiben. So wird Christus bei der Taufe im Jordan aus den göttlichen Kräften auf der Erde geboren, stirbt am Ende der drei Jahre einen Menschentod in dem Leib des Jesus von Nazareth und ersteht am Ostermorgen aus den die Leiblichkeit bezwingenden und den Tod überwindenden Kräften des Geistes auf.

Dies alles wurde von Rudolf Steiner mit den Erkenntniskräften des Auferstehungsleibes erforscht und bis in die Einzelheiten des irdischen Geschehens in seinen christologischen Zyklen, vor allem aber in den Vorträgen über das Fünfte Evangelium dargestellt. Nicht aus sinnlich wahrgenommenen Gesichten oder bloß geistig zu erfassenden Visionen, sondern aus reinen, sinnlichkeitsfreien Wahrnehmungen des Geistes, welcher alles auf der Erde durchdringt und deshalb auch die historischen und physischen Ereignisse der Zeitenwende durchschaubar und verständlich macht, hat uns Rudolf Steiner das neue Verständnis des Christus und des Mysteriums von Golgatha gebracht.

Zum Schluss der makrokosmischen Abschnitte des Grundsteinspruchs erfolgt die Anrufung der Elementargeister, die nach der Auferstehung des Christus die Hüter des großen Geheimnisses wurden, dass Christus seitdem der neue Geist der Erde ist und von da an mit ihrer Entwicklung bis zum Vulkan verbunden bleibt.

Damit ergibt sich ein Umriss des Erkenntnisumfanges, der dem christlichen Eingeweihten, welcher aus der Kraft des Auferstehungsleibes in der geistigen Welt forschen kann, zur Verfügung steht. Diesem Weg der modernen Einweihung steht der Weg der sinnengebundenen «Zeitreisen» schroff gegenüber. Denn der Erstere führt, wie beschrieben, zur sinnlichkeitsfreien Erkenntnis der geistigen und von dort zu der sicheren und voll kontrollierten Darstellung der physischen Welt aus der Akasha-Chronik heraus. Der Zweite hingegen steigt noch tiefer in die Leiblichkeit hinein, als das bei normalen Menschen der Fall ist, um das Vergangene, welches nirgendwo mehr *sinnlich* existiert, doch wie mit leiblichen Sinnen zu schauen.

Was das Auftreten der bleibenden Stigmata in letzterem Fall betrifft (ihr kurzzeitiges Erscheinen auf der vierten Stufe des christlich-mystischen Einweihungsweges hat, wie wir sahen, eine ganz andere Bedeutung), so ist dazu noch zu bemerken, dass weder die Apostel noch die anderen Jünger des Christus sie je hatten, auch nicht die großen, führenden Eingeweihten der Erdenentwicklung wie Manes, Meister Jesus, Christian Rosenkreutz, Skythianos, die alle im tiefsten Sinne aus den Kräften des Auferstehungsleibes gewirkt haben und bis heute wirken und deshalb zu den großen Erkennern des Mysteriums von Golgatha zu rechnen sind. Von diesen Eingeweihten sagt Rudolf Steiner: «Und diejenigen, welche begriffen haben, dass der Fortschritt der Menschheit abhängt von dem Begreifen des großen Ereignisses von Golgatha, das sind die, welche als die Meister der Weisheit und des Zusammenklanges der Empfindungen vereinigt sind in der großen, führenden Loge der Menschheit. Und wie einstmals, als in einem lebendigen Welten-Symbole die feurigen Zungen [des Pfingstereignisses] herniederschwebten auf die Gemeinde [der Apostel], so waltet das, was der Christus selber als den Heiligen Geist gesandt hat, als das Licht über der Loge der Zwölf ... Der Heilige Geist ist der große Lehrer derjenigen, die wir die Meister der Weisheit und des Zusammenklanges der Empfindungen nennen» (GA 107, 22.3.1909).

Zu dieser Loge des Heiligen Geistes, die das Geheimnis der Auferstehung hütet, gehört auch Rudolf Steiner, der im 20. Jahrhundert die Aufgabe hatte, der Menschheit in der beginnenden Michael-Epoche – nicht durch leibliche Merkmale, sondern *in voller Freiheit*, weil aus reiner (leibfreier) Erkenntnis[227] – den inneren Weg zu bringen, auf dem der moderne Mensch aus seiner Ich-Kraft die Substanz des Auferstehungsleibes in sich aufnehmen kann, um dadurch aus eigener Erfahrung zur vollen Wirklichkeit der Auferstehung zu gelangen.

Deshalb wäre es beinahe absurd, in den Gesichten von Anna Katharina Emmerich oder Theresa Neumann die Züge des zukünftigen Christus-Bewusstseins zu suchen, das auf dem anthroposophischen Schulungsweg allmählich durch immer mehr Menschen erreicht werden kann und soll. Wenn man nach einem Vorbild für dieses spirituelle Bewusstsein sucht, dann steht für uns Rudolf Steiner obenan. Denn das Christus-Bewusstsein, welches er vorgelebt hat, ist nur durch die Verbindung mit dem Auferstehungsleib möglich.[228] Aber auch andere Eingeweihte, deren Namen oben erwähnt sind und die zu den große Inspiratoren der Anthroposophie gehören, können uns als Vorbilder dienen.

Auch darf man nicht vergessen, dass wir heute in einer Zeit leben, die unter dem großen Zeichen der Erscheinung des Christus im Ätherleib steht. Daher wird Rudolf Steiner niemals müde, zu betonen, dass eine der wichtigsten Aufgaben der Anthroposophie die Verkündigung dieser Tatsache sei sowie die Vorbereitung der Menschheit, diese richtig aufzunehmen. Mit diesem Ereignis, das in den Dreißigerjahren des 20. Jahrhunderts begonnen hat und eine Zeitspanne von dreitausend Jahren umfassen wird (siehe GA 130, 4.11.1911), steht noch, als eine Art Fortsetzung, ein zweites Geschehen in Verbindung, dessen Beginn auf das Ende des 20. Jahrhunderts fiel. «So wird sich im Laufe des zwanzigsten Jahrhunderts, *gegen das Ende des zwanzigsten Jahrhunderts zu*, wiederum ein bedeutsames Ereignis abspielen; allerdings nicht in der physischen Welt, sondern in den höheren Welten. ... Und dieses Ereignis wird ebenso grundlegende Bedeutung für die Entwickelung der Menschheit haben, wie das Ereignis von Palästina im Beginne unserer Zeitrechnung» (GA 131, 7.10.1911). Damit ist gemeint, dass von diesem Zeitpunkt an «Christus der Herr des Karma für die Menschheitsentwickelung wird» (ebd.).

Das ist eine Tatsache, auf die Anthroposophen heute in aller Deutlichkeit hinweisen müssen. Damit ist aber untrennbar verbunden, dass die Menschen lernen müssen, ihre Aufmerksamkeit nicht mehr auf den leidenden Jesus-Aspekt des Mysteriums von Golgatha, sondern auf den die Materie überwindenden und über den Tod triumphierenden Christus-Aspekt zu lenken. Darin liegt nach Rudolf Steiner die zentrale Aufgabe der Anthroposophie in der Gegenwart.

Diese beiden wichtigsten Geschehnisse unserer Zeit zusammenfassend, äußert sich Rudolf Steiner folgendermaßen: «Damit haben wir auf das ganz Wichtige und Wesentliche unserer Zeit hingedeutet, auf die neue Erscheinung des Christus im ätherischen Leibe, die durch den ganzen Charakter unserer Zeit *eben nicht an einen physischen Leib gebunden sein darf*. Darauf haben wir hingedeutet, dass der Christus erscheint auf der Erde in seinem Richteramt, gleichsam gegenüber dem leidenden Christus von Golgatha als der triumphierende Christus, als der Herr des Karma, der schon vorausgeahnt worden ist von denjenigen, die den Christus des jüngsten Gerichts gemalt haben» (GA 130, 2.12.1911). Dies ist das mächtige Zukunftsbild, das allein unserer apokalyptischen Zeit entspricht und der Menschheit die Kraft verleihen kann, die ihr bevorstehende Begegnung mit dem Bösen zu bestehen.

Und dann fährt Rudolf Steiner fort: «In Wahrheit ist das etwas, was in dem zwanzigsten Jahrhundert beginnt und durchgeht bis zu dem Erdenende. Das Gericht beginnt von unserem zwanzigsten Jahrhundert ab, das heißt die Ordnung des Karma» (ebd.). Und die großen Karmaoffenbarungen, die er nach der Weihnachtstagung in einem Zyklus von 82 Vorträgen gegeben hat und noch weiter fortsetzen wollte, können nur im Lichte dieser Äußerung richtig verstanden werden.

Dieses Erlebnis des apokalyptischen Christus in der vollen Kraft Seiner himmlischen Glorie, wird in der Zukunft, die jedoch schon heute beginnt, vor allem denjenigen Menschen offenbar, die von der Kraft des Christus-Ich ergriffen und inspiriert werden. Nicht auf den leidenden Jesus, sondern auf den apokalyptischen Christus werden sie hinschauen: «Die von dem Christus-Ich Inspirierten und Durchdrungenen, die Christen der

Zukunft, werden noch anderes verstehen. Nicht bloß den Christus werden sie verstehen, der durch den Tod gegangen ist, sondern sie werden verstehen den triumphierenden, in das spirituelle Feuer auferstehenden Christus der Apokalypse, der vorherverkündet worden ist» (GA 109/111, 11.4.1909).

Deshalb muss man den ekstatischen Gesichten von Anna Katharina Emmerich und Theresa Neumann, die vornehmlich auf die Leidensgeschichte des Jesus ausgerichtet sind, die geisteswissenschaftlichen Forschungen Rudolf Steiners entgegenstellen. Denn diese entstammen der neuen michaelischen Initiationserkenntnis und werden heute im Auftrag des *gegenwärtigen* Christus in der Menschheit verbreitet.

Der Ätherische Christus und Seine ätherische Offenbarung an die Menschheit stehen heute im Zentrum der Erdenentwicklung und im Mittelpunkt der Anthroposophie.[229] Nur durch diese Offenbarung und nicht durch somnambule Erlebnisse, welcher Art auch immer, kann ein berechtigter Zugang zu den Ereignissen der Zeitenwende gefunden werden. Alle anderen Wege, die nicht bei diesem zentralen Geschehen unserer Zeit beginnen, das heißt, nicht bei der gegenwärtigen Wirksamkeit des Ätherischen Christus – auch wenn sie sich auf Christus und Sein Wirken an der Zeitenwende berufen – führen in Wirklichkeit nicht zu Ihm hin, sondern von Ihm fort. Hier berühren wir die wichtigste Aufgabe der anthroposophischen Geistesströmung, welche Rudolf Steiner in folgenden Worten formuliert: «Und dazu ist die geisteswissenschaftliche Bewegung da. Das ist ihre Mission: die Bedingungen zu schaffen, die auf dem physischen Plan das Verständnis für den Christus bewirken, um dann den [Ätherischen] Christus schauen können» (GA 130, 21.9.1911). Darin liegt auch die besondere Verantwortung der Anthroposophie vor der heutigen Menschheit. «So erfassen wir jetzt Geisteswissenschaft in einem ganz anderen Sinn. Wir lernen, dass sie etwas ist, was uns eine ungeheure Verantwortung auferlegt, denn sie ist eine Vorbereitung auf das ganz konkrete Geschehen des Wiedererscheinens des Christus» (GA 118, 25.1.1910). Und diese «Vorbereitung» besteht unter anderem eben darin, dass man unbedingt auf reine, das heißt sinnlichkeitsfreie Weise an sie herantritt und nicht durch die Kräfte und Eindrücke des physischen Leibes.

Auch können die erwähnten somnambulen Gesichte nicht als aus dem regelrechten christlich-mystischen Weg hervorgegangen betrachtet werden. Denn dieser hat als seine Aufgabe, den Menschen vor allem zum wahren Erkennen der geistigen Welt zu führen und nicht zum Anschauen der vergangenen Ereignisse mit leiblichen Sinnen.[230] Daher dürfen am Ende dieses Anhangs noch einige Worte von Carl Unger aus seinem Aufsatz von 1927, «Was hat Anthroposophie zu Konnersreuth zu sagen?», angeführt werden,[231] mit denen dieser bedeutende Schüler Rudolf Steiners schon vor achtzig Jahren die Anthroposophen vor einer übermäßigen Begeisterung für solche Phänomene warnen wollte: «Der geistige Vorgang [auf dem richtigen christlich-mystischen Weg] ist eine stufenweise Erhebung in immer höhere Gebiete der geistigen Welt. Wenn nun gewisse Voraussetzungen mystisch-visionärer Art mit pathologischen Lockerungen der Wesensglieder eines Menschen zusammentreffen, so kann der Fall eintreten, dass sich geistige Tatsachen, die seelisch nicht bewältigt werden können, in die Konstitution hereindrängen und ein Gegenbild der Einweihungsvorgänge erzeugen, die um eine Stufe zu tief heruntergezogen werden; die Vorgänge vollziehen sich dann nicht am Astralleib, sondern am Ätherleib und prägen sich [als dauerhafte Stigmata] im physischen Leib ab ... Es erübrigt sich wohl, noch besonders darauf hinzuweisen, wie in dem Augenblick, wo die Sensation solcher Vorgänge weitere Kreise ergreift, die gegenseitige Suggestionierung eintritt, deren Gefahren nicht unterschätzt werden dürfen.»

Der Ernst und die Sorge, mit denen Carl Unger dieses ausspricht, kann aus den Worten Rudolf Steiners verstanden werden, in welchen er auf die Gefahr des Eindringens atavistischer Kräfte in die Anthroposophische Gesellschaft hinweist. Vor allem, wenn durch die Verbreitung von unrichtigen Imaginationen die individuelle Urteilsfähigkeit des Menschen eingeschränkt wird[232] und damit der Boden für eine suggestiv wirkende Sensation entsteht, ist die Gefahr, die Carl Unger hier meint, wirklich groß. Denn auf diese Weise wird der freie Wille des Menschen eingeschränkt, zunehmend gebunden und damit beeinträchtigt. Rudolf Steiner sagt diesbezüglich: «Wenn immer wieder die Tendenz auftritt, den freien Willen zu binden und zu fesseln an das Gebiet des visionären Hellsehens, so ist das ein Zeichen, das im Grunde genommen den klaren Bestrebungen innerhalb unserer Bewegung Widerstand geleistet worden ist aus der Liebe zu der Bindung des freien Willens in das visionäre Hellsehen hinein ... Nicht von Blavatsky und nicht von außen, sondern durch unsere Mitglieder selber wurde beständig Bresche geschlagen in das, was erreicht werden sollte. Und das geschah und geschieht dadurch, dass man immer wieder bewundert, was von visionären Hellsehern herangebracht wird!» (GA 254, 18.10.1915).

Auch Ita Wegman weist in ihrem Aufsatz «Wie bewertet geisteswissenschaftlich orientierte Medizin Erscheinungen wie die in Konnersreuth?»,[233] den sie nach einer gründlichen Untersuchung der vorliegenden

Tatsachen verfasst hat, auf die Gefahren hin, die mit solchen Zuständen verbunden sind. Denn sie sieht hier ein Phänomen, das in offensichtlichem Widerspruch zu dem zeitgemäßen Schulungsweg steht, so wie er heute in der anthroposophisch orientierten Geisteswissenschaft gegeben ist. Deshalb kommt sie zu folgendem Schluss: «Es liegt z. B. in den sich immer wiederholenden gleichen Erlebnissen, die von ihr [Theresa Neumann] nicht bewusst herbeigeführt und auch nicht verhindert werden können, worin sich auch das Passive des Vorganges zeigt, das Krankhafte, sowie auch das Gefährliche ihres Zustandes, das sie auch in Lebensgefahr bringen kann ... Krankhaft ist aber hier die Unfähigkeit, einen Ausgleich zu schaffen zwischen geistigem Geschehen und irdischer Auswirkung, was damit zu erklären ist, dass das Geistig-Seelische nicht in der richtigen Art eine systematische Schulung durchgemacht hat. ... Bewusst und willentlich, unter vollständiger Beherrschung aller auftretenden Erscheinungen, muss der Weg in die geistige Welt heute gegangen werden. Dazu gibt die Anthroposophie Rudolf Steiners die nötigen Anleitungen.»

So kann man zu der Überzeugung kommen, dass diese geisteswissenschaftlich fundierten Urteile der beiden bedeutenden Schüler und Mitarbeiter Rudolf Steiners ganz in dessen Sinn geäußert wurden.

Nachwort

Die vorliegende Schrift hat sich aus von mir in verschiedenen Jahren und an mehreren Orten gehaltenen Vorträgen heraus entwickelt. Das Thema des ersten Vortrags, «Das Mysterium von Golgatha und das Wesen der geistigen Kommunion», über das ich in vielen Ländern gesprochen habe, bildet die Fortsetzung des letzten, neunten Kapitels «Die Grundsteinmeditation. Karma und Auferstehung» in meinem Buch *Menschen mögen es hören. Das Mysterium der Weihnachtstagung* (Stuttgart 2002).

Der Vortrag über das Himmelfahrtsereignis leitete die Tagung «Die christologischen Grundlagen der ‹Philosophie der Freiheit›» ein, die in der Zeit um Himmelfahrt des Jahres 2007 am Goetheanum in Dornach stattfand. Sein Inhalt bildet den ersten Teil des zweiten Kapitels.

Durch die Aufeinanderfolge der Ereignisse an der Zeitenwende stellen Ostern und Himmelfahrt mit dem darauf folgenden Pfingstgeschehen eine Einheit dar. Im Jahreslauf kommt diese dadurch zustande, dass die drei Feste zu den beweglichen gehören und deshalb einen lebendigen Organismus bilden, wie es im zweiten Kapitel dargestellt ist. Auch zu diesem Thema habe ich Jahre hindurch Vorträge gehalten.

In das vorliegende Buch wurden auch die entsprechenden Zitate Rudolf Steiners aufgenommen, die aufgrund der begrenzten Zeit bei den Vorträgen nur kurz erwähnt werden konnten. Dadurch soll dem Leser ermöglicht werden, seine eigenen Studien anzustellen, um die dargestellten Inhalte noch zu erweitern und zu vertiefen.

Die Betrachtungen über das Karsamstag-Mysterium entstanden aus der Zusammenschau der Ereignisse von Karfreitag und Ostersonntag. Denn bei deren Darstellung, so wie es vor allem im ersten Kapitel versucht wurde, ergab sich die Frage: Was geschah in der Zwischenzeit, das heißt am Karsamstag, der wie eine Brücke bildet zwischen den beiden

Polen des Mysteriums von Golgatha (dem Tod und der Auferstehung)? Ein Versuch, dieses Geheimnis mit Hilfe der Anthroposophie zu lüften, wurde im dritten Kapitel unternommen.

Es liegt im Wesen der Sache, dass die Inhalte beim Niederschreiben der Vorträge noch weiter ergänzt und durch neue Gedanken vertieft wurden, um dem Leser ein möglichst abgerundetes Bild der hier dargestellten Ereignisse zu vermitteln. Vieles davon lebte schon durch Jahrzehnte in meiner Seele (eigentlich seit dem Verfassen meines Buches *Der Jahreskreislauf als Einweihungsweg zum Erleben der Christus-Wesenheit. Eine esoterische Betrachtung der Jahresfeste*, das in erster Auflage 1986 im Verlag Freies Geistesleben erschienen ist). So arbeitete ich immer weiter daran. Und jetzt ist, wie mir scheint, dieser Prozess so weit gediehen, dass ich einige dieser Gedanken mit einem größeren Menschenkreis, der sich dazu die entsprechenden Vorkenntnisse erworben hat, in dieser schriftlichen Form teilen möchte.

Im Anhang wird dann ausführlicher auf eine Frage eingegangen, die mir in letzter Zeit öfter entgegenkam. Sie betrifft das Wesen der Stigmatisation und dessen Verständnis aus anthroposophischer Sicht. Anhand eines konkreten Beispiels, über das Rudolf Steiner selbst sich unmissverständlich geäußert hat, was jedoch weniger bekannt ist, wurde hier der Versuch unternommen, diesem Phänomen nachzugehen, um dem Leser einige Gesichtspunkte zur eigenen Urteilsbildung zu vermitteln.

Anmerkungen

Alle Hervorhebungen (Kursiven), auch in den Zitaten, sofern nicht anders vermerkt, von S. O. Prokofieff. Alle Ergänzungen in eckigen Klammern ebenfalls. Alle Bibel-Zitate sind, sofern nicht anders vermerkt, der Luther-Übersetzung entnommen.

1 Siehe S. O. Prokofieff, *Was ist Anthroposophie?*, Dornach 2004.

2 Siehe S. O. Prokofieff, *Menschen mögen es hören. Das Mysterium der Weihnachtstagung*, Kap. 3 «Die Rhythmen der Weihnachtstagung», Stuttgart 2002.

3 Carl Unger, *Was ist Anthroposophie?*, Dornach 1996.

4 Siehe GA 233a, 13.1.1924.

5 Siehe über diese Stufen in der Entwicklung der anthroposophischen Bewegung in S. O. Prokofieff, *Rudolf Steiner und die Grundlegung der neuen Mysterien*, Kap. 3 «Der Weg des Menschheitslehrers», Stuttgart ^{3}2007 und *Menschen mögen es hören. Das Mysterium der Weihnachtstagung*, Kap. 1, «Der Lebensweg Rudolf Steiners im Lichte der Weihnachtstagung».

6 In GA 148; siehe auch GA 114 und GA 117.

7 Was solche freien Taten bedeuten und wie sie im Menschen entstehen können, hat Rudolf Steiner vor allem in seinem Buch *Die Philosophie der Freiheit* beschrieben. – Siehe dazu S. O. Prokofieff, *Anthroposophie und ‹Die Philosophie der Freiheit›. Anthroposophie und ihre Erkenntnismethode. Die christologische und kosmisch-menschliche Dimension der ‹Philosophie der Freiheit›*, Dornach 2006; des weiteren *Der Hüter der Schwelle und ‹Die Philosophie der Freiheit›. Über die Beziehung der ‹Philosophie der Freiheit› zu dem Fünften Evangelium*, Dornach 2007; und *Menschen mögen es hören. Das Mysterium der Weihnachtstagung*, Kap. 7 «‹Die Philosophie der Freiheit› und die Weihnachtstagung».

8 Joh 15,26; 16,13.

9 Bei E. Bock «verwandeln».

10 Bei E. Bock «durch die hohe Kraft» – gemeint ist die Kraft der Auferstehung.

11 Einer der Gründe, warum Rudolf Steiner in dem Zyklus *Von Jesus zu Christus* den Auferstehungsleib noch nicht erwähnt, liegt darin, dass, um diesen zu charakterisieren, die Erkenntnisse von dem dreigliedrigen physischen Leib nötig waren. Diese geistige Forschung konnte aber erst 1917 abgeschlossen werden.

12 Und an einer anderen Stelle spricht Rudolf Steiner davon, dass das Ich des Menschen seine höchste Entwicklungsstufe erst auf dem Vulkan erreichen wird: «Unser Ich ist [auf der Erde] das Baby unter den menschlichen Gliedern, es ist am jüngsten. Dieses Ich wird so, wie jetzt der physische Leib gebildet ist [der heute auf der vierten Stufe der Weltevolution steht], erst auf dem Vulkan gebildet sein, also nachdem die Jupiter-Entwickelung und die Venus-Entwickelung vorüber sein wird» (GA 157a, 20.11.1915).

13 In seinem Buch *Aus der Akasha-Chronik* schreibt Rudolf Steiner: «Nach der Vulkanstufe wird ja auch der Mensch sich noch weiter entwickeln und dann noch höhere Bewusstseinsstufen erklimmen ... von denen aber eine Beschreibung ganz unmöglich ist» (GA 11, Kap. «Das Leben des Saturn»).

14 In Kapitel II dieses Buches wird dargestellt, wie man es mit insgesamt drei Strömen der Zeit zu tun hat: der erste ist der gewöhnliche, nach dem man im Alltag lebt und sich die Geschichte schreibt; der zweite ist ein rein übersinnlicher, der in der umgekehrten Richtung fließt und in dem die Hierarchien in der geistigen Welt leben. Dieser durchdringt die Weltevolution, welche sich vom zukünftigen Vulkan bis zum alten Saturn zurück erstreckt. Vom Gesichtspunkt dieses zweiten Stromes aus betrachtet, beinhaltet der Auferstehungsleib die beschriebenen beiden Teile: den einen, der ihn mit der Vergangenheit, das heißt mit dem alten Saturn, verbindet (das Phantom im eigentlichen Sinne) und den anderen, der in sich die Kräfte der Zukunft trägt, die bis zum Vulkan reichen. In der Geschichte des Christentums wird in einem solchen Fall gewöhnlich die Formel «ungemischt und ungetrennt» benutzt. Dann erwähnt Rudolf Steiner einen noch höheren, dritten Strom, der von Ewigkeit zu Ewigkeit fließt. Dessen Ursprung liegt noch vor dem Saturn, bzw. nach dem Vulkan, im Bereich der Dauer. Vom Gesichtspunkt dieses dritten Zeitstroms erscheinen Phantom und Auferstehungsleib nicht mehr getrennt, sondern bilden eine Einheit.

15 Vor allem in denjenigen Gesichten der Anna Katharina Emmerich, die sich auf die Ereignisse der Zeitenwende beziehen, tritt diese Vermenschlichung besonders stark in Erscheinung. (Siehe auch den Anhang.)

16 Es ist bezeichnend, dass der Hinweis auf die Beziehung zum Vater-Gott sich

nur im Markus-Evangelium findet, in dem vor allem die kosmische Seite der Geschehnisse an der Zeitenwende dargestellt ist. (Siehe GA 139.)

17 Wie dies konkret geschah, wird noch weiter in diesem Kapitel beschrieben.

18 In gewisser Beziehung war das Phantom durch die Anwesenheit des Christus im Leibe des Jesus die ganze Zeit über von den materiellen Bestandteilen des Leibes getrennt: «Es blieb das Phantom durch alle drei Jahre unberührt von den materiellen Teilen» (ebd.).

19 Aus dem Gesagten wird auch verständlich, warum die Worte vom Kreuz herab: «Mein Gott, mein Gott, warum hast du mich verlassen?» (Mark 15,34; siehe auch GA 139, 23.9.1912) in der geistigen Welt als: «Mein Gott, mein Gott, wie hast du das Ich in der Menschheit verherrlicht, vergeistigt», ertönten (GA 96, 1.4.1907). Denn diese Worte bringen zum Ausdruck, dass die Arbeit an der Wiederherstellung des Phantoms, in dem die Rettung des menschlichen Ich liegt, abgeschlossen war.

20 Rudolf Steiner nennt diese Stufe die «Über-Sonne» (GA 110, 14.4.1909-II), deren prophetische Offenbarung sich in der Szene der Verklärung findet.

21 Siehe Matth 8,24-25; Mark 4,38; Luk 8,23-24.

22 Dass dieses «Weltgericht» schon in unserer Zeit beginnt und bis zum Erdenende dauern wird, darauf hat Rudolf Steiner im Zusammenhang mit dem Beginn der Wirksamkeit des Christus als Herr des Karma hingewiesen. (Siehe auch im Anhang.)

23 Siehe darüber auch im Anhang.

24 S. O. Prokofieff, *Menschen mögen es hören. Das Mysterium der Weihnachtstagung*, Kap. 9, «Die Grundsteinmeditation. Karma und Auferstehung».

25 Es ist diesbezüglich auch wichtig zu bemerken, dass, obwohl Rudolf Steiner hier von der «physischen Sichtbarkeit» spricht, es in diesem Fall doch nicht um den physischen, sondern um den Ätherleib geht. Deshalb erläutert er diesen komplizierten Tatbestand noch auf folgende Weise: «So ging er [der auferstandene Christus] herum und erschien denen, denen er erscheinen konnte. Er war *nicht für alle sichtbar*, weil es eigentlich nur ein verdichteter Ätherleib war, den der Christus nach der Auferstehung trug» (GA 130, 9.1.1912). Und dann bringt Rudolf Steiner noch zusätzlich das bekannte Beispiel von Maria Magdalena (Joh 20), die den Christus in Seiner neuen Gestalt nicht sofort erkannte. (Siehe ebd.)

26 Deshalb wird Christus Jesus auf verschiedenen Bildern, die Ihn nach Seiner Auferstehung zeigen (z. B. auf einigen russischen Ikonen und Fresken) manchmal mit den Wundmalen und manchmal ohne sie dargestellt. Das ist damit verbunden, dass im ersten Fall das Augenmerk mehr auf den verdichteten Ätherleib und im zweiten mehr auf den Auferstehungsleib gerichtet ist. Es ist

bemerkenswert, dass die Gestalt des Auferstandenen ohne die Blutmale auch oft in Darstellungen der Apokalypse vorkommt.

27 Zwar steht in der Emmaus-Szene im Lukas-Evangelium nicht, dass Christus gegessen habe, sondern er wurde am Brechen und Verteilen des Brotes erkannt (24,30-31), jedoch hatte Er schon bei Seinem Erscheinen vor den Aposteln in Jerusalem nach Nahrung gefragt und vor ihnen (wohl auf die beschriebene Weise) «ein Stück von gebratenem Fisch und Honigseim» gegessen (24,41-43). Auch Petrus bezeugte später, dass er zu denjenigen gehörte, «die wir mit ihm gegessen und getrunken haben, nachdem er auferstanden ist von den Toten» (Apg 10,41). Dass es hier tatsächlich um eine Nahrungsaufnahme durch den verdichteten Ätherleib ging, geht daraus hervor, dass Christus unmittelbar davor den Jüngern Seine Hände und Füße zeigte (24,40), das heißt wohl die darauf verbliebenen Male, die ja zu dem verdichteten Ätherleib gehören. – Aus dem Gesagten wird auch verständlich, warum Rudolf Steiner während seiner letzten Krankheit bis zum Schluss um die Aufnahme der Erdenstoffe als Nahrung rang. Er wollte dem Wesen der kosmischen Kommunion, die mit dem Prozess der Vergeistigung der Erde verbunden ist, treu bleiben.

28 Bei diesem «ätherischen Essen» wurde jede physische Substanz direkt in die Substanz des Phantoms transsubstantiiert, so wie dies beim Abendmahl mit Brot und Wein geschah.

29 Hieraus geht klar hervor, dass das Prinzip der *kosmischen* Kommunion (siehe darüber weiter in diesem Kapitel), welche eine zentrale Stellung im Prozess der Vergeistigung der Erde einnimmt und mit der irdischen Ernährung verbunden ist, auch weiterhin seine volle Berechtigung behält.

30 Über die Rettung des Ätherleibes durch Christus an der Zeitenwende berichtet Rudolf Steiner in einem anderen Vortrag in folgenden Worten: «Leben gegossen hat der Christus-Impuls in des Menschen Ätherleib, neues Leben, nachdem das [alte] Leben verbraucht war!» (GA 112, 5.7.1909).

31 Das widerspricht nicht der Tatsache, dass durch das Blut auch das Ich des Menschen wirkt, denn diese Wirkung geschieht vor allem durch das Wärmeelement des Blutes. Der Ätherleib hingegen drückt sich in dem Rhythmus seiner Bewegung aus.

32 Es geht hier um einen Teil des Blutes, denn der andere wurde in der Grals-Schale aufgefangen.

33 Es ist in dieser Beziehung von Bedeutung, dass der eine der beiden Menschen, die vor allem die Kreuzesabnahme durchführten, mit dem Mysterium von Blut und Leib verbunden war – Joseph von Arimathia, der andere hingegen nur mit dem des Leibes – Nikodemus. (Siehe darüber ausführlicher in S. O. Prokofieff, *Die geistigen Quellen Osteuropas und die künftigen Mysterien des*

Heiligen Gral, Teil I, Kap. 2, «Skythianos und das Mysterium von Golgatha», Dornach [2]1995.)

34 Rudolf Steiner berichtet nicht, wann die Aufnahme des Leibes durch das Erdbeben stattfand. Jedoch folgt aus dem Bericht des Matthäus-Evangeliums, dass dies am Karsamstag geschehen war. So steht am Ende des 27. Kapitels, dass «des andern Tages» (62), das heißt an dem Tag nach Karfreitag, die «Hohenpriester und Pharisäer sämtlich zu Pilatus» kamen und forderten, eine Wache vor dem Grab aufstellen zu dürfen, was ihnen auch erlaubt wurde. Dann versiegelten sie den von Joseph von Arimathia vor die Tür des Grabes gewälzten Stein (66). Daraus folgt, dass zu dieser Zeit der Leib noch in dem Grab zu sehen gewesen sein muss. Denn der Grund für das Aufstellen der Wachen bestand darin, dass die Hohenpriester und Pharisäer dachten, dass die Jünger den Leib heimlich «stehlen» könnten (64), um dann sein Verschwinden für die Auferstehung auszugeben.

34a Nach dem zitierten Satz fügt Rudolf Steiner noch die folgende Darstellung hinzu: «Durch das Durcheinanderrütteln infolge des Erdbebens wurden die Tücher so gerüttelt, wie man sie dort nach der Beschreibung des Johannes-Evangeliums beschrieben findet. Es ist das im Johannes-Evangelium wunderbar geschildert» (ebd.). Gemeint sind die Worte: «Da ging Petrus und der andere Jünger hinaus und kamen zum Grabe. Es liefen aber die zwei miteinander, und der andere Jünger lief zuvor, schneller denn Petrus, und kam am ersten zum Grabe, guckt hinein und sieht die Leinen gelegt; er ging aber nicht hinein. Da kam Simon Petrus ihm nach und ging hinein in das Grab und sieht die Leinen gelegt und das Schweißtuch, das Jesu um das Haupt gebunden war, nicht zu den Leinen gelegt, sondern beiseits zusammengewickelt an einen besonderen Ort. Da ging auch der andere Jünge hinein, der am ersten zum Grabe kam, und sah und glaubte es» (20, 3-8).

So beschreibt die Lage der Tücher im Grab aus eigener Erfahrung – wie er es selbst gesehen hat – der Autor des Johannes-Evangeliums. Und zu dem oben Gesagten fügt Rudolf Steiner in den Vorträgen über das Fünfte Evangelium noch eine etwas differenziertere Beschreibung hinzu. Demnach wurde diese besondere Anordnung der Tücher im Grab nicht nur durch das Erdbeben, sondern auch durch einen besonderen «Wirbelwind», der das Erdbeben begleitete, hervorgerufen: «Dann, als der Leib des Jesus herabgenommen wurde und in ein Grab gelegt war, ist das wiederum eine wirkliche Beobachtung, dass ein Naturereignis eintrat, wie etwas, was in das moralische Menschenleben hereintritt. Ein Wirbelwind entstand, ein Erdspalt bildete sich, der den Leib des Jesus aufnahm, während weggewirbelt wurden die Tücher von dem Leichnam» (GA 148, 18.12.1913). Und daraufhin weist Rudolf Steiner hier ebenfalls auf dieselbe Stelle im Johannes-Evangelium hin und bezeugt: «Erschütternd ist die Beobachtung, dass die Anordnung der Tücher, wie sie im Johannes-Evangelium geschildert wird, sich wirklich dem anschauenden (hellseherischen) Blick ergibt» (ebd.). Denn es gehört zu dem einmaligen Wesen des Mysteriums von Golgatha, dass in ihm die natürlichen Ereignisse und die moralischen Geschehnisse nicht mehr getrennt waren, sondern ineinanderflossen, wie es einmal am Ende der Erdenevolution infolge des Fortwirkens des Mysteriums von Golgatha überall der Fall sein wird.

35 Siehe GA 112, 6.7.1909; GA 103, 26.5.1908; GA 101, 13.12.1907; GA 96, 25.3.1907, 1.4.1907 und andere.

36 Möglicherweise wartete er auf den Abschluss des dritten Jahrsiebts in der Entwicklung der anthroposophischen Bewegung sowie auf die innere Reife der mit ihm verbundenen Menschen. Denn die Zeitspanne von 21 Jahren (1902-1923) ist mit der Ich-Geburt verbunden.

37 Siehe den Aufsatz «Das Goetheanum in seinen zehn Jahren», Kap. VI und VII (in GA 36).

38 Dass es hier tatsächlich um eine *geistige Taufe* ging, bezeugte Rudolf Steiner selbst, indem er genau ein Jahr später darauf hinwies, dass während seines letzten Vortrags im ersten Goetheanum einige der mittelalterlichen Rosenkreuzer-Meister im Übersinnlichen Pate standen: «Ich weiß, Pate standen dazumal manche von den Geistern, die im Mittelalter also ihre Schüler lehrten, wie ich es Ihnen beschrieben habe. Und eine Stunde, nachdem das letzte Wort gesprochen war, wurde ich geholt zum Brande des Goetheanums» (GA 233, 31.12.1923).

39 Selbstverständlich ist auch die kosmische Kommunion eine geistige. Deshalb darf man es nicht als einen Widerspruch betrachten, wenn die von mir als «kosmisch» bezeichnete Kommunion von Rudolf Steiner in dem zitierten Vortrag eine «geistige Kommunion» genannt wird. Geht es hier doch um den «kosmischen Kultus» und nicht um den inneren Kultus der menschlichen Seele, der mit der geistigen Kommunion im engeren Sinne verbunden ist. Um zwischen diesen beiden besser unterscheiden zu können, habe ich mir erlaubt, die Bezeichnung aus dem «*kosmischen* Kultus» abzuleiten.

40 Heinz Müller, *Spuren auf dem Weg. Erinnerungen*, Stuttgart, [2]1976. – Die beiden Tafeln mit dem Mantram der kosmischen Kommunion sind mit dem Bau verbrannt.

41 Es gibt selbstverständlich noch andere Deutungen dieses Motivs. Denn jede wahre Imagination offenbart verschiedene Schichten der geistigen Wirklichkeit.

42 und Karsamstag – siehe Anm. 35.

43 Siehe Kap. III.

44 Zu dieser Zeit (1911) benutzte Rudolf Steiner noch oft für die von ihm geführte Geistesströmung den Namen «Theosophie».

45 Das heißt, aus dem Heiligen Geist, der allein die geistige Kommunion ermöglicht, indem er eine direkte Verbindung zum Auferstehungsleib und Ätherleib des Auferstandenen herstellt. (Siehe ausführlicher in S. O. Prokofieff, *Menschen mögen es hören. Das Mysterium der Weihnachtstagung*, Kap. 9, «Die Grundsteinmeditation. Karma und Auferstehung».)

46 Auf das Wirken der verwandelten Kräfte des Ätherleibes im Grals-Mysterium weist die folgende Beschreibung aus dem *Parzival* von Wolfram von Eschenbach:

«Sei noch so groß des Menschen Weh,
Sah er den Stein, so hell und licht,
Stirbt er die ganze Woche nicht,
Die nach des Schauens Tag ersteht.
Des Lebens Farb' ihm nicht vergeht:
Die Leibesfarbe bleibt ihm ganz,
In der er sah des Steines Glanz
In seines Lebens bester Zeit.
Und konnten schauen Mann und Maid
Des Steines Licht zweihundert Jahre,
Es würden greis allein die Haare.
Ja, solche Kraft verleiht der Stein
Dem Menschen, dass ihm Fleisch und Bein
Zu jugendlicher Kraft erblüht,
Wenn er den Stein, den *Gral*, ersieht»

(Wolfram von Eschenbach, *Parzival*,
Buch 9, Übersetzung von K. Pannier, Leipzig 1897).

47 Assja Turgenieff, *Erinnerungen an Rudolf Steiner und die Arbeit am ersten Goetheanum*, Kap., «Silvester 1922», Stuttgart [3]1994.

48 Siehe GA 148, 18.12.1913. In diesem Vortrag äußert sich Rudolf Steiner so: «Ich kann nicht sagen, ob es sich um eine Sonnenfinsternis oder um eine mächtige Wolkenverfinsterung handelte.»

49 M. Woloschin, *Die grüne Schlange. Lebenserinnerungen*, Kap. «Brennender Busch», Stuttgart [7]1997.

50 Aufsatz: «Das Goetheanum in seinen zehn Jahren», Januar-März 1924, Teil VI, GA 36.

51 F. W. Zeylmans van Emmichoven, *Der Grundstein*, Stuttgart 1964.

52 Deshalb findet man bei einem Rosenkreuzer keine sichtbaren Stigmata am physischen Leib. Über die Gründe dafür siehe ausführlicher im Anhang.

53 Über das Phantom sagt Rudolf Steiner: «Das ist ein Kraftleib, der ganz durchsichtig ist», er «besteht wirklich aus absoluter Durchsichtigkeit» (GA 130, 10.10.1911).

54 GA 346, 11.9.1924. Siehe ausführlicher zu dem Thema Karma und Transsubstantiation: S. O. Prokofieff, *Menschen mögen es hören. Das Mysterium der Weihnachtstagung*, Kap. 9, «Die Grundsteinmeditation. Karma und Auferstehung».

55 Der Wortlaut findet sich in dem Vortrag vom 7. Oktober 1911: «Gegen das Ende des zwanzigsten Jahrhunderts zu» (GA 131).

56 Siehe GA 116, 25.10.1909. – Auch in dem Vortrag vom 21.9.1911 (GA 130) erwähnt Rudolf Steiner, dass Christus nach seiner dritten Offenbarung als weltumfassendes Ich «dann mit allen Menschen sich emporhebt zu [noch] höheren Stufen», das heißt, diese Entwicklung wird in der Zukunft durch Christus weiter fortgesetzt.

57 Luk 22,19 und 1. Kor 11,24 und 25. Zit. nach dem Vortrag vom 8. April 1923 (GA 223).

58 Siehe darüber auch S. O. Prokofieff, *Menschen mögen es hören. Das Mysterium der Weihnachtstagung*, Kap. 1, «Der Lebensweg Rudolf Steiners im Lichte der Weihnachtstagung».

59 Siehe auch S. O. Prokofieff, *Die Grundsteinmeditation. Ein Schlüssel zu den neuen christlichen Mysterien*, Anhang, «Die drei Arten der Kommunion und die Grundsteinmeditation», Dornach 2003.

60 Siehe GA 346, 11.9.1924.

61 Deshalb taucht das Bild des Sonnenwagens immer wieder in den alten Mysterien auf. Die «Himmelfahrt» des Propheten Elias «im feurigen Wagen» weist auf die gleiche Realität hin (2. Kön 2,11).

62 Siehe darüber auch S. O. Prokofieff, *Was ist Anthroposophie?*, Dornach 2004.

63 Selbstverständlich ist das nur ein ätherischer Aspekt dieses zentralen plastischen Werkes von Rudolf Steiner.

64 In *Die Philosophie der Freiheit* schreibt Rudolf Steiner: «Innerhalb des Eigenwesens des Denkens liegt wohl das wirkliche ‹Ich›» (GA 4, Kap. IX).

65 Dennoch schreibt Rudolf Steiner in seinem zentralen anthroposophischen Buch, *Die Geheimwissenschaft im Umriss*, dass der Weg der *Philosophie der Freiheit* einen besonders «sicheren Weg» darstellt (GA 13).

66 Zit. nach dem Sammelband *Christian Morgenstern. Der Sieg des Lebens über den Tod*, Dornach 1935.

67 Dabei spielten vor allem die ätherischen Prozesse eine besondere Rolle. Das folgt aus der Tatsache, dass Rudolf Steiner immer wieder in Bezug auf die nachtodlichen Erlebnisse von Christian Morgenstern von «schönen Tableaux kosmischer Imaginationen» spricht, die dessen Seele wie ein geistiges Kleid umhüllten. (Zit. nach dem Sammelband *Christian Morgenstern. Der Sieg des Lebens über den Tod.*) Oder in einem anderen Vortrag: «Unser Freund ... lebt in dem gewaltigen kosmischen Tableau, das wie eine Art Seelenleib ist für ihn nach dem Tode» (GA 155, 17.7.1914). – Gewöhnlichermaßen löst sich dieses imaginative Tableau, hinter dem der Ätherleib des Verstorbenen steht, einige Tage nach dem Tod auf. Bei Christian Morgenstern war es anders. Durch die besondere Verbindung seines Ätherleibes mit den Himmelfahrts-Kräften, wurde dieser nach dem Tode nicht aufgelöst, sondern von den höheren Mächten aufbewahrt, um dann zu seinem «geistigen Kleid» zu werden, wodurch dasjenige möglich wurde, was weiter in diesem Kapitel beschrieben wird.

68 Zit. nach dem Sammelband *Christian Morgenstern. Der Sieg des Lebens über den Tod.*

69 Vortrag vom 24. April 1915. – Zit. nach dem Sammelband *Christian Morgenstern. Der Sieg des Lebens über den Tod.*

70 Zit. nach dem Sammelband *Christian Morgenstern. Der Sieg des Lebens über den Tod.*

71 Deshalb sagte Rudolf Steiner über den schon todkranken Christian Morgenstern: «wie gesund, wie innerlich kraftvoll diese Seele in dem morschen Leibe war» (ebd.).

72 Nach dem Tod erfuhr die Seele von Christian Morgenstern selbst eine Art Himmelfahrt. Denn sie hatte nur eine sehr kurze Kamaloka-Zeit und durfte schon bald das Geisterland betreten, um in Bezug auf die dort sich befindenden Seelen die eben beschriebene Aufgabe zu erfüllen.

73 An dieser Stelle darf auf den ausgezeichneten Aufsatz von Friedwart Husemann «Freiheit und Gehorsam – Abraham und ‹Die Philosophie der Freiheit›» (*Das Goetheanum*, Nr. 6, 3.2.2006) hingewiesen werden, der darin kulminiert, dass der Autor einen direkten Hinweis auf das Christus-Wesen in den Worten aus dem III. Teil der *Philosophie der Freiheit* sieht: «Das *gemeinsame Urwesen*, das alle Menschen durchdringt, ergreift somit der Mensch in seinem Denken» (GA 4, Seite 250). Ergänzt man die zitierten Worte noch durch diejenigen, die Rudolf Steiner nach dem Erscheinen der zweiten Auflage der *Philosophie der Freiheit* (1918) ausgesprochen hat, so kann man die Richtigkeit des von Friedwart Husemann Geschriebenen voll bestätigt erleben. So sagt Rudolf Steiner in dem Vortrag vom 1. Januar 1919: «Deshalb betont man, wenn man auf dem Standpunkt unserer Geisteswissenschaft

steht, so häufig den Christus-Impuls, weil der Christus-Impuls in der geraden Linie des *gestaltenden Denkens* liegt» (GA 187). Und in dem Vortrag vom 26. November 1921 (GA 79) erwähnt er, dass seine *Philosophie der Freiheit* auf der Grundlage eines solchen «gestaltenden Denkens» geschrieben ist. Daher führt der Weg des «gestaltenden Denkens» und somit der *Philosophie der Freiheit* tatsächlich zum «Ergreifen» des «gemeinsamen Urwesens», das als Christus nach dem Mysterium von Golgatha «alle Menschen durchdringt.»

74 Man könnte von diesem Gesichtspunkt noch weitere Aspekte der *Philosophie der Freiheit* und von *Wahrheit und Wissenschaft* auf neue Weise verstehen, jedoch würde deren Darstellung den Rahmen dieser Arbeit sprengen. (So zum Beispiel über die Beziehung zwischen der Voraussetzungslosigkeit der Erkenntnistheorie Rudolf Steiners, wie sie in dem letztgenannten Buch beschrieben ist, und den Kräften der Weltenmitternachtsstunde, die den Menschen in der Himmelfahrt des Christus offenbar wurden. Siehe in S. O. Prokofieff, *Anthroposophie und ‹Die Philosophie der Freiheit›. Anthroposophie und ihre Erkenntnismethode. Die christologische und kosmisch-menschheitliche Dimension der ‹Philosophie der Freiheit›*, Kap. 9, «Metaphysische Grundlagen der Voraussetzungslosigkeit der ‹Philosophie der Freiheit›») – Es versteht sich von selbst, dass hier nur auf *einen* Quell der *Philosophie der Freiheit* hingewiesen ist. Auf weitere wird in anderen Publikationen des Autors eingegangen. Siehe auch *Der Hüter der Schwelle und ‹Die Philosophie der Freiheit›. Über die Beziehung der ‹Philosophie der Freiheit› zu dem Fünften Evangelium*, Dornach 2007.

75 In dem Brief an Rudolf Ronsperger vom 27. Juli 1881 schrieb der zwanzigjährige Rudolf Steiner: «Der August wird mir hoffentlich die nötige Ruhe gewähren, einen großen Teil meiner lieben Freiheitsphilosophie zu Papier zu bringen» (GA 38).

76 Friedrich Rittelmeyer, *Meine Lebensbegegnung mit Rudolf Steiner*, Stuttgart 1983.

77 Siehe S. O. Prokofieff, *Menschen mögen es hören. Das Mysterium der Weihnachtstagung*, Kap. 1, «Der Lebensweg Rudolf Steiners im Lichte der Weihnachtstagung».

78 Siehe S. O. Prokofieff, *Rudolf Steiner und die Grundlegung der neuen Mysterien*, Kap. 2, «Die große Sonnenperiode», Stuttgart ^{3}2007.

79 Siehe darüber ausführlicher in S. O. Prokofieff, *Rudolf Steiner und die Grundlegung der neuen Mysterien*, Kap. 2 «Die große Sonnenperiode» und *Menschen mögen es hören. Das Mysterium der Weihnachtstagung*, Kap. 1 «Der Lebensweg Rudolf Steiners im Lichte der Weihnachtstagung».

80 Deshalb nannte Rudolf Steiner seinen zum Buch verwandelten Vortragszyklus, den er unmittelbar nach der Jahrhundertwende in Berlin gehalten hatte: *Das Christentum als mystische Tatsache* (GA 8).

81 Siehe GA 109/111, 28.3.1909.

82 «Besonders die zehn Tage von der sogenannten Himmelfahrt bis zum Pfingstereignis kamen ihnen vor [nach ihrem Erwachen am Pfingstmorgen] wie eine Zeit tiefsten Schlafes» (GA 148, 2.10.1913).

83 Siehe S. O. Prokofieff, *Rudolf Steiner und die Grundlegung der neuen Mysterien*, Kap. 2, «Die große Sonnenperiode».

84 Vgl. GA 127, 30.11.1911.

85 Siehe dazu auch S. O. Prokofieff, *Was ist Anthroposophie?*, Dornach 2004.

86 Das Wort «unbewusst» bezieht sich in diesem Zitat auf die Situation des gewöhnlichen Menschen. Denn gerade die moderne christliche Einweihung besteht darin, dass der Einzuweihende sich dieser Anwesenheit des Christus in seinem Wesen bewusst wird.

87 Als ein «sobornisches» Wesen wird es auf prophetische Weise im russischen Kulturkreis bezeichnet. «Sobor» heißt auf Russisch zugleich «Kathedrale» und «Menschenversammlung»: eine Menschengemeinschaft nämlich, die von den Menschen selbst wie ein seelisch-geistiger Tempel gestaltet ist, sodass das soziale Leben von den höheren Wesenheiten der geistigen Welt durchdrungen werden kann. (Siehe darüber S. O. Prokofieff, *Die esoterische Bedeutung gemeinsamer geisteswissenschaftlicher Arbeit und die Zukunft der Anthroposophischen Gesellschaft*, Stuttgart 2008). Wladimir Solowjow nannte eine solche von Christus durchdrungene soziale Gestaltung «Gottmenschheit».

88 Rudolf Steiner erwähnt in dieser Beziehung auch die Qualitäten der Ehrfurcht und des Vertrauens.

89 Der volle Text des entsprechenden Abschnitts bei Novalis lautet: «Eine gewaltige Ahndung der schöpferischen Willkür, der Grenzenlosigkeit, der unendlichen Mannigfaltigkeit, der heiligen Eigentümlichkeit und der Allfälligkeit der innern Menschheit scheint überall rege zu werden. ... Noch sind alles nur Andeutungen, unzusammenhängend und roh, aber sie verraten dem historischen Auge eine universelle Individualität, eine neue Geschichte, eine neue Menschheit, die süßeste Umarmung einer jungen überraschten Kirche und eines liebenden Gottes, und das innige Empfängnis eines neuen Messias in ihren tausend Gliedern zugleich. Wer fühlt sich nicht mit süßer Scham guter Hoffnung? Das Neugeborene wird das Abbild seines Vaters, eine neue goldne Zeit mit dunkeln unendlichen Augen, eine prophetische wundertätige und wunderheilende, tröstende und ewiges Leben entzündende Zeit sein – eine große Versöhnungszeit, ein Heiland, der wie ein echter Genius unter den

Menschen einheimisch, nur geglaubt nicht gesehen werden [kann], und unter zahllosen Gestalten den Gläubigen sichtbar, als Brot und Wein verzehrt, als Geliebte umarmt, als Luft geatmet, als Wort und Gesang vernommen, und mit himmlischer Wollust, als Tod, unter den höchsten Schmerzen der Liebe, in das Innre des verbrausenden Leibes aufgenommen wird.» (Zitiert nach *Novalis Werke. Studienausgabe*, herausgegeben und kommentiert von Gerhard Schulz, München ²1981.) Unter der «jungen Kirche» versteht Novalis keinesfalls eine der bestehenden Konfessionen, die alle in seinen Augen zu den alten Kirchen gehören, sondern die unsichtbare «mystische» Kirche als Sinnbild der vergeistigten und durchchristeten Menschheit. Ein Jahrhundert später sprach auch Wladimir Solowjow davon.

90 Rudolf Steiner äußert sich darüber im Vortrag vom 6. Juli 1909 so: «So war durch den unschuldigen Tod auf Golgatha der Beweis geliefert, den die Menschen nach und nach verstehen werden: dass der Tod der immer lebendige Vater ist!» Und dann weiter in dem gleichen Vortrag: «Der Christus vermählt sich dem Tod, der auf der Erde der charakteristische Ausdruck des Vater-Geistes geworden ist. Der Christus geht hin zum Vater und vermählt sich mit seinem Ausdruck, dem Tod, – und unwahr wird das Bild des Todes, denn der Tod wird zum Samen einer neuen Sonne im Weltenall» (GA 112). – Auch in einem Gespräch mit Friedrich Rittelmeyer hat Rudolf Steiner dessen Entdeckung voll bestätigt, dass im Johannesevangelium, «in den Abschiedsgesprächen Christi überall an der Stelle, wo man das Wort ‹Tod› erwarten sollte, der ‹Vater› stehe» (Friedrich Rittelmeyer, *Meine Lebensbegegnung mit Rudolf Steiner*, Stuttgart 1983).

91 Von der Beziehung der Trinität zu den ersten drei Stufen der Weltevolution berichtete Rudolf Steiner: «Wie uns der höchste Regent des Saturn, der Ich-Geist, als Vatergott erscheint, der höchste Regent, der höchste Gott der Sonne, der Sonnengott, als Christus, so wird uns der Regent der Mondengestalt der Erde als Heiliger Geist mit seinen Scharen erscheinen, die in der christlichen Esoterik die Boten der Gottheit, die Engel, genannt werden» (GA 99, 2.6.1907).

92 Die Sphäre des selbstständigen Bösen, aus der Luzifer und Ahriman *gemeinsam* wirken können, nennt Rudolf Steiner die achte Sphäre. (Siehe GA 254, 18.10.1915.)

93 Die dabei erscheinenden Moses und Elias stellen die kosmischen Kräfte der obersonnigen (Moses) und der untersonnigen (Elias) Planeten dar.

94 Siehe Anm. 91.

95 Vortrag «Evolution, Involution und Schöpfung aus dem Nichts» (GA 107, 17.6.1909).

96 Rudolf Steiner sagt darüber: «So erfüllt sich das Karma der ersten Hälfte

der Evolution in der zweiten Hälfte. Es wird abgebaut nach und nach [auch karmisch] in der zweiten Hälfte der Evolution, was in der ersten Hälfte zusammengebaut worden ist. Weltentstehung ist Erzeugung von Karma; Weltvergehen im umfassendsten Sinne des Wortes ist ... wiederum Auslöschen des betreffenden Karma» (GA 110, 18.4.1909-I).

97 Das Phantom nennt Rudolf Steiner auch einen «realen Gedanke[n] in der Außenwelt» (GA 131, 10.10.1911), woraus sich dessen Wesensverwandtschaft mit dem Auferstehungsleib ergibt.

98 Siehe den Vortrag «Pfingsten, das Fest der freien Individualität» (GA 118, 15.5.1910).

99 Rudolf Steiner weist aus seiner Geistesforschung darauf hin, dass Jesus von Nazareth in sich auch einen Teil des ursprünglichen Adam-Wesens von vor dem Sündenfall trug. (Siehe GA 114.)

100 Vortrag vom 4. Februar 1913. Zitiert nach *Briefe von Rudolf Steiner*, Band 1, Dornach 1955.

101 Siehe GA 262, Manuskript von Barr, Teil I.

102 Rudolf Steiner beschreibt dieses Wirken des auferstandenen Christus in der Menschheitsgeschichte in dem Vortrag vom 1. Oktober 1913 (GA 148).

103 Es ist nicht schwer, hier auch die Verbindung nachzuvollziehen, die zwischen den beschriebenen drei Strömen der Zeit und der dreifachen Ich-Organisation des Menschen besteht. Da entspricht dem gewöhnlichen Zeitstrom das Erden-Ich, dem geistigen das höhere Ich und demjenigen, der von Ewigkeit zu Ewigkeit fließt, das wahre Ich. – Siehe über die drei Iche des Menschen in S. O. Prokofieff, *Anthroposophie und ‹Die Philosophie der Freiheit›. Anthroposophie und ihre Erkenntnismethode. Die christologische und kosmisch-menschheitliche Dimension der ‹Philosophie der Freiheit›*, Anhang I, «Über das Wesen des menschlichen Ich».

104 Eigentlich hätte diese neue Zeitrechnung mit Ostern des Jahres 33 beginnen sollen, so wie es Rudolf Steiner 1913 bei der ersten Ausgabe des Seelenkalenders eingeführt hat.

105 Siehe darüber in Kap. I.

106 Aus dem vorher Angeführten geht klar hervor, dass es sich hier nicht um die «große» Ewigkeit handelt, die nur durch die Verbindung mit dem Auferstehungsleib erlebt werden kann, sondern um diejenige, welche sich offenbart, wenn man das Wesen des Menschen zugleich in seinem vorgeburtlichen und nachtodlichen Zustand ergreift. Das entspricht aber genau der Erfahrung des höheren Ich.

107 GA 262, Manuskript von Barr, Teil I.

108 Siehe S. O. Prokofieff, *Rudolf Steiner und die Grundlegung der neuen*

Mysterien, Kap. 2, «Die große Sonnenperiode», und *Menschen mögen es hören. Das Mysterium der Weihnachtstagung*, Kap. 1, «Der Lebensweg Rudolf Steiners im Lichte der Weihnachtstagung».

109 Siehe S. O. Prokofieff, *Menschen mögen es hören. Das Mysterium der Weihnachtstagung*, Kap. 7, «‹Die Philosophie der Freiheit› und die Weihnachtstagung», sowie *Anthroposophie und ‹Die Philosophie der Freiheit›. Anthroposophie und ihre Erkenntnismethode. Die christologische und kosmisch-menschheitliche Dimension der ‹Philosophie der Freiheit›*, Dornach 2006.

110 Die Kräfte des Sohnes waren schon von der alten Sonne her mit der ganzen Sonnen-Entwicklung verbunden. (Siehe GA 99, 2.6.1907).

111 Siehe GA 114, 26.9.1909.

112 Petrus in seiner Pfingstrede (Apg 2,24) und an anderen Stellen (z.B. Apg 3,15; 4,10 und andere); Paulus ebenfalls an vielen Stellen (z.B. Apg 13,30; Röm 10,9 und 1. Kor 6,14 und andere).

113 Zum Beispiel liest man in dem Vortrag von 10. Oktober 1911: «Wir werden damit auch darauf hinweisen, dass ... die Wesenheit, die als der Vater bezeichnet wird, selber als Hierophant aufgetreten ist zur Erweckung des Christus Jesus» (GA 131); und: «Der Vater selber [hat] den Christus auferweckt» (ebd.).

114 Auch aus der Grundsteinmeditation folgt, dass vor allem im Knochen- oder Gliedmaßensystem des Auferstehungsleibes die Kräfte des göttlichen Vaters durch die Vermittlung der ersten Hierarchie wirken. (Siehe Kap. I.)

115 Siehe S. O. Prokofieff, *Anthroposophie und ‹Die Philosophie der Freiheit›. Anthroposophie und ihre Erkenntnismethode. Die christologische und kosmisch-menschheitliche Dimension der ‹Philosophie der Freiheit›*, Kapitel 7 «‹Die Philosophie der Freiheit› im Lichte des Fünften Evangeliums».

116 S. O. Prokofieff, *Menschen mögen es hören. Das Mysterium der Weihnachtstagung*, Kap. 9, «Die Grundsteinmeditation. Karma und Auferstehung».

117 In der Mitternachtsstunde kommt zu der vorhergehenden Wirkung der dritten und zweiten Hierarchien nun auch die der ersten hinzu. (Siehe GA 239, 9.6.1924.)

118 Dass mit diesem «vertikalen» Aufsteigen die neue, «horizontale» Beziehung zu der Weltenmitternacht gemeint war, zeigt sich dadurch, dass in der Himmelfahrt Christus nicht, wie das gewöhnlich vorgestellt wird, die Erde verlassen, sondern sich mit ihr nur umso tiefer verbunden hat. (Siehe GA 148, 3.10.1913.)

119 Hier erwähnt Rudolf Steiner die Venus als den Planeten, der astronomisch dem Mond folgt. Esoterisch gesehen ist der Name für diesen Planeten Merkur. (Siehe darüber GA 110, 15.4.1909-II).

120 In dem Vortrag vom 15. April 1909 (GA 110) gibt Rudolf Steiner die folgende Entsprechung: Die Engel wirken in der Mondensphäre, die Erzengel in der Sphäre des Merkur, die Archai in derjenigen der Venus; auf gleiche Weise sind die Exusiai mit der Sonne, die Dynamis mit dem Mars, die Kyriotetes mit dem Jupiter und die Throne mit dem Saturn verbunden.

121 S. O. Prokofieff, *Rudolf Steiner und die Grundlegung der neuen Mysterien*, Kap. 5, «Die Weihnachtstagung 1923/1924».

122 Im Weiteren sind die folgenden Vorträge Rudolf Steiners über das Erdinnere berücksichtigt:
16.4.1906 (GA 96)
21.4.1906 (GA 97)
12.6.1906 (GA 94)
11.7.1906 (GA 94)
4.9.1906 (GA 95)
1.1.1909 (GA 107).

123 Auch erwähnt Rudolf Steiner in dieser Beziehung zwei ähnliche Symptome: «eine Art theoretischer Materialismus», aus dem später unvermeidlich auch der praktische Materialismus mit all seinen sozial-darwinistischen Tendenzen folgt, zu dem die Asuras die Menschen eigentlich verführen wollen, sowie die «wüsten Orgien zweckloser Sinnlichkeit» (ebd.).

124 GA 104, 29.6.1908. In dem gleichen Vortrag nennt Rudolf Steiner es die «furchtbare Ehe oder vielmehr wilde Ehe zwischen dem Menschen und den Kräften der herabgekommenen Materie», was in der Apokalypse in der Imagination der «großen Babylon» erscheint.

125 Wenn die drei zuvor erwähnten Gegenmächte (Luzifer, Ahriman und die Asuras) noch zur Erdenevolution gehören (Luzifer blieb auf dem alten Mond, Ahriman auf der alten Sonne und die Asuras auf dem alten Saturn zurück), so gehört Sorat einer Entwicklung an, die aus anderen Welten stammt und ursprünglich mit der Erde nichts zu tun hat. (Siehe GA 104, 30.6.1908, sowie S. O. Prokofieff, *Die Begegnung mit dem Bösen und seine Überwindung in der Geisteswissenschaft. Der Grundstein des Guten*, Dornach ^{3}2003).

126 Siehe darüber ausführlicher S. O. Prokofieff, *Menschen mögen es hören. Das Mysterium der Weihnachtstagung*, Kap. 9, «Die Grundsteinmeditation. Karma und Auferstehung».

127 In dem Vortrag vom 9. Januar 1912 erwähnt Rudolf Steiner, dass schon am Ende des dreijährigen Lebens des Christus die Trennung des Phantoms von dem materiellen Leib so weit fortgeschritten war, dass dessen mineralische Bestandteile nur noch von dem Christus-Ich zusammengehalten wurden.

«Denn schon von der Taufe angefangen, war dieses Leben des Christus in dem Leib des Jesus von Nazareth ein langsamer Prozess des Sterbens. Mit jedem vorrückenden Zeitabschnitt in dem Leben dieser drei Jahre starb sozusagen etwas von den Hüllen in dem Jesus von Nazareth dahin. Langsam starben diese Hüllen ab, sodass nach drei Jahren der ganze Leib des Jesus von Nazareth etwas war, das an der Grenze schon stand Leichnam zu sein und nur noch eben zusammengehalten wurde von der Macht der makrokosmischen Christus-Wesenheit» (GA 130).

128 So wurde diese Schicht in der pythagoreischen Schule genannt, weil sich in ihr alles mit ihr Verbundene nach dem Gesetz der Zahl in viele Kopien vermehrte.

129 In dem Vortrag verfolgt Rudolf Steiner diesen Prozess am Beispiel des «zersplitterten» Phantomleibs von Plinius dem Älteren, der 79 n. Chr. beim Ausbruch des Vesuvs umkam.

130 Emil Bock, *Die drei Jahre. Beiträge zur Geistesgeschichte der Menschheit*, Band 6, Kap. «Karsamstag», Stuttgart 1981.

131 Eine irdische Spiegelung davon kann man in den beiden Kreuzen der Schächer auf dem Golgatha-Hügel finden, von denen der eine, der keine Reue zeigt, mit den Tiefen der Erde in Verbindung bleibt, wogegen der andere von Christus die Verheißung erfährt, ins «Paradies» zu kommen (Luk 23,43), das heißt, nach dem Tod in eine Verbindung mit den Kräften des kosmischen Kreuzes.

132 Siehe Friedrich Hiebel, *Entscheidungszeit mit Rudolf Steiner. Erlebnis und Begegnung*, Kapitel II-6, «Vom Wunder der Grundsteinstunde», Dornach 1986, und S. O. Prokofieff, *Menschen mögen es hören! Das Mysterium der Weihnachtstagung*, Kap. 2, «Die Mysterienhandlung der Grundsteinlegung am 25. Dezember 1923».

132a In seinen Beschreibungen des christlich-mystischen Einweihungsweges, der aus sieben Stufen besteht, erwähnt Rudolf Steiner an einigen Stellen als höchste, siebente Stufe die Auferstehung, bei anderen Beschreibungen nennt er die Himmelfahrt, welche vierzig Tage nach Ostersonntag erfolgte.

Konnten die Jünger und die Frauen Christus unmittelbar nach der Auferstehung vierzig Tage lang sehen und von ihm sogar Belehrungen über die Geheimnisse der geistigen Welt empfangen (Apg 1,3), so wurde er durch die Himmelfahrt in dieser einmaligen Form, die er nach der Auferstehung angenommen hatte, den hellseherischen Blicken der Menschen entzogen. Denn die noch höhere Stufe der Einweihung, welche nötig gewesen wäre, den Weg des Christus im Makrokosmos weiter zu verfolgen, hatten seine Schüler noch nicht erreicht.

Wie bereits oben erwähnt, verbindet Rudolf Steiner die Stufe der Auferstehung auf dem christlich-mystischen Weg mit zwei Schichten der Erde, der siebenten und der achten Schicht. Von der letzten, neunten Schicht berichtet er an einer Stelle, dass sie «unmittelbar den Erdmittelpunkt umgibt» (GA 96, 16.4.1906) und unterscheidet damit diese Schicht vom Erdkern. In einem etwas späteren Vortrag beschreibt er die beiden (neunte Schicht und Erdkern) jedoch als wesensgleich (GA 95, 4.9.1906). Daraus ergibt sich, dass sie sehr nahe beieinanderliegen oder sozusagen ineinanderfließen, wodurch sie einmal als getrennt, ein andermal als vereint betrachtet werden können. Daraus kann man entnehmen, dass man auf der Einweihungsstufe der Himmelfahrt erkenntnismäßig beides durchdringt: die neunte Schicht und den Erdkern.

Aus dem weiteren Weg des Christus nach der Himmelfahrt kann man auch entnehmen, dass das Miterleben der Himmelfahrt dem Eingeweihten einen Einblick in die neunte Schicht und das Miterleben des Pfingstereignisses einen Einblick in den Erdkern offenbart.

133 Auch ein Jahr später, in dem Zyklus *Das Markus-Evangelium*, erwähnt Rudolf Steiner diesen Prozess. (Siehe GA 139, 24.9.1912.)

134 Siehe darüber auch S. O. Prokofieff *Was ist Anthroposophie?*, Dornach 2004.

135 Siehe ausführlicher über die drei Iche des Menschen in Rudolf Steiner, *Die Schwelle der geistigen Welt* (GA 17) und in S. O. Prokofieff, *Anthroposophie und ‹Die Philosophie der Freiheit›. Anthroposophie und ihre Erkenntnismethode. Die christologische und kosmisch-menschheitliche Dimension der ‹Philosophie der Freiheit›*, Anhang I, «Über das Wesen des menschlichen Ich».

136 In den Vorträgen über das Fünfte Evangelium sagt Rudolf Steiner, dass die Stufe des historischen Pfingsten der sechsten Einweihungsstufe der vorchristlichen Mysterien, nämlich der Stufe des «Sonnenhelden» entsprach (GA 148, 3.10.1913). Selbstverständlich war das Pfingstbewusstsein der Apostel von ganz anderer Natur als die vorchristliche Einweihungsstufe, jedoch reichte es noch nicht bis zur siebenten, geschweige denn zu einer noch höheren Stufe hinauf.

137 Man kann auch sagen, dass diese höhere Stufe wie eine Fortsetzung und Weiterführung des Pfingstereignisses an der Zeitenwende ist.

138 Da diese Stufe die tiefste Erkenntnis des Erdkerns selbst und damit die Erkenntnis des Ursprungs des Bösen auf unserem Planeten ermöglicht, ist es auch verständlich, dass Manes der größte Kenner der Kräfte des Bösen in der Menschheitsevolution wurde. Nur dürfen diese tiefsten Mysterien des Bösen nicht in exoterischen Lehren gesucht werden, die bis heute nur in einigen überlieferten alten Texten – und noch dazu meist in entstellter Form

– erhalten sind. Denn die eigentlichen Mysterien des Bösen, die von Anfang an mit dem Geheimnis des Erdkerns als ihrem Hintergrund verbunden sind, sowie die Überwindung des Bösen durch die Läuterung des Erdinnern auf dem Wege der weißen Magie, sind noch nirgendwo in der äußeren Geschichte der Menschheit aufgetreten, sondern existieren bis jetzt nur im engsten Kreis der höchsten Eingeweihten der Erde – von ihnen streng gehütet – ganz im Verborgenen. Was damit gemeint ist, ergibt sich aus der folgenden esoterischen Mitteilung Rudolf Steiners: «Als ein ‹ höherer Grad› wird innerhalb dieser ganzen Strömung [des esoterischen Christentums] die Initiation des *Manes* angesehen, der 1459 auch Christian Rosenkreutz initiierte: sie besteht in der wahren Erkenntnis von der Funktion des Bösen. Diese Initiation muss mit ihren Hintergründen noch für lange vor der Menge ganz verborgen bleiben« (GA 262, Manuskript von Barr II, 1907; kursiv Rudolf Steiner).

139 Von der Beziehung Rudolf Steiners zu dieser Stufe der Einweihung siehe in dem Buch, *Koberwitz 1924. Geburtsstunde einer neuen Landwirtschaft*, Stuttgart ^{2}1985.

140 Tatsächlich weist Rudolf Steiner auf solche Faktoren in bezug auf die Ereignisse der Zeitenwende in dem Vortrag vom 2. Oktober 1913 (GA 148) hin.

141 Es ist in dieser Beziehung von Bedeutung, dass das Erdbeben an dieser Stelle nur im Matthäus-Evangelium erwähnt wird. Markus berichtet nur über das Zerreißen des Vorhangs (15,38), und Lukas stellt dieses Ereignis sogar unmittelbar vor dem Eintritt des Todes dar (23,45).

142 Es ist außerdem auffallend, dass Lukas nicht nur von dem Ausbreiten einer Finsternis in der ganzen Gegend zwischen der sechsten und neunten Stunde spricht (23,44, wovon auch Matthäus berichtet 27,45), sondern er fügt hinzu: «Die Sonne verfinsterte sich» (23,45; Übers. E. Bock). Diese Verfinsterung der natürlichen Sonne ist gleichzeitig mit dem Aufleuchten der geistigen Sonne verbunden, welches nach Rudolf Steiner in dem Moment begann, als das Blut aus den Wunden des Erlösers in die Erde floss. Damit wurde weltgeschichtlich bezeugt, dass das geistige Zentrum des Sonnensystems seitdem nicht mehr auf der Sonne, sondern auf der Erde zu finden ist. «Der erste Anstoß zum Sonnewerden unserer Erde ist damals gegeben worden, als das Blut aus den Wunden des Erlösers auf Golgatha floss» (GA 112, 6.7.1909).

143 Das ist ein weiterer Grund (vgl. auch Kap. I), warum die Worte am Kreuz aus dem Markus-Evangelium (15,34) in der geistigen Welt als: «Mein Gott, mein Gott, wie hast du das Ich in der Menschheit verherrlicht, vergeistigt», ertönten (GA 96, 1.4.1907). Denn in diesem Augenblick wurde das

Christus-Wesen als der «Menschheit höheres Ich» (GA 112, 24.6.1909) in der Erdenaura zum ersten Mal sichtbar.

144 Interessanterweise berichten drei Evangelien, dass die Frauen *nach* dem Erdbeben, welches den Stein hinweggeschleudert hatte, an das Grab kamen, denn sie fanden ihn schon bei ihrer Ankunft weggewälzt. Siehe Mark 16,4; Luk 24,2; Joh 20,1.

145 Der Aufgang der Sonne am Ostermorgen steht in einer direkten Beziehung zu ihrer Verfinsterung am Karfreitag (Luk 23,45). Sie ist jetzt das Bild für die zukünftige Sonne, welche die «alte» im Weltall einmal ersetzen wird.

146 Bei einer der Beschreibungen bezieht er sich sogar explizit auf den Bericht des Matthäus-Evangeliums. Siehe GA 130, 9.1.1912.

147 Deshalb berichten die Evangelien, dass das Zerreißen des Vorhangs im Tempel (der Tempel ist immer das Bild des menschlichen Leibes) als Zeichen des Übergangs des Christus-Geistes in die Erdenaura (nach Lukas *vor* dem Tod am Kreuz, nach Matthäus und Markus *nach* dem Tod) stattgefunden hat.

148 Das Gesagte widerspricht nicht dem Kampf des Christus mit dem Tod im Garten von Gethsemane (siehe Kap. I). Denn dort versuchten die ahrimanischen Gewalten den Christus aus dem physischen Leib des Jesus herauszudrängen, bevor die Wiederherstellung des Phantoms ganz abgeschlossen war. Erst auf dem Golgatha-Hügel, nachdem das Phantom völlig hergestellt war, konnte die Entfernung des kosmischen Christus von dem Menschen Jesus geschehen.

149 Das Weiterverfolgen des Motivs der Erlösung Luzifers, die als Folge des Mysteriums von Golgatha begonnen hat – denn es waren luziferische Mächte, die zu Beginn der Erdenentwicklung das Phantom verdorben hatten – und ebenfalls in der Skizze angedeutet ist, liegt jenseits des Rahmens, der diesem Buch gestellt ist.

150 Siehe Kap. I. – Wie am Ende von Kap. II dargestellt, kommt die Seele des Menschen während der Weltenmitternacht mit der unmittelbaren Wirksamkeit des Heiligen Geistes in Berührung und damit in eine Verbindung mit der Göttlichen Trinität. Um aus ihren Impulsen wirken zu können, musste Christus die Kräfte der Weltenmitternacht von der Erde her ergreifen und zur Erde bringen.

151 In frühen Vorträgen benutzte Rudolf Steiner noch die Bezeichnung «theosophische Bewegung».

152 Es wird vom Erdkern nicht alles gerettet werden, denn ein Teil bleibt beim Übergang der Erde in den Jupiterzustand zurück und bildet den ersten Keim des verdorbenen Planeten, den Rudolf Steiner als «unverbesserlichen

Mond» bezeichnet (GA 13, Seite 413), der auf der zukünftigen Venus endgültig von der guten Evolution abfallen wird.

153 Siehe S. O. Prokofieff, *Menschen mögen es hören. Das Mysterium der Weihnachtstagung*, Kap. 7: «*Die Philosophie der Freiheit* und die Weihnachtstagung», Stuttgart 2002.

154 In § 3 der Statuten schreibt Rudolf Steiner, dass die Ereignisse der im Goetheanum gepflegten Anthroposophie «zu einem wirklich auf brüderliche Liebe aufgebauten sozialen Leben führen» können (GA 260a, 13.1.1924). Auch in § 2 erwähnt er ihre Früchte «für die Brüderlichkeit im menschlichen Zusammenleben» (ebd.).

155 Siehe darüber ausführlicher in S. O. Prokofieff, *Die esoterische Bedeutung gemeinsamer geisteswissenschaftlicher Arbeit und die Zukunft der Anthroposophischen Gesellschaft*, Stuttgart 2008.

156 Daraus folgt, dass Jesus bei der eigentlichen «Höllenfahrt» nicht dabei war, denn keinem Menschenwesen wäre es möglich gewesen, die Tat des Christus im Erdenmittelpunkt mitzuvollziehen.

157 Siehe über den «zweiten Tod» in GA 104, 30.6.1908.

158 Über die weiteren Wege der Individualität des Jesus von Nazareth berichtet Rudolf Steiner, dass Christus ihn in der geistigen Welt «zu seiner eigenen *Seelenhülle* genommen hat, durch die er dann fortwirkt» (GA 142, 1.1.1913). Siehe auch S. O. Prokofieff, *Der Jahreskreislauf als Einweihungsweg zum Erleben der Christus-Wesenheit*, Stuttgart [3]1996, wo in Anmerkung 81a zu Teil XII diese Frage ausführlicher behandelt wird.

159 In dem gleichen Vortrag weist Rudolf Steiner darauf hin, dass dieses Zusammenziehen des Ätherleibes sich vor allem auf die Wundmale bezog. An sich war es die Folge der Leiden am Kreuz.

160 Zunächst jedoch spricht Rudolf Steiner über diejenigen Kräfte des Ätherleibes, welche in jedem Menschen vorhanden und mit der zukünftigen Zerstörung der physischen Erde verbunden sind. Solche Kräfte waren im Ätherleib des Jesus von Nazareth nicht mehr vorhanden. Denn diese entstehen als Folge des Erdenkarma, welches durch das dreijährige Leben des Christus in ihm überwunden war.

161 Rudolf Steiner spricht an dieser Stelle nur von einem «Teile des Blutes», weil der andere Teil von Joseph von Arimathia in der Gralsschale aufgefangen wurde und somit nicht in die Erde floss.

162 Das Gesagte widerspricht nicht den Angaben Rudolf Steiners, dass dieses Tier zugleich ein Bild der Menschen ist, welche der Macht des Sorat in der Zukunft anheimfallen werden. (Siehe GA 104, 27.6.1908.)

163 Wie der erste Tod mit dem Zerfall des Phantoms des physischen Leibes

verbunden ist, so der zweite mit dem Zerfall des Ätherleibes des Menschen. (Siehe GA 104, 30.6.1908.)

164 Das Gesagte bedeutet auch, dass die Gegenmächte Luzifer, Ahriman und die Asuras mit Hilfe des Christus aus dem Innern der Erde verbannt werden. Sonst kann die zukünftige Vereinigung der Erde mit der Sonne nicht stattfinden.

165 In dem Vortrag vom 19. Dezember 1920 (GA 202) erwähnt Rudolf Steiner, dass die Vernichtung des Stoffes (was die ursprüngliche Aufgabe des Zerstörungsherdes im Menschen ist) vor allem im Gliedmaßen- Stoffwechsel-Organismus konzentriert ist. Auch in dem Aufsatz «Gedächtnis und Gewissen» (GA 26, Februar 1925) schreibt er, wie beim Menschen «in seiner Gliedmaßen-Willensorganisation das Erden-Chaos lebt», das seinen Ursprung im Innern der Erde hat, welches sich in Erdbeben und Vulkanausbrüchen spiegelt (ebd.). In dem gleichen Aufsatz behandelt Rudolf Steiner auch den Ursprung des Gewissens, das auf geistiger Seite im Gliedmaßensystem des Menschen verankert ist. Dieser Lokalisation des Gewissens im Menschen entspricht das Wirken der ersten Hierarchie, die aus dem Mittelpunkt der Erde wirkt, wie es oben in diesem Kapitel beschrieben wurde.

166 Es ist etwas ganz anderes, wenn die Kräfte des Erdinnern als das Böse in der Welt *durch die Menschen* verbreitet werden.

167 Siehe darüber oben in diesem Kapitel. – In demselben Vortrag erwähnt Rudolf Steiner auch: «Gewisse Geheimlehren nennen die Scharen des Ahriman auch Asuras.» Aus diesen Worten folgt, dass die Asuras vor allem diejenigen ahrimanischen Wesenheiten sind, welche die Macht besitzen, ihre Kräfte aus den drei letzten Schichten der Erde zu beziehen.

168 Dem Problem des Bösen geht aber das Problem des Todes voran (siehe GA 185, 25.10.1918). Nur durch dessen Lösung, die eine bewusste Beziehung zum Auferstehungsleib erfordert, kann auch das Böse überwunden werden. Sonst besteht die ständige Gefahr, dass das Böse den Tod in seine Macht bekommt und für seine Ziele benutzt. Die Geschichte des 20. Jahrhunderts hat gezeigt, dass die Macht des Bösen die Menschen besonders dort in den Griff bekommt, wo die Furcht vor dem Tod als Machtmittel gebraucht wird.

169 Vor allem diejenigen Kräfte des Guten, welche durch die moralischen Intuitionen des Menschen erreicht werden können und deren praktische Verwirklichung, wie es im zweiten Teil der *Philosophie der Freiheit* beschrieben ist, führen zur Verwandlung des Erdinnern. Denn jede freie Tat, die der Mensch aus der moralischen Intuition heraus auf der Erde ausführt, bewirkt die Erlösung der Erde bis in ihren Kern hinein. – Die weitere Entwicklung

dieses wichtigen Themas würde den Rahmen sprengen, der diesem Buch gesetzt ist.

170 Etwas Ähnliches geschieht auch im Mittelpunkt der Erde. Dort hinein verschwindet ständig die Materie. Rudolf Steiner sagt diesbezüglich: «Es drängt sich die Materie gegen den Mittelpunkt [des Erdenplaneten] immer mehr und mehr zusammen, und das Eigenartige ist, dass die Materie im Mittelpunkte verschwindet», sodass jedes «Stück Materie ... nicht nach der anderen Seite hinübergedrängt [wird], es verschwindet tatsächlich im Mittelpunkt in nichts!» (GA 110, 18.4.1909-II).

171 Es ist diesbezüglich von Bedeutung, dass in der fast zweitausendjährigen Geschichte des östlichen Christentums, wo vor allem in früheren Jahrhunderten besonders viele Einsiedler und Mönche den christlich-mystischen Weg sehr intensiv gingen, von *keinem einzigen Fall* dauerhafter Stigmatisation berichtet wird. (Auch die protestantischen Kirchen kennen dieses Phänomen kaum.) In der katholischen Kirche hingegen sind einige hundert Stigmatisierter bekannt. Deshalb schaut die östliche Kirche bis heute mit großem Misstrauen auf solche Erscheinungen innerhalb des römischen Katholizismus. Derartige Phänomene rechnet sie nicht zu den allgemeinen Merkmalen des Christentums, sondern hält sie für «typisch katholisch» und sieht deren Ursprung in dem stark übertriebenen Interesse des römischen Katholizismus an der irdisch-sinnlichen Seite der Ereignisse der Zeitenwende. Denn nach der Auffassung des östlichen Christentums dürfen sich rein geistige Prozesse, um welche es sich bei einer echten Einweihung handelt, *nicht dauerhaft* auf äußere Weise im Physischen zeigen, welches nur von innen her (wie es auch die wahren Rosenkreuzer anstrebten) verwandelt (vergeistigt) werden sollte. Deshalb finden wir dauerhafte Stigmata weder bei den Aposteln noch bei den großen christlichen Heiligen (mit der einzigen Ausnahme in Franz von Assisi, von dem später noch die Rede sein wird).

172 Nur wenn dieser ganze Weg mit dem Freiheitselement verbunden ist, bleibt er im Einklang mit der Bewusstseinsseele des modernen Menschen und mit dem michaelischen Charakter unserer Zeit. Dies kann aber keinesfalls von Anna Katharina Emmerich und Theresa Neumann – wenn man die Berichte über deren seelische und leibliche Zustände liest – gesagt werden.

173 Und an anderer Stelle formuliert es Rudolf Steiner so: «Zur Zeit der Meditation treten genau an den Stellen, die man die Stellen der heiligen Wundmale nennt, *rote Punkte stigmaartig* hervor» (GA 95, 3.9.1906).

174 «So kann er [der Schüler] im Verlauf seiner Meditation die Stigmata auf seiner Haut hervorrufen. Das ist dann das Zeichen, dass er reif ist für die fünfte Stufe, wo sich ihm in einer plötzlichen Erleuchtung enthüllt: Der mystische

Tod» (GA 94, 1.6.1906). Mit anderen Worten, die Stigmata spielen hier als Vorbereitung zur nächsten Einweihungsstufe nur eine vorübergehende Rolle. Dies folgt noch aus einer anderen Stelle: «Diese Übungen [der vierten Stufe] führen zu der Vision, dass sich der Schüler selbst gekreuzigt sieht. Und äußerlich sogar offenbart sich *diese* Einweihungsstufe, indem sich die sogenannten Blutsmale einstellen» (GA 94, 11.7.1906). Das Wort «diese» weist in diesem Zusammenhang auf die Verbindung der Blutsmale *nur* mit dieser Stufe der Einweihung. Noch klarer äußert sich Rudolf Steiner diesbezüglich in dem Vortrag vom 19. Mai 1907: «Das willkürliche Hervorbringen der sogenannten Blutsprobe ist der symptomatische Ausdruck für die vierte Initiationsstufe» (GA 284/285).

175 Der Apostel Paulus trug auf diese unsichtbare Weise die Stigmata und berichtete von sich: «Denn ich trage die Malzeichen des Herrn Jesu an meinem Leibe» (Gal 6,17). Auch viele andere Heilige waren sicher Träger solcher unsichtbaren Malzeichen.

176 Das Ziel wird sogar erst auf der letzten Stufe erreicht, die Rudolf Steiner als die siebente, die der «Auferstehung», bezeichnet. (Siehe z. B. GA 95, 3.9.1906; GA 96, 16.4.1906 oder GA 131,14.10.1911.)

177 Diese Beschreibung, in verschiedenen Formulierungen, bezieht sich sowohl auf die Stufe der «Auferstehung» als auch auf die der «Himmelfahrt».

178 So sagt Rudolf Steiner zum Beispiel in dem Vortrag vom 30. November 1906 (GA 97), unmittelbar vor dem Beginn der Beschreibung der sieben Stufen des christlich-mystischen Weges: «Der christliche Lehrer muss die Gefühls- und Empfindungswelt des Schülers leiten. ... Am besten ist es, dass wir diese sieben Stufen so durchnehmen, dass wir beschreiben, wie sich das Verhältnis zwischen Lehrer und Schüler abspielt. Der Lehrer sagt dem Schüler etwa ...». Danach folgt die Beschreibung der ersten Stufe und auch der weiteren. Und an einer anderen Stelle wird erwähnt: «Deshalb fordert der christliche Meister von seinem Schüler einen höheren Grad von Demut und von Devotion» (GA 94, 1.6.1906). Auch in dem Vortrag vom 19. Mai 1907 sagt Rudolf Steiner: «Dann wurde er [der Geistesschüler] von seinem Meister der christlichen Initiation empfangen.» Und dann fügt er hinzu: «Wer das aber ohne den Rat eines Lehrers machen will, der ist gewiss in Gefahr dabei» (GA 284/285).

179 *Prager Erinnerungen aus den Jahren 1920-1929 an Stadt und Menschen, Vorträge und Studien. Funde und Veröffentlichungen von Walter Kühne,* Radolfzell am Bodensee.

180 Siehe darüber die Äußerungen von Carl Unger und Ita Wegman am Ende dieses Anhangs.

180a Während seines Lebens wussten nur ganz wenige Mönche aus seiner nächsten Umgebung davon, die er zum strengsten Stillschweigen darüber verpflichtet hatte. Erst nach dem Tod wurde seine Stigmatisation allgemein bekannt.

181 Was das Letztere bedeutet, wird sofort bei einem Vergleich von Franz von Assisi mit Thomas von Aquino ersichtlich.

182 Deshalb wird von den Menschen, die wirklich die höheren Stufen dieser Einweihung in den Zeiten vor dem Heiligen Franziskus erreichten, nie berichtet, dass sie stigmatisiert waren, obwohl nach Rudolf Steiner «diese christliche Einweihung ... Hunderte und aber Hunderte von Menschen durchgemacht [haben]. Es ist eine praktische Erfahrung für Tausende geworden» (GA 97, 22.2.1907). Denn beim richtig vollzogenen Einweihungsweg dieser Art erscheinen die Stigmata auf der vierten Stufe des Weges in der oben beschriebenen Form und auch nur vorübergehend (weil allein durch die Meditation hervorgerufen). Beim Erlangen der höheren Stufe verschwinden sie aber wieder.

183 Gemeint ist das Konzil der höchsten Eingeweihten der Erde, das im 4. Jahrhundert stattfand. (Siehe GA 113, 31.8.1909.)

184 Siehe GA 131, 5.10.1911.

185 Als ein Beispiel von vielen kann hier die folgende Beschreibung Rudolf Steiners einer solchen *mittelbaren* Wirkung auf den physischen Leib angeführt werden: «Dem ‹größeren Hüter der Schwelle› tritt der Mensch gegenüber, wenn sich die Auflösung der Verbindung [zwischen Denken, Fühlen und Wollen] auch auf die physischen Teile des Leibes (namentlich zunächst das Gehirn) erstreckt» (GA 10, Seite 193). Sodass «das Gehirn des höheren Hellsehers zerfällt in drei selbstständig wirkende Wesenheiten: das Denk-, Fühl- und Willensgehirn» (ebd., Seite 186). Weil aber diese Verwandlung des physischen Leibes durch die bewusste innere Arbeit hervorgerufen wird, bleibt «sie für die gewöhnliche sinnliche Anschauung nicht wahrnehmbar» (ebd.).

186 Im IX. Kapitel der *Philosophie der Freiheit* berichtet Rudolf Steiner, dass schon die Tätigkeit des gewöhnlichen Denkens nur auf Grundlage der zurückgedrängten organischen Prozesse des Leibes möglich ist. Auf gleiche Weise kann das Denken nur durch die Trennung von allen sinnlichen Eindrücken den sinnlichkeitsfreien Zustand erreichen, der allein dem Menschen den bewussten Eintritt in die geistige Welt ermöglicht. Rudolf Steiner sagt diesbezüglich: «Die Geisteswissenschaft zeigt uns, wie sich der Mensch im Laufe der Zeit entwickelt. Als Ziel dieser Entwickelung erweist sich für die Geisteswissenschaft das, was der Geistesforscher, der Geisteswissenschaf-

ter dadurch erreicht, dass er sich frei macht von allem, was an die äußere Natur, an die äußere Leiblichkeit gebunden ist.» Vortrag vom 13. Juni 1910, veröffentlicht in *Beiträge zur Rudolf Steiner Gesamtausgabe*, Nr. 106.

187 Und in einem früheren Vortrag desselben Zyklus erwähnt Rudolf Steiner, wie die rosenkreuzerischen Alchemisten genau an diesem Problem arbeiteten: Wie kann das Phantom auf die Menschen übergehen? Sie konnten das aber nur, weil sie «im Herzen ... den Zusammenhang mit dem Christus [fühlten]» (GA 131, 12.10.1911).

188 Diese Fragenbeantwortung ist in der Gesamtausgabe noch nicht veröffentlicht.

189 Aus dem Vortrag «Die Offenbarungen des Unbewussten vom geisteswissenschaftlichen Gesichtspunkt» (GA 67, 21.3.1918.) – In dem gleichen Vortrag beschreibt Rudolf Steiner, wie im Menschen Halluzinationen und Visionen ihren Ursprung in der unbewussten Bindung des Vorstellungslebens an den physischen Leib haben. Bei somnambulen Gesichten hingegen geht es jedoch mehr um die leibliche Bindung des Willens, die sogar Veränderungen im physischen Organismus bewirken kann.

190 In dem Hauptwerk von Anna Katharina Emmerich, *Das bittersüße Leiden unsers Herrn Jesu Christi*, nimmt die ganz naturalistische Beschreibung des Martyriums des Jesus über 100 Seiten ein, die Beschreibung der Auferstehung hingegen nur einige wenige.

191 So kann man auch den Film von Mel Gibson, *The Passion of Christ,* in dieser Beziehung als eine Hollywood-Produktion des «Evangeliums» nach Anna Katharina Emmerich bezeichnen.

192 Auch kann man in den ausführlichen Berichten der Anna Katharina Emmerich über die Jugend Jesu und das Leben der Maria weder von den zwei Jesus-Knaben noch von den zwei Marien etwas finden. Ebenso wenig weiß sie, dass Lazarus und Johannes der Evangelist dieselbe Individualität ist.

193 Dieser fremde Geist zeigt sich vor allem am Fehlen des Gleichgewichts zwischen irdischem und geistigem Geschehen. Die übertriebene Hinwendung zu der rein irdischen Seite der Ereignisse sowie eine direkte Emotionalisierung des Lesers durch die Anhäufung grausamer Details schaffen eine düstere Atmosphäre, die der Reinheit des alles überstrahlenden Christus-Geistes fremd ist. Dadurch wird der Leser von dem Wesentlichen abgelenkt und nur an das sinnlich Wahrzunehmende gebunden. Durch solche Gesichte kommt man nicht über die Grenzen der physisch-sinnlichen Welt hinaus, sondern bleibt durch die Faszination solcher Bilder noch stärker in ihr gefangen.

194 Bei einer solchen Hypothese muss man selbstverständlich bedenken, dass sich bei jedem Menschen der Ätherleib innerhalb von drei Tagen nach dem

Tod auflöst. Nur bei hohen Eingeweihten, die an ihrem Lebensgeist zu arbeiten vermögen, bleibt der Ätherleib zum größten Teil erhalten und wirkt im weiteren Verlauf der Entwicklung als Inspirationsquell aus der geistigen Welt. Noch seltener aber geschieht es, dass solch ein Eingeweihter mit dem gleichen Ätherleib wiedergeboren wird. Dafür nennt Rudolf Steiner als Beispiele solche Individualitäten wie Christian Rosenkreutz und Meister Jesus. Es ergibt sich von selbst, dass deren Entwicklungsstufe in keinem Vergleich zu derjenigen von Anna Katharina Emmerich oder Theresa Neumann steht. Auch ist hier zu bedenken, dass unmittelbar nach dem Tod, wenn sich der Ätherleib vom physischen Leib befreit, in Ersterem sofort die Zeit zum Raum wird, sodass der Mensch drei Tage lang das Panorama seines verflossenen Lebens wie in einem einheitlichen Bild vor sich sieht, was mit den Sinnesorganen gar nicht möglich wäre. Das zeigt, dass die Erinnerungen im Ätherleib nicht in Form von sinnlichen Wahrnehmungen aufbewahrt werden.

195 In frühen Vorträgen gebrauchte Rudolf Steiner noch den Ausdruck «Theosophie» anstelle von «Anthroposophie», die er eigentlich meinte.

196 «Theosophie und Somnambulismus», Vortrag vom 7. März 1904 (GA 52). Die Gefahr des Irrtums ist besonders groß bei sinnlich wahrgenommenen Gesichten. Denn es besteht ein großes Interesse bei den luziferischen und ahrimanischen Mächten an derartigen Versinnlichungen. «Sie [Luzifer und Ahriman] haben immer ein Interesse daran, dass die Dinge viel zu räumlich-zeitlich vorgestellt werden» (GA 286, 7.3.1914).

197 Hierin liegt das Verhängnisvolle dieses Zustands. Denn der Mensch, der *Visionen* der *geistigen* Welt hat, wird sich möglicherweise doch einmal fragen, ob diese tatsächlich wahr seien. Was man jedoch als *Gesichte* der Ereignisse auf dem *physischen* Plan wie mit eigenen Augen sieht (in diesem Fall die Ereignisse der Zeitenwende), daran lässt sich so gut wie nicht zweifeln. Und doch ist alles, was man in Form von Sinneswahrnehmungen schaut, von den Folgen des Sündenfalls nicht frei und deshalb «unrein» (oder im alten Wortgebrauch «unkeusch»). Zu den Hauptfolgen des Sündenfalls gehört eben dieses: «Da wurden ihrer beider Augen aufgethan, und wurden gewahr, dass sie nackt waren» (1. Mose 3,7).

198 Eine erste Publikation in dieser Richtung ist bereits vor Jahren erschienen.

199 Siehe S. O. Prokofieff, *Novalis. Eine ewige Individualität. Zur karmischen Novalis-Biographie,* Dornach [2]2008.

200 Wenn es anders gewesen wäre, könnte man sich gut vorstellen, dass Rudolf Steiner die Schriften von Anna Katharina Emmerich z. B. für den Religionsunterricht in den Waldorfschulen oder für die Christengemeinschaft emp-

fohlen hätte. Wohl aus den angeführten Gründen hat Rudolf Steiner dies dezidiert nicht getan. Hingegen hat er Emil Bock die Aufgabe gestellt, auf Grundlage der anthroposophischen Christus-Forschungen eine neue Theologie auszuarbeiten, was dieser in seinem siebenbändigen Lebenswerk *Beiträge zur Geistesgeschichte der Menschheit*, Stuttgart 1978-1981, durchgeführt hat.

201 Schon drei Jahre zuvor hatte Rudolf Steiner aus seiner inneren Schau das Antlitz des Christus ganz genau beschrieben, zuerst in dem Vortrag vom 8. Mai 1912 (GA 143) und dann noch ausführlicher in dem Vortrag vom 14. Mai 1912 (GA 133).

202 Friedrich Rittelmeyer, *Meine Lebensbegegnung mit Rudolf Steiner*, Stuttgart [10]1983, S. 77.

203 Siehe A. Fant, A. Klingborg, A. J. Wilkes, *Die Holzplastik Rudolf Steiners in Dornach*, 1981. – Bei einem Vergleich dieser drei eigenhändigen Arbeiten Rudolf Steiners mit vielen anderen Modellen und Vorstudien, bei denen ihm Edith Maryon half, fällt sogleich auf, dass diese einen ganz anderen künstlerischen Stil als Rudolf Steiner besaß und in die Arbeit einbrachte. Betrachtet man heute ihre Werke, so bleiben sie, trotz ihrer Schönheit und Originalität, doch mit den Kunstrichtungen der damaligen Zeit verbunden. Die erwähnten drei Werke Rudolf Steiners sind aber zeitlos. – Wie schwierig es selbst für die begabtesten Schüler Rudolf Steiners war, seine spirituellen Impulse zu verstehen, geschweige denn auszuführen, zeigt die folgende Episode. Als Rudolf Steiner von einer längeren Reise nach Dornach zurückgekehrt war und die von Edith Maryon ausgeführte Gestalt des Menschheitsrepräsentanten sah, sagte er darüber: «Dieser englische Lord ist aber nicht mein Christus» (Assja Turgenieff, *Erinnerungen an Rudolf Steiner und die Arbeit am ersten Goetheanum*, Kap. «Die ‹Gruppe›», Stuttgart 1972). Es gehörte aber zu der inneren Größe Edith Maryons, dass eine derart kritische Bemerkung des Lehrers bei ihr nicht den leisesten Unwillen hervorrief, denn «es war ihr eine Selbstverständlichkeit, mit allen ihren künstlerischen Fähigkeiten nur der Schüler, nur die dienende Hand Rudolf Steiners zu sein» (ebd.). Deshalb schätzte er ihre Hilfe so außerordentlich. Siehe auch Peter Selg, *Die Gestalt Christi. Rudolf Steiner und die geistige Intention des zentralen Goetheanum-Kunstwerkes.*

204 Der Autor hat dies persönlich von Marjorie Spock (1904–2008) erfahren, die Rudolf Steiner noch in seinem Atelier besucht und diese Worte von ihm gehört hatte. – Ohne jegliche äußere Hilfe, nur aus seiner eigenen Ich-Kraft kam Rudolf Steiner zum unmittelbaren Anschauen des Christus in der geistigen Welt und stellte diese seine übersinnliche Wahrnehmung in Plastilin

und dann in Holz dar. Etwas anderes zu denken, bedeutet, die Einweihungsstufe Rudolf Steiners zu verkennen und damit die ganze Anthroposophie in Frage zu stellen.

205 Zit. nach *Das Goetheanum als Gesamtkunstwerk. Rudolf Steiner, Der Baugedanke des Goetheanum*, Dornach 1986.

206 Das *gegenwärtige* Erleben des Christus bedeutet im okkulten Sinne, dass in Seiner Gestalt ständig die Vergangenheitsereignisse der Zeitenwende mit den zukünftigen Stufen der Menschheitsentwicklung zusammenfließen. Deshalb sagt Rudolf Steiner über die gemalte Gestalt des Christus im ersten Goetheanum, dass Er zwischen Luzifer und Ahriman «in seiner Jupiterherrlichkeit, in seiner zukünftigen Herrlichkeit» erscheint (GA 161, 3.4.1915).

207 Heinz Müller, *Spuren auf dem Weg. Erinnerungen*, Stuttgart ^{2}1976, S. 40.

208 Friedrich Rittelmeyer, *Meine Lebensbegegnung mit Rudolf Steiner*, Stuttgart 1983. Siehe auch Andrej Belyj, *Verwandeln des Lebens*, Kap. IV, «Rudolf Steiner und das Thema Christus», Basel 1975.

209 Von diesem Miterleben des Mysteriums von Golgatha in der Intuition konnte Rudolf Steiner dann durch die Stufe der Inspiration auf diejenige der Imagination heruntersteigen, um dann zu dem Erlebnis dessen zu kommen, was er wie folgt beschreibt: «Ja, wahrhaftig, es ist möglich, zu der Imagination von dem Berge zu gelangen, auf dem das Kreuz erhöht war, jenes Kreuz, an dem ein Gott im Menschenleibe hing» (GA 131, 14.10.1911). Es ergibt sich von selbst, dass man beim Anschauen solcher Imaginationen, die von der entsprechenden Intuition durchdrungen sind, das Antlitz des Christus bis in die kleinsten Einzelheiten erleben kann.

210 Daher wurde von mir an anderer Stelle die gesamte Anthroposophie vor diesem Hintergrund als «Auferstehungswissenschaft» bezeichnet. Siehe S. O. Prokofieff, *Was ist Anthroposophie?*, Dornach 2004.

211 Siehe GA 95, 23.8.1906.

212 Rudolf Steiner weist in dieser Beziehung noch darauf hin, dass bei einer somnambulen Persönlichkeit diejenigen Kräfte des Ich, welche im normalen Leben durch die «Unterleibsorgane» gefesselt sind, nun zu immer größerer Selbstständigkeit gelangen. (GA 174, 14.1.1917.) Diese unbewusst freigewordenen Kräfte des Ich fühlen sich dann von der Mondensphäre angezogen und nehmen durch den Astralleib auch einen Teil der Ätherkräfte mit. Deshalb konnten Somnambule wie Anna Katharina Emmerich und Theresa Neumann zum Schluss kaum noch ihr Bett verlassen, denn ihre Leibesorgane entbehrten zunehmend der unterstützenden und aufbauenden Kräfte des Ätherleibes.

213 Ansonsten erwähnt Rudolf Steiner, dass «die somnambulen Zustände ...

sehr komplizierter Art» sind (GA 52, 7.3.1904), und auch, dass die Erlebnisse der somnambulen Persönlichkeit durch «ganz gewisse Kombinationen und Verbindungen» entstellt werden können, auf die er nicht weiter eingeht (GA 67, 21.3.1918).

214 Das Gesagte ist mit noch einer Eigenschaft des Mondes verbunden, nämlich dass er die Aufgabe hat, die Seelen in die physisch-sinnliche Welt hineinzuführen. Daher bekommen alle Erlebnisse dieser Sphäre wie von selbst den Charakter von sinnlichen Wahrnehmungen, die an sich illusionär sind, weil man es hier mit keiner physischen Wirklichkeit zu tun hat.

215 Die vielen äußeren kulturellen Einzelheiten, wie jüdische Bräuche, die Sprache, Kleider, Lebensgewohnheiten und so weiter, welche Anna Katharina Emmerich in großer Anzahl in ihren Gesichten wahrnimmt, gehören dazu.

216 Siehe die Beschreibung solcher Zustände von Theresa Neumann in den Zeugnissen von Dr. E. Schickler, die Dr. Ita Wegman in ihrem Aufsatz «Wie bewertet geisteswissenschaftlich orientierte Medizin Erscheinungen wie die in Konnersreuth?», veröffentlicht hat. (Siehe den Sammelband *Im Anbruch des Wirkens für eine Erweiterung der Heilkunst*, Arlesheim 1974.) – Die Einschränkung der Freiheit kann man bei allen somnambulen Phänomenen dieser Art beobachten, wenn auch nicht in solch extremer Form wie bei Theresa Neumann.

217 Über die Verbindung der Sonnen-Kräfte mit der Freiheit und der Monden-Kräfte mit der Notwendigkeit siehe GA 240, 25.1.1924.

218 Siehe in GA 26, den Aufsatz, «Des Menschen Sinnes- und Denk-Organisation im Verhältnis zur Welt».

219 Siehe in GA 26, den Aufsatz, «Fortsetzung der zweiten Betrachtung: Hemmungen und Förderungen der Michael-Kräfte im aufkommenden Zeitalter der Bewusstseinsseele».

220 Eine Ausnahme bilden hier solche Wahrnehmungen, die durch eine kultische Handlung oder durch eine goetheanistische Betrachtungsweise gereinigt sind.

221 Siehe GA 99, 1.6.1907.

222 Das Gesagte darf nicht mit dem verwechselt werden, was Rudolf Steiner über die Beziehung zur Mondensphäre in den alten Mysterien gesagt hat, z.B. in dem Vortrag vom 21. April 1924 (GA 233a). Denn das Ziel dieser alten Mysterien war, von der Mondensphäre aus die geistige Sonne zu erblicken, die damals der Aufenthaltsort des Christus war. Heute kann man diesen Weg jedoch nicht mehr gehen, da der Christus auf der Sonne nicht mehr zu finden ist.

223 Darüber schreibt Rudolf Steiner: «Über den Vulkan und sein Leben sollte

von keiner Seele nachgedacht werden, die mit ihrem Denken noch an einen physischen Körper gebunden ist» (GA 11, Kap., «Die Erde und ihre Zukunft»).

224 Oder mit anderen Worten: Wo die Wahrnehmungen vergangener Ereignisse (wie bei den «Zeitreisen») ihren sinnenhaften Charakter behalten, kann von einer Wirkung des Phantoms bzw. des Auferstehungsleibes keine Rede sein.

225 Siehe GA 260, 25.12.1923 sowie S. O. Prokofieff, *Menschen mögen es hören. Das Mysterium der Weihnachtstagung*, Kap. 2, « Die Mysterienhandlung der Grundsteinlegung am 25. Dezember 1923».

226 Siehe S. O. Prokofieff, *Die zwölf heiligen Nächte und die geistigen Hierarchien*, Teil I, Kap. 2, «Die Sternenschrift als ein Schlüssel zur anthroposophischen Christologie», Dornach [7]2003.

227 Wie geschichtlich bekannt, bewirken solche leiblichen Merkmale bei Menschen, welche diese anschauen, den Zustand stärkster Unfreiheit, weil sie mit etwas konfrontiert werden, das anscheinend die Naturgesetze durchbricht. Diese nicht freilassende Situation widerspricht aber grundsätzlich dem heute allein berechtigten Weg in die geistige Welt, der auf der reinen Erkenntnis und damit auf der vollkommenen Würdigung der menschlichen Freiheit beruht. – Außerdem, wie bereits erwähnt, fördert die Bewunderung der Stigmata den okkulten Materialismus, denn man verfällt der Illusion, dass man den Geist wie mit sinnlichen Augen sehen könne.

228 Siehe S. O. Prokofieff, *Was ist Anthroposophie?*, Dornach 2004.

229 Siehe GA 152, 2.5.1913.

230 Über die siebente Stufe dieser Einweihung sagt Rudolf Steiner: «Sie bedeutet die völlige Aufnahme in die geistige Welt» (GA 94, 26.2.1906).

231 Carl Unger, *Schriften* Band II, Stuttgart 1966.

232 Rudolf Steiner sagt z. B. in dem Vortrag vom 28. März 1913, dass die «unrichtigen Imaginationen in einer gewissen Weise seelisch ansteckend [wirken]; sie stecken so an, dass sie gerade den gesunden Menschenverstand und die Intellektualität auslöschen. ... Und es könnte immerhin sein, dass – während der, welcher Verstandestorheiten verbreitet, Kritik herausfordert, leicht Kritik herausfordert – jemand, der falsche Imaginationen verbreitet, mit diesen den anderen, die an ihn glauben, gerade die Möglichkeit der Kritik nimmt, das heißt, sie blind macht gegen die notwendige Ablehnung der betreffenden Imaginationen» (GA 145).

233 Veröffentlicht in dem Sammelband *Im Anbruch des Wirkens für eine Erweiterung der Heilkunst*, Arlesheim 1974.

Literaturverzeichnis

Die folgende Liste der Werke Rudolf Steiners umfasst die im vorliegenden Buch zitierten Schriften und Vorträge und ist nach der Bibliographienummer der Gesamtausgabe geordnet.

1 Einleitungen zu Goethes Naturwissenschaftlichen Schriften
4 Die Philosophie der Freiheit
8 Das Christentum als mystische Tatsache
9 Theosophie. Einführung in übersinnliche Welterkenntnis und Menschenbestimmung
10 Wie erlangt man Erkenntnisse der höheren Welten?
11 Aus der Akasha-Chronik
12 Die Stufen der höheren Erkenntnis
13 Die Geheimwissenschaft im Umriß
14 Vier Mysteriendramen
15 Die geistige Führung des Menschen und der Menschheit
21 Von Seelenrätseln
26 Anthroposophische Leitsätze
28 Mein Lebensgang
36 Der Goetheanumgedanke inmitten der Kulturkrisis der Gegenwart
38 Briefe Band I: 1881 – 1890
67 Das Ewige in der Menschenseele. Unsterblichkeit und Freiheit
72 Freiheit – Unsterblichkeit – Soziales Leben
79 Die Wirklichkeit der höheren Welten
94 Kosmogonie
95 Vor dem Tore der Theosophie
96 Ursprungsimpulse der Geisteswissenschaft
99 Die Theosophie des Rosenkreuzers

100 Menschheitsentwickelung und Christus-Erkenntnis
101 Mythen und Sagen. Okkulte Zeichen und Symbole
102 Das Hereinwirken geistiger Wesenheiten in den Menschen
103 Das Johannes-Evangelium
104 Die Apokalypse des Johannes
105 Welt, Erde und Mensch
106 Ägyptische Mythen und Mysterien
107 Geisteswissenschaftliche Menschenkunde
109/111 Das Prinzip der spirituellen Ökonomie im Zusammenhang mit Wiederverkörperungsfragen
110 Geistige Hierarchien und ihre Widerspiegelung in der physischen Welt
112 Das Johannes-Evangelium im Verhältnis zu den drei anderen Evangelien
113 Der Orient im Lichte des Okzidents
114 Das Lukas-Evangelium
116 Der Christus-Impuls und die Entwickelung des Ich-Bewusstseins
117 Die tieferen Geheimnisse des Menschheitswerdens im Lichte der Evangelien
118 Das Ereignis der Christus-Erscheinung in der ätherischen Welt
121 Die Mission einzelner Volksseelen
123 Das Matthäus-Evangelium
127 Die Mission der neuen Geistesoffenbarung
129 Weltenwunder, Seelenprüfungen und Geistesoffenbarungen
130 Das esoterische Christentum und die geistige Führung der Menschheit
131 Von Jesus zu Christus
132 Die Evolution vom Gesichtspunkt des Wahrhaftigen
133 Der irdische und der kosmische Mensch
136 Die geistigen Wesenheiten in den Himmelskörpern und Naturreichen
137 Der Mensch im Lichte von Okkultismus, Theosophie und Philosophie
139 Das Markus-Evangelium
142 Die Bhagavad Gita und die Paulusbriefe
143 Erfahrungen des Übersinnlichen. Die drei Wege der Seele zu Christus
145 Welche Bedeutung hat die okkulte Entwicklung des Menschen für seine Hüllen (physischer Leib, Ätherleib, Astralleib) und sein Selbst?
147 Die Geheimnisse der Schwelle
148 Aus der Akasha-Forschung. Das Fünfte Evangelium
152 Vorstufen zum Mysterium von Golgatha
153 Inneres Wesen des Menschen und Leben zwischen Tod und neuer Geburt
155 Christus und die menschliche Seele
157a Schicksalsbildung und Leben nach dem Tode

159/160 Das Geheimnis des Todes
161 Wege der geistigen Erkenntnis und der Erneuerung künstlerischer Weltanschauung
168 Die Verbindung zwischen Lebenden und Toten
172 Das Karma des Berufes des Menschen in Anknüpfung an Goethes Leben
174 Zeitgeschichtliche Betrachtungen. Das Karma der Unwahrhaftigkeit – Zweiter Teil
175 Bausteine zu einer Erkenntnis des Mysteriums von Golgatha
180 Mysterienwahrheiten und Weihnachtsimpulse. Alte Mythen und ihre Bedeutung
181 Erdensterben und Weltenleben. Anthroposophische Lebensgaben. Bewusstseins-Notwendigkeiten für Gegenwart und Zukunft
182 Der Tod als Lebenswandlung
185 Geschichtliche Symptomatologie
186 Die soziale Grundforderung unserer Zeit – In geänderter Zeitlage
187 Wie kann die Menschheit den Christus wiederfinden? Das dreifache Schattendasein unserer Zeit und das neue Christus-Licht
193 Der innere Aspekt des sozialen Rätsels
194 Die Sendung Michaels
202 Die Brücke zwischen der Weltgeistigkeit und dem Physischen des Menschen
207 Anthroposophie als Kosmosophie – Erster Teil
208 Anthroposophie als Kosmosophie – Zweiter Teil
212 Menschliches Seelenleben und Geistesstreben im Zusammenhang mit Welt- und Erdentwicklung
214 Das Geheimnis der Trinität
216 Die Grundimpulse des weltgeschichtlichen Werdens der Menschheit
219 Das Verhältnis der Sternenwelt zum Menschen und des Menschen zur Sternenwelt
223 Der Jahreskreislauf als Atmungsvorgang der Erde und die vier großen Festeszeiten
224 Die menschliche Seele in ihrem Zusammenhang mit göttlich-geistigen Individualitäten
225 Drei Perspektiven der Anthroposophie
226 Menschenwesen, Menschenschicksal und Welt-Entwickelung
229 Das Miterleben des Jahreslaufes in vier kosmischen Imaginationen
233 Die Weltgeschichte in anthroposophischer Beleuchtung
233a Mysterienstätten des Mittelalters
236 Esoterische Betrachtungen karmischer Zusammenhänge – Zweiter Band
237 Esoterische Betrachtungen karmischer Zusammenhänge – Dritter Band

238 Esoterische Betrachtungen karmischer Zusammenhänge – Vierter Band
239 Esoterische Betrachtungen karmischer Zusammenhänge – Fünfter Band
240 Esoterische Betrachtungen karmischer Zusammenhänge – Sechster Band
254 Die okkulte Bewegung im neunzehnten Jahrhundert und ihre Beziehung zur Weltkultur
257 Anthroposophische Gemeinschaftsbildung
260 Die Weihnachtstagung zur Begründung der Allgemeinen Anthroposophischen Gesellschaft 1923/24
260a Die Konstitution der Allgemeinen Anthroposophischen Gesellschaft und der Freien Hochschule für Geisteswissenschaft. Der Wiederaufbau des Goetheanum
262 Rudolf Steiner / Marie Steiner-von Sivers: Briefwechsel und Dokumente 1901–1925
264 Zur Geschichte und aus den Inhalten der ersten Abteilung der Esoterischen Schule 1904 bis 1914
284/285 Bilder okkulter Siegel und Säulen
286 Wege zu einem neuen Baustil
346 Vorträge und Kurse über christlich-religiöses Wirken, Band V

Die Abbildung auf S. 135 zeigt die Pastellskizze Rudolf Steiners aus dem Jahr 1914 für das Mittelmotiv in der Malerei der kleinen Kuppel des ersten Goetheanum.

Sergej O. Prokofieff

Rudolf Steiner und die Grundlegung der neuen Mysterien

Aus dem Russischen von Ursula Preuß
550 Seiten, Leinen mit Schutzumschlag

«In der Betrachtung von Rudolf Steiners Lebensgang wollen wir behutsam den Versuch machen, den Schleier von den verborgenen Schichten seines Lebens und den Geheimnissen der Weihenacht von 1923 ein wenig zu lüften. Denn in den Geschehnissen jener Tage sehen wir eine Vollendung und zugleich einen neuen Anfang.»

Sergej O. Prokofieff

«Die monumentale Aufgabe, Rudolf Steiners Schöpfertum darzustellen, lässt sich ohne Enthusiasmus und Devotion nicht erfüllen. Beides vermag Prokofieff zu entwickeln ... Sein Buch verlangt vom Leser eine gründliche Gedankenarbeit. Wer sie nicht scheut, findet sich in eine produktive Stimmung versetzt und zu einem Tätigwerden aufgerufen, das die spirituelle Kultur verwirklichen will.»

Bruno Tautz, Mitteilungen aus der anthroposophischen Arbeit in Deutschland

Sergej O. Prokofieff

Menschen mögen es hören

Das Mysterium der Weihnachtstagung

Aus dem Russischen von Ursula Preuß
1053 Seiten, Leinen mit Schutzumschlag

Annäherungswege an ein Erleben des geistigen Wesens der Weihnachtstagung zeigt das vorliegende Buch, indem es diesen grundlegenden Impuls der anthroposophischen Bewegung und sein Zentrum, den Grundstein und seine Meditation, unter verschiedenen Aspekten beleuchtet.

«Die Individualisierung der Anthroposophie ist, wie ich meine, das Nadelöhr, durch das die Menschen, denen die Anthroposophie am Herzen liegt, heute hindurchgehen müssen. Das vorliegende Buch kann für diese Aufgabenstellung einen außerordentlich wichtigen Beitrag leisten.»

Corinna Gleide, Mitteilungen aus der anthroposophischen Arbeit in Deutschland

Sergej O. Prokofieff

Die esoterische Bedeutung gemeinsamer geisteswissenschaftlicher Arbeit

und die Zukunft der Anthroposophischen Gesellschaft

144 Seiten, gebunden
mit Schutzumschlag

«Wie im menschlichen Organismus das Herz die lebendige Mitte ist, so muss sich in jeder wahren menschlichen Gemeinschaft eine Art «soziales Herz» bilden, zu dem als ihrem unsichtbaren «Mittelpunkt» die besten und spirituellsten Gefühle der Gemeinschaft hinströmen können.»

Sergej O. Prokofieff

«Dieses kleine Buch ist trotz der Konzentration anschaulich geschrieben und gut zu lesen. Es kann die Freude und Begeisterung an der gemeinsamen Arbeit für alle anthroposophischen Gruppen neu entfachen und beleben.»

Elisabeth Beringer, Das Goetheanum

Verlag Freies Geistesleben

Sergej O. Prokofieff

Der Jahreskreislauf als Einweihungsweg zum Erleben der Christus-Wesenheit

Eine esoterische Betrachtung der Jahresfeste

510 Seiten, Leinen
mit Schutzumschlag

Sieben christliche Hauptfeste gibt es im Jahreskreislauf. Sie bilden einen gesetzmäßigen siebengliedrigen christlichen Einweihungsweg. Dieser führt zur Erkenntnis des Christus als des großen Sonnenlogos, der zentralen Wesenheit unseres Kosmos, wie auch der kosmisch-irdischen Bedeutung des Mysteriums von Golgatha als des wichtigsten Ereignisses der Erdenevolution.

«... ein außergewöhnliches Buch.»
Mitteilungen aus der anthroposophischen Arbeit in Deutschland

Der Jahreskreislauf und die sieben Künste

Aus dem Russischen von Ursula Preuß
64 Seiten, kartoniert

In dem bewussten Erleben der Jahresfeste, insbesondere der Künste mit ihrem stark gemeinschaftsbildenden Element kann der Mensch wieder eine Brücke finden zu seinem kosmischen Ursprung und «das Geistige im Menschen zum Geistigen im Kosmos führen».

Verlag Freies Geistesleben